Organisationskommunikation online

Bonner Beiträge zur Medienwissenschaft

Herausgegeben von Caja Thimm

Band 7

PETER LANG

Frankfurt am Main · Berlin · Bern · Bruxelles · New York · Oxford · Wien

Caja Thimm
Stefan Wehmeier
(Hrsg.)

Organisations-
kommunikation
online

Grundlagen, Praxis, Empirie

PETER LANG
Internationaler Verlag der Wissenschaften

Bibliografische Information der Deutschen Nationalbibliothek
Die Deutsche Nationalbibliothek verzeichnet diese Publikation in
der Deutschen Nationalbibliografie; detaillierte bibliografische
Daten sind im Internet über <http://www.d-nb.de> abrufbar.

Die Buchpublikation wird finanziell unterstützt von
der Deutschen Gesellschaft für Publizistik und
Kommunikationswissenschaft.

Layout:
Kerstin Opgenoorth-Bohr

ISSN 1617-8432
ISBN 978-3-631-56435-6
© Peter Lang GmbH
Internationaler Verlag der Wissenschaften
Frankfurt am Main 2008
Alle Rechte vorbehalten.

Das Werk einschließlich aller seiner Teile ist urheberrechtlich
geschützt. Jede Verwertung außerhalb der engen Grenzen des
Urheberrechtsgesetzes ist ohne Zustimmung des Verlages
unzulässig und strafbar. Das gilt insbesondere für
Vervielfältigungen, Übersetzungen, Mikroverfilmungen und die
Einspeicherung und Verarbeitung in elektronischen Systemen.

www.peterlang.de

Inhaltsverzeichnis

Caja Thimm; Stefan Wehmeier:
„Online Relations im Lichte aktueller Forschung" 7

SYSTEMATIK, THEORIE & FUNKTIONEN

Isabella Buchegger; Benno Signitzer:
Inter.Net.Relations: Allgemeine und theoretische Aspekte..............................17

Mark Eisenegger:
Blogomanie und Blogophobie – Organisations-..37
kommunikation im Sog technizistischer Argumentationen

Till Malchow; Jürgen Schulz:..61
Emergenz im Internet. Protest, Konflikt und andere Formen
verständigungsloser Kommunikation im WWW

EMPIRISCHE ERGEBNISSE

Stefan Balázs:
Online-Akteure in Organisationen 85
‚Referenten-Analyse' als explorativer Zugang zu einem sich
ausbildenden Berufsfeld

Christiane Funken:..107
Digitalisierung betrieblicher Kommunikation

Diana Ingenhoff
Kommunikationsmanagement im Cyberspace: Der Einsatz von 123
Corporate Blogs und Blog-Monitoring in der Unternehmenskommunikation

Caja Thimm; Jasmin-Dominique David:
Internet-Presseportale: Eine Benchmarking-Analyse..................................147

FALLSTUDIEN

Hajo Diekmannshenke:
Der virtuelle Kunde 175
Das elektronische Gästebuch in der B2C-Kommunikation

Reinhold Fuhrberg; Dietrich Boelter:
„Wir sind die Quelle": Politisches Online-Campaigning am 197
Beispiel der Informationskampagne zur Gesundheitsreform
2004 des Bundesministeriums für Gesundheit

Lars Harden; Wiebke Möhring:
Volkswagen iTV - interaktives Schulungsfernsehen als 217
Sonderform der Organisationskommunikation

Anika Struppert:
Das Intranet als Medium der Organisationskommunikation – 233
Ergebnisse einer Untersuchung beim Zweiten Deutschen Fernsehen

Sarah Zielmann:
Das Intranet als Medium des internen Kommunikations- 249
managements im Krankenhaus – eine nutzerorientierte Analyse

„Online Relations im Lichte aktueller Forschung"

Stefan Wehmeier & Caja Thimm

Vor sechs Jahren hat der Verfasser dieser Einleitung zunächst in einer Online-Zeitschrift, später (etwas ausführlicher) in gedruckter Form (Wehmeier 2001, Wehmeier 2002) Thesen oder besser: Charakterisierungen von Online Relations formuliert. Die Verfasserin hat ihrerseits in einem ebenfalls 2002 erschienenen Band (Thimm 2002) einen ähnlichen Ansatz verfolgt, nämlich Unternehmenskommunikation im Spannungsfeld des Wandelprozesses zwischen offline und online zu verorten. Dieser Tagungsband bietet nun die Gelegenheit zu prüfen, ob die jeweils vorgenommenen Charakterisierungen noch zutreffen, oder ob sich im rasanten Medienwandel nicht neue Gesichtspunkte herauskristallisiert haben.
Vier zentrale Punkte des Vergleichs zwischen Offline- und Online Relations im Vergleich zur alten, klassischen PR-Kommunikation haben wir für diese Bestandsaufnahme ausgewählt. Die vier Punkte werden im Folgenden knapp erläutert und anhand der im Tagungsband versammelten Beiträge im Lichte aktueller Forschungsergebnisse gespiegelt.

1. Online Relations als integrierendes Element der Öffentlichkeitsarbeit

Mit dieser Charakterisierung war ursprünglich nur eine technisch-strategische Dimension gemeint: Auf einer Oberfläche können alle möglichen Typen öffentlicher Kommunikation zusammengeführt werden: Werbung, Marketing, PR, Journalismus. Wird dieses Nebeneinander von Kommunikationstypen strategisch geplant und koordiniert, wird aus dem Nebeneinander ein integriertes Miteinander, das – gut ausgeführt – den Nutzen für die Online-Kommunikation betreibende Organisationen erhöhen kann. Zusätzlich ist es möglich, klassische PR-Instrumente wie etwa Pressekonferenzen, Pressemitteilungen, Fotos digitalisiert online anzubieten. Es wurde darauf hingewiesen, dass Online Relations (wie PR insgesamt) nur als Technologie, als Verfahren oder Programm eine integrierende Funktion in der Gesellschaft ausüben kann, indem potenziell allen Organisationen und Mitgliedern der Gesellschaft via PR der Weg zur öffentlichen Meinungsäußerung zur Verfügung steht (Wehmeier 2003).

Das heißt nicht, dass PR-Kommunikation allgemein oder Online-Relations im Speziellen immer eine Integrationsfunktion für auseinanderdriftende gesellschaftliche Teilbereiche hat. Genauso ist es möglich, dass sich bestimmte Inhalte durchsetzen, die Partikularinteressen (wirkungs-) mächtiger Organisationen zum allgemeinen Interesse erheben und so dysfunktionale Wirkungen erzielen (siehe z.B. die Kampagne zur Neuen Sozialen Marktwirtschaft, Nuernbergk 2006). In diesem Band scheint die technisch-strategische Dimension von Integration vor allem in den Beiträgen von Reinhold Fuhrberg und Dietmar Boelter sowie Caja Thimm und Janina David auf. Fuhrberg/Boelters Analyse der Online-Kampagne des Bundesministeriums für Gesundheit (Gesundheitsreform) geht auf Fragen der Integration von Werbung, Event-Kommunikation und Online PR dezidiert ein und zeigt am Beispiel auf, wie die Integration von Organisationskommunikation auf der Plattform Internet vonstatten gehen kann. Thimm/David analysieren in ihrer Benchmarkingstudie Online-Presseportale, in denen es um eine sinnvolle Integration unterschiedlicher Angebote für Journalisten geht. Der eher funktionale Integrationsaspekt schwingt bei allen Beiträgen zur internen Kommunikation mit. Hier stellen explizit und implizit Christiane Funken (Mitarbeiter-Befragung in deutschen Niederlassungen internationaler Konzerne), Annika Struppert (Befragung Mitarbeiter ZDF) und Sarah Zielmann (Befragung Mitarbeiter eines Krankenhauses) fest, dass Integration von Mitarbeitern in organisationale Kommunikationsprozesse zwar durch die Technologie des Intranet geleistet werden kann, faktisch aber diverse Defizite einschränkend wirksam werden.

2. Online Relations als vernetzendes Element der Öffentlichkeitsarbeit

Die zweite Charakterisierung besagt, dass Online Relations in der Lage sind zu vernetzen: Organisationen und Teilöffentlichkeiten können durch das Internet einfacher und anders miteinander in Verbindung gebracht werden als das offline möglich ist. Blogs, Foren, Newsgroups, Gästebücher – die Palette der Möglichkeiten, mit denen gesteuert oder ungesteuert Kommunikation von Einwegkommunikation in Dialog umgeleitet werden kann, ist vielfältig. Auch für den ersten Beitrag in diesem Band (Isabella Buchegger und Benno Signitzer), ist Vernetzung ein wichtiges Schlagwort. So geben sie als Endziel ihrer „Inter.Net.Relations" ein Beziehungsnetzwerk zwischen Organisation und den verschiedenen Stakeholdern mit verschieden starken Verbindungen an. Sie gehen sogar so weit, dieses Netzwerk mit dem menschlichen Nervensystem zu vergleichen und nehmen damit einen Gedanken der neurophysiologischen Medientheorie auf (Thimm 2004).

Mit der Frage der Vernetzung, ihren Chancen und Potentialen wie Risiken setzen sich auch die Beiträge von Hajo Diekmannshenke sowie Till Malchow und Jürgen Schulz auseinander. Diekmannshenke arbeitet anhand von Fallbeispielen die Chancen und Risiken heraus, die sich für Organisationen ergeben, wenn sie sich dazu entschließen, Gästebücher online zu präsentieren. Diese Form ungesteuerter Vernetzung mit der Kundschaft und dem potenziellen Kunden kann, wie Diekmannshenke zeigt, zu unliebsamen Überraschungen und damit auch zur Einstellung einer im Kern guten Idee der Vernetzung führen. Malchow/ Schulz machen ebenfalls Vernetzung zum Thema, wenngleich sie selbst eher von Kommunikations-Verweigerung als von Kommunikations-Vernetzung sprechen: Ihnen geht es um Strategien des Protests im Internet. Sie bringen Beispiele für bewusste Umdeutungen von Kommunikationsangeboten wie etwa Negativ-Preise, die online vergeben werden oder sogenannte Fake-Kampagnen wie „Tommy Hitler – Fashion Nazi". Auch hier werden eher die risikohaften Momente kommunikativer Vernetzung betont, Momente, in denen Vernetzung eine Ablehnung intendierter Kommunikationsabsichten meint.

Die Beiträge von Annika Struppert und Sarah Zielmann lassen sich ebenfalls mit dem Thema Vernetzung verbinden: Die Studie von Struppert über das ZDF-Intranet zeigt, dass schon die interne Vernetzung an unprofessioneller Kommunikation und Arbeitsorganisation scheitern kann – 28,3% der befragten ZDF-Mitarbeiter nutzten das Intranet nicht, weil sie es zum Zeitpunkt der Befragung nicht kannten. 27, 8% nutzten es nicht, weil ihre Arbeit ihnen keine Zeit dafür ließ und 17,7 % hatten technisch keinen Zugang zum Internet. Auch Zielmanns Fallstudie offenbart, dass zwischen Anspruch und Wirklichkeit in der internen Vernetzung eine große Lücke klafft. Laut Zielmann kann fast keiner der Vorteile des Intranets (aktuell, interaktiv, vernetzend, multifunktional, zeitunabhängig nutzbar, Daten jederzeit abrufbar) im untersuchten Krankenhaus realisiert werden.

3. Online Relations als beschleunigendes Element der Öffentlichkeitsarbeit

Eine weitere Charakterisierung umfasst die zunehmende Geschwindigkeit von Kommunikation, die philosophische Medientheoretiker wie Virilio („Dromologie" 1989, 1995) oder McLuhan (1968) schon im Vor-Internetzeitalter beschäftigt hat. Online Relations tragen zur Beschleunigung in zweierlei Weise bei. So beschleunigen Organisationen aktiv die Kommunikation, indem sie dieses Medium benutzen, um fast ohne Zeitverzögerung alle möglichen Informationen online anbieten zu können. Zudem sind Organisationen vor allem in Krisenzeiten gezwungen, schnell zu kommunizieren, weil sie schnell zu Vorwürfen Stellung beziehen müssen. Aussitzen nach Art von Altkanzler Kohl scheint keine gute Kommunikationsstrategie zu sein, wie das Beispiel des US-Fahrradschloßherstellers Kryptonite zeigt: Das Unternehmen sah sich mit einem im Internet grassierenden Video konfrontiert, auf dem zu sehen war, wie eines der Fahrradschlösser völlig simpel mit einem Kugelschreiber geknackt wurde. Es reagierte erst, als der Kunden-Protest so laut wurde, dass die traditionellen Massenmedien die Geschichte aufgriffen. Daraufhin sah sich der Hersteller zu einer Rückrufaktion gezwungen (Löwer 2006).

Eine ähnliche Kontroll- bzw. Scharnierfunktion übernehmen heute häufig die Blogs. In diesem Band untersucht Diana Ingenhoff die sogenannten „Corporate Blogs" und das „Blog-Monitoring". Sie verweist darauf, dass zwar viele Corporate Blogs momentan noch Spielzeuge experimentierfreudiger Unternehmen seien. Gleichzeitig vollziehe sich aber der Wandel von Kommunikationsformen im Internet so schnell, dass eine frühzeitige Auseinandersetzung mit Blogs für Organisationen aller Art nur von Vorteil sein könne. Dieser Aussage könnte vermutlich auch Mark Eisenegger zustimmen, der sich ebenfalls Weblogs widmet. Eiseneggers Beitrag stellt aber ansonsten eher eine Warnung vor technizistischen Fehlschlüssen dar: Nur weil die Technologie auf Beschleunigung und Dialog zielt, so lässt sich Eisenegger lesen, muss die Bedeutung von Weblogs für Organisationen nicht gleich in den Himmel wachsen. In seinem theoriegeleiteten Beitrag geht er kritisch mit dem Mainstream der Weblog-Forschung um und empfiehlt, die Erwartungen realistisch zu halten. Er sieht Weblogs als derzeit massenmedial gehypt und in ihrer Wirkung eher überschätzt.

Eine gewisse Resistenz gegen die Technologie der Beschleunigung scheint sich auch in der internen Kommunikation zu manifestieren. So zeigt die Mitarbeiter-Befragung von Christiane Funken, dass lediglich 20% der Befragten E-Mails sofort beantworten. In der Kommunikation mit Kunden werden gar nur 44 % der E-Mails unmittelbar gelesen, die anderen in „regelmäßigen Abständen".

4. Online Relations als ergänzender Faktor (der Öffentlichkeitsarbeit)

Das vierte Charakteristikum besagt, dass Online-Relations andere Bindestrich-Relations nicht verdrängen, sondern ergänzen und verändern. Unter Verweis auf Winfried B. Lergs These (1981), dass technologischer Medienwandel intermediäre und transmediäre Veränderungen im Kommunikationssystem mit sich bringe, wurde von einem Komplementierungseffekt des Internet in Bezug auf die PR-Instrumente gesprochen. Komplementierung heißt: Ein neues Medium ergänzt das alte Medium, wird aber als eigenständiges Kommunikationsmittel begriffen (im Ggs. dazu Supplementierung: ein neues Medium wird als verbesserte Version eines alten begriffen, mit der Zeit übernimmt daher das neue die Funktionen des alten Mediums). Eine Ergänzung sorgt aber zumeist für eine Funktionsverschiebung unter den Medien. Als Beispiel kann die Pressekonferenz gelten, die zwar im Internet Einzug gehalten hat, aber wohl die klassische Pressekonferenz nicht ersetzen kann, da Pressekonferenzen von persönlichen Kontakten vor, während und nach der Konferenz leben. Während es also ausreichen mag, eine Information online zu bekommen, um sie schnell zu haben, ist der persönliche Kontakt auf der Pressekonferenz für das Hintergrundwissen und für die sozialen Netzwerke wichtig – er bildet die Grundlage dafür, auch einmal an exklusive Informationen heranzukommen, die online nicht zu bekommen sind.

Am Beispiel des Schulungsfernsehens von Volkswagen zeigen Lars Harden und Wiebke Möhring diesen Komplementierungseffekt auf: Ein Schulungsfernsehen ersetzt weder die Lehrzeit noch gelegentliche persönliche Schulungen, es kann aber helfen, vielen Mitarbeitern gleichzeitig neueste Techniken und Verfahren im Schnellverfahren näher zu bringen. Auch in der Benchmarkanalyse von Thimm/ David schwingen Ergänzung und Funktionsverschiebung implizit mit, wenn es darum geht, was Journalisten und Journalistinnen von Online-PR erwarten und wie Online-PR gestaltet werden kann, um – dem Medium entsprechend – erfolgreich zu sein. Auf den Komplementierungseffekt verweisen ferner Malchow/Schulz, wenn sie darauf aufmerksam machen, dass für den Erfolg von Internetkommunikation vor allem die intermediale Anschlussfähigkeit entscheidend ist: (Protest-)Kampagnen funktionieren dann am besten, wenn Sie nicht mono-medial sondern multi-medial laufen. Dies wird auch im Beitrag von Stefan Balázs thematisiert: Balázs geht der Frage nach, inwiefern sich durch das Internet Stellenprofile in Organisationen verändert haben bzw. neue Stellen geschaffen worden sind. Dazu wählt er einen neuen methodischen Ansatz: Die „Referenten-Analyse". Balázs hat über den Zeitraum von fünf Jahren die Seminarangebote namhafter

Veranstalter von Weiterbildungsseminaren ausgewertet (Sektor: Online, Internet, Intranet) und dabei Wandel und Wachstum der Berufsbezeichnungen und Berufsaufgaben der Referenten dokumentiert. Dabei kristallisiert sich heraus, dass Online-Kommunikation ein eigenständiges Feld geworden ist, das die Bereiche Personalwesen und IT ergänzt.

Alle Beiträge dieses Sammelbandes lassen sich somit in gewisser Weise mit diesen vier Charakteristika von Online-Organisationskommunikation erfassen. Selbstredend stellt dieser Sammelband nur einen kleinen Ausschnitt aus der Forschung zum Thema Online-Kommunikation von Organisationen dar. Herausgeberin und Herausgeber haben sich für folgende Systematik entschieden: Im ersten Teil sind systematik- und theoriegeleitete Beiträge erfasst, die Organisationskommunikation online in ihrer Totalität betrachten (Buchegger/ Signitzer) oder Teilaspekte theoriegeleitet aufarbeiten (Eisenegger: Malchow/ Schulz). Der zweite Teil versammelt empirische Studien: die „Referenten-Analyse" von Balázs, die Befragung von Mitarbeitern nationaler Dependancen internationaler Konzerne (Funken), die Untersuchung zu Corporate Blogs und Blog-Monitoring (Ingenhoff/Schneider/Tanner) sowie die Benchmarkinganalyse von Online-Presseportalen von Thimm/David. Im dritten Teil werden Fallstudien präsentiert: Funktion, Chancen und Risiken elektronischer Gästebücher (Diekmannshenke), die Analyse der Kampagne zur Gesundheitsreform (Fuhrberg/ Boelter), das interaktive Schulungsfernsehen von Volkswagen (Harden/Möhring), die Mitarbeiterbefragung zum ZDF-Intranet (Struppert) sowie die Befragung zum Intranet eines Krankenhauses (Zielmann).

Damit, so hoffen wir, kann dieser Band als eine aktuelle Bestandsaufnahme und kritische Würdigung der Entwicklung innerhalb der Online-PR angesehen werden – ein Kommunikationsfeld, das auch und gerade im Web 2.0-Hype wissenschaftlicher Aufmerksamkeit bedarf.

Literatur

Lerg, Winfried B. (1981): *Verdrängen oder ergänzen die Medien einander. Innovation und Wandel in Kommunikationssystemen.* In: Publizistik, 26 (2), 193-201.

Löwer, Chris (2006): *Digitale Mundpropaganda. Deutsche Unternehmen entdecken Weblogs.* In: Die Zeit, Nr. 20. Juli, S. 21.

Nuernbergk, Christian (2006): *Die PR-Kampagne der Inititative Neue Soziale Marktwirtschaft und ihr Erfolg in den Medien.* In: Ulrike Röttger (Hrsg.): *PR-Kampangen. Über die Inszenierung von Öffentlichkeit.* 3. Aufl. Wiesbaden: VS, 159-177.

Thimm, Caja (Hrsg.) (2002): *Unternehmenskommunikation offline-online. Wandelprozesse interne und externer Kommunikation durch neue Medien.* Bonner Beiträge zur Medienwissenschaft, Bd. 1. Frankfurt/New York: Lang

Thimm, Caja (2004): *Mediale Ubiquität und soziale Kommunikation.* In: Thiedecke, Udo (Hrsg.), *Soziologie des Cyperspace.* Wiesbaden/Opladen, S. 51-69.

Wehmeier, Stefan (2001): *Online PR: neues Instrument, neue Methode, neues Verfahren, neue Disziplin? Thesen zu einem emergierenden Bereich der Public Relations,* in: PR-Guide.de (Dezember). [Online-Dokument] www.pr-guide.de.

Wehmeier, Stefan (2002): *Online Relations: Ein neues Verfahren der Öffentlichkeitsarbeit und seine Problemfelder.* In: Günter Bentele; Manfred Piwinger; Gregor Schönborn (Hrsg.): *Kommunikationsmanagement. Strategien, Wissen, Lösungen.* Band 2, 5.15, S. 1-32.

Wehmeier, Stefan (2003): *PR als Integrationskommunikation? Das Internet und seine Folgen für die Öffentlichkeitsarbeit.* In: Martin Löffelholz; Thorsten Quandt (Hrsg.): *Die neue Kommunikationswissenschaft. Theorien, Themen und Berufsfelder im Internet-Zeitalter – eine Einführung.* Wiesbaden: Westdeutscher Verlag, 281-302.

SYSTEMATIK, THEORIE & FUNKTIONEN

Inter.Net.Relations: Allgemeine und theoretische Aspekte

Isabella Buchegger & Benno Signitzer

Einleitung

Die (westliche) Gesellschaft ist durchzogen von einem digitalen Netz, dem Kommunikations- und Informationsraum Internet. Dieser virtuelle Raum befindet sich permanent in Bewegung – im positiven wie auch im negativen Sinne. Er verändert Unternehmen und Institutionen, auch die Medienlandschaft; gleichzeitig verändern sich die Menschen, die das Internet und seine Dienste nutzen. Fuchs/Möhrle/Schmidt-Marwende[1] dazu: „Öffentlichkeit wird zu einem virtuellen Zustand, der einem permanenten Wandel unterliegt und deshalb immer wieder neu bestimmt werden muss. [...] Unbestreitbar ist [...] der hohe Nutzen, den die neuen, erweiterten Möglichkeiten vor allem überregional und international operierenden Unternehmen durch das Internet, durch Intranets, Extranets und sogenannte proprietäre Online-Dienste bieten."

Das Internet vereint verschiedene Medien in sich und kann daher als Meta-Medium gesehen werden. Es ist gleichzeitig Kommunikationsmedium und Kommunikationsraum. User können online zeitgleich und ortsunabhängig miteinander kommunizieren. Wehmeier stellt die These auf, „das Internet integriert doppelt. Das Internet ist ein Medium, das alle möglichen Typen öffentlicher Kommunikation auf einer Oberfläche zusammenführen kann."[2] Die Interaktivität spielt im neuen Raum eine entscheidende Rolle. Sie ermöglicht es dem User, Start- und Betrachtungszeit selbst festzulegen. Überdies kann er bestimmen, in welcher Reihenfolge Informationen abgerufen werden und er ist in der Lage, Inhalte zu ändern oder zu ergänzen.[3] „[...] dem Internet als Mischform von Massen- und Individualmedium werden besonders hohe dialogische Möglichkeiten durch die hohe technologische Fähigkeit zur Interaktivität zugeschrieben."[4] Aus der historischen Entwicklungslinie ergibt sich die Kategorisierung in klassische Medien (TV, Hörfunk, Buch etc.), moderne Offline-

---
1 Fuchs/Möhrle/Schmidt-Marwende 1999, S. 12
2 Wehmeier 2002, S. 4
3 vgl. Grob/Bieletzke 1997, S. 51uf
4 Wehmeier 2002, S.17

Medien (z.B. CD-ROM) und moderne Online-Medium (Internet mit zahlreichen Diensten). Für Oppel ist „Kommunikation [...] der Keim des Netzes."[5] Das Internet ist als sog. „Netzeffektgut" zu sehen; d.h., es besitzt neben einem originären auch einen derivativen Nutzen, der aus den Interaktionsbeziehungen der Teilnehmer wächst.[6]

Kommunikationswissenschaft und Public Relations sind gleichermaßen gefordert, sich mit dem modernen Online-Medium Internet auseinander zu setzen – praktisch und theoretisch. Für Public Relations erscheint es jedenfalls unumgänglich, sich den neuen Entwicklungen des Informations- und Wissenszeitalters anzupassen; vielleicht gelingt es sogar, diesen eine Wegelänge voraus zu sein und sie so mitgestalten zu können. Denn „The World Wide Web can be considered the first public relations mass medium in that it allows managed communication to flow directly between organizations and mass audiences without the gatekeeping function of other mass media; content is not filtered by journalists and editors. The Web in this sense is the first controlled mass medium."[7]

Zentral stellt sich die Frage, ob die bestehenden Kommunikations- und Public Relations-Theorien (und Modelle) noch adäquat sind für die Erklärung und Gestaltung von Kommunikations- und Informationsabläufen im Internet. Dieser Beitrag beabsichtigt, die Public Relations im und über das Internet in einem theoretischen Rahmen zu fassen. Für die Benennung der damit angesprochenen umfassenden und vergleichsweise komplexen Vorgänge wird zunächst der Begriff „*Inter.Net.Relations*" vorgeschlagen.[8] Inter.Net.Relations werden als eine neue Facette von Public Relations gesehen; sie sind *mehr* als nur ein zusätzlicher Programm- oder Arbeitsbereich von Public Relations (wie z.B. Mitarbeiterkommunikation, Krisen-Public Relations, Investor Relations oder Educational Relations etc.), da sie alle diese Themen potenziell auf der virtuellen Plattform oder der neuen Öffentlichkeit[9] abdecken.

---

5 Oppel 2001, S. 37
6 vgl. Weiber 1995, S. 46
7 White/Raman 1999, S. 406
8 Eine Arbeitsdefinition von „Internet Relations" findet sich gegen Ende dieses Beitrages, S. 16
9 Der Begriff „Öffentlichkeit" wird durch die Internet-Technologie neu definiert. Zum einen kann von einer abstrahierten Öffentlichkeit – dem virtuellen, nicht realen Raum – und zum anderen von der neuen, von einer zweiten Öffentlichkeit gesprochen werden. Diese neue, abstrahierte Öffentlichkeit nimmt Einfluss auf die „klassische" Öffentlichkeit und vice versa.

Inter.Net.Relations: Allgemeine und theoretische Aspekte

Im Wortsinn bedeutet „*Inter*" unter anderem „zwischen" bzw. „gegen- oder wechselseitig"[10]. Inter.Net.Relations können als „Netz-Beziehungen" verstanden werden: Zum einen ist der Begriff des „*Netzes*" („net") verbunden mit dem System und den Charakteristiken des Internet, zum anderen stellt er die Art und die Komplexität der Beziehungen dar – und ist zugleich allgemein genug, um von vornherein keine Form, keinen Weg und keine Art der Kommunikation auszuschließen. Gerade der Beziehungsaspekt – der „*Relations*"-Aspekt von Public Relations[11] – spielt im Bereich der Inter.Net.Relations die ausschlaggebende Rolle. „Bei Online Relations rückt tendenziell das räumlich getrennte Publikum im Interaktionsraum Internet zusammen."[12] Darüber hinaus macht der Netz-Begriff auch technisch betrachtet Sinn, wenn es um die Netze an Computern, an Servern, an Providern, an Informationsdienstleistern etc. geht. Ein Netz kann problemlos wachsen bzw. sich verkleinern, da es in alle Richtungen erweiterbar bzw. reduzierbar ist. Daraus ergibt sich der Begriff der Inter.Net.Relations.

1. Das Modell der Inter.Net.Relations

Weder die klassischen Kommunikations-Modelle noch jene der Public Relations erscheinen ausreichend für die umfassende Beschreibung der Public Relations im Internet, wobei sich jedoch Modelle anbieten, die zumindest *Teile* der Inter.Net.Relations abbilden. Eine Reihe der klassischen Modelle der Kommunikation, wie etwa Shannon/Weavers (1996) mathematische Theorie der Kommunikation, Oenickes (1996) Massenkommunikationsmodell oder das Feldschema von Maletzke (1963), gehen von der Grundstruktur des Sender-Empfänger-Schemas aus, das einen Ablauf von A nach B beschreibt. Der Sender gibt vor, welche Informationen wann weitergegeben werden. Feedback ist zwar möglich, aber Rückmeldungen haben nicht dasselbe Gewicht wie die Aussagen des Senders. Damit befindet sich der Rezipient im Nachteil. Symmetrische Kommunikation kann nicht entstehen. Somit lassen sich hier Inter.Net.Relations kaum positionieren.

---

10 vgl. Messinger 1988, S.617.
11 vgl. dazu die Theorien des Beziehungsmanagements im einem Public Relations-Kontext, insb. Ledingham/Bruning 2000, Ledingham 2003 und Ledingham 2006.
12 Wehmeier 2002, S. 8

Eine Integration der Inter.Net.Relations in andere Modelle wäre hingegen denkbar und möglich, etwa in das Kommunikationsmodell nach Riley und Riley (1959, S.537 f.) oder in das „ritual model of communication" nach Carey (1975, S.1 uf.). Diese sind so breit angelegt, dass auch moderne Entwicklungen, die sich auf Kommunikation und Gesellschaft auswirken, Platz finden. Wegen ihrer Breite beschreiben diese Modelle jedoch nicht die Inter.Net.Relations an sich, sondern umfassen einen viel größeren Bereich der Kommunikation. Wiederum andere Ansätze sind enger angelegt, und beschreiben deshalb nur einen Ausschnitt der Inter.Net.Relations wie dies etwa bei Modellen zur integrierten Kommunikation der Fall ist (vgl. z.B. Kirchner 2001). Gerade in letzter Zeit hat es verstärkt positive Entwicklungen gegeben, die allgemeine Kommunikationswissenschaft sozusagen „internettauglich" zu machen, wie etwa der Beitrag zur „elektronisch mediatisierten Gemeinschaftskommunikation" von Burkart/Hömberg (2004).

Was Modelle der Public Relations betrifft, so bieten u.a. jene von Grunig/Hunt (1984, S. 22 uf.) in ihrer ursprünglichen Form, Burkarts (1996, S. 248) Konzept einer „verständigungsorientierten Öffentlichkeitsarbeit" oder auch Ledinghams (2003, S. 190) Theorie des Beziehungsmanagements Ansatzpunkte für Inter.Net.Relations. So legt etwa die Weiterführung der vier Modelle von Grunig und Hunt in das „New Model of Symmetry as Two-Way Practices" (Dozier/L.Grunig/J.Grunig 1995, S. 219) den Schwerpunkt auf eine Mischung aus asymmetrischer und symmetrischer Kommunikation, die für alle Beteiligten Erfolg verspricht (Win-Win-Situation) und auch den Beziehungen zueinander dient. Hier lassen sich Inter.Net.Relations mit ihrem Schwerpunkt auf Beziehungen und Dialog sinnvoll ansiedeln, dennoch beschreibt dieses Modell nicht das gesamte Konstrukt der Inter.Net.Relations. Dialog steht für Kent und Taylor im Zentrum ihres „theoretischen Rahmens für dialogische Organisationskommunikation im Internet" – darin stellen sie fünf Prinzipien auf. Sie betrachten unter anderem „The Dialogic Loop" – also die Feedback-Möglichkeit im WWW – als Ausgangspunkt für dialogorientierte Kommunikation zwischen Unternehmen und deren Teilöffentlichkeiten.[13]

Wesentlich für die Erstellung eines Modells der Inter.Net.Relations sind neben der Betrachtung herkömmlicher Modelle (von Kommunikation und Public Relations) auch jene neueren, die die Themen Beziehungsarbeit bzw. Beziehungen in den Mittelpunkt stellen (vgl. insb. Ledingham/Bruning [2000, S. XIII], Ledingham 2006 oder Broom/Casey/Ritchey [2000, S.3 uf.]). Sie legen Wert auf Dialog und die Kon-

13 vgl. Kent/Taylor 1998, S. 326-331

struktion von Win-Win-Situationen. Die Beziehungsdimension zwischen Organisation und Stakeholder[14] steht auch für Botan/Taylor (2004, S. 652) im Mittelpunkt der Betrachtungen, die radikal auf eine „cocreational perspective"[15] abstellen. Von jenen Modellen, die vorrangig das Thema Online-Public Relations zum Gegenstand haben, weisen nahezu alle Teilbereiche auf, die für Inter.Net.Relations anwendbar sind bzw. diese auch beschreiben. Manche setzen sich sehr spezifisch mit einem bestimmten Thema der Online Kommunikation auseinander wie das Modell von Oenicke (1996, S.64 uf.), der die Kommunikation via E-Mail darstellt. Andere Modelle wiederum sind eher allgemein gehalten wie jenes von Hünerberg (1996, S. 125). Hier liegt der Fokus auf der Netzstruktur der Online Kommunikation, wodurch jeder an der Kommunikationssituation Beteiligte gleichzeitig Sender und Empfänger sein kann (jedoch nicht sein muss)[16]. Zuletzt identifiziert Zerfaß (2004, S. 419 f.) drei neue Rahmenbedingungen, die das Internet für die Unternehmenskommunikation geschaffen hat: neue Öffentlichkeiten, neue Bezugsgruppen und Meinungsmacher sowie neue Möglichkeiten für mehr Effizienz und Effektivität.

---

14 Für Zwecke der vorliegenden Modellbildung wurde der Begriff "Stakeholder" im Sinne der Definition von Carroll/Buchholtz (2006, S.67) gewählt: „a stakeholder may be thought of as any individual or group who can affect or is affected by the actions, decision, policies, practices, or goals of the organization". Wie Signitzer (2004, S.171) diskutiert, beinhaltet der Begriff "Zielgruppe" nicht ausreichend den Beziehungs-Aspekt, der vor allem für die Inter.Net.Relations von Bedeutung ist. Dem Begriff „Teilöffentlichkeit" scheint es nicht zu gelingen, gesellschafts- und organisationsorientierte Theorieansätze *gleichzeitig* abzudecken. Auch andere Begriffe wie „Dialoggruppe" oder „Anspruchsgruppe" tragen jeweils Einseitigkeiten in sich.
15 Zum Unterschied von der „functional perspective", in der Stakeholder und Kommunikation als *Mittel* gesehen werden, um Organisationsziele zu erreichen, sieht die „cocreational perspective" Stakeholder als *Mitproduzenten* von Bedeutung und Kommunikation (Botan/Taylor 2004, S.651-652).
16 vgl. Hünerberg 1996, S. 125

Das Modell der Inter.Net.Relations kann aus der Betrachtung verschiedener bestehender Modelle in diesem Beitrag wie folgt entwickelt und dargestellt werden:

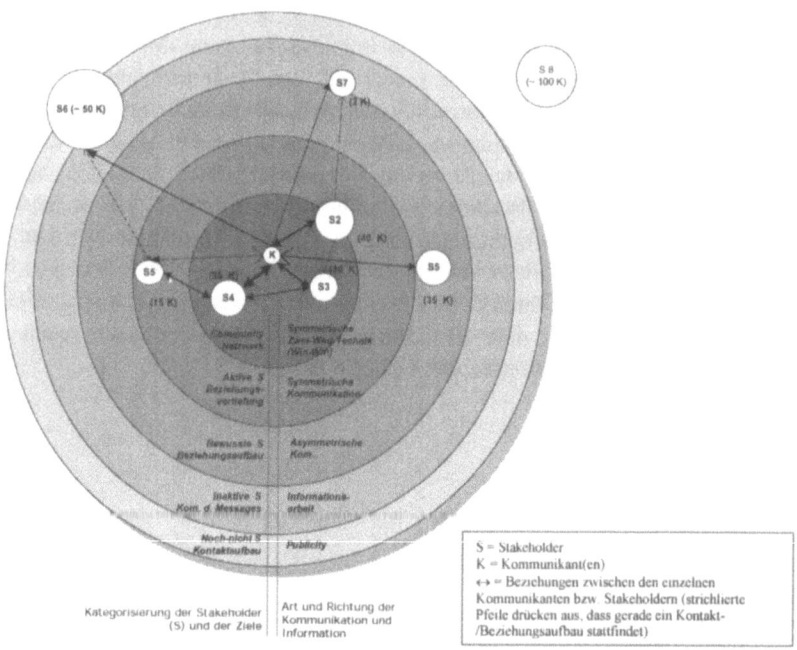

Als zentrale Charakteristika dieses Modells der Inter.Net.Relations sind die Aspekte symmetrische Kommunikation, Beziehungsarbeit und Netzwerkartigkeit identifizierbar.

Die einzelnen *Stakeholder* – im Modell mit dem Buchstaben „S" sowie einer Zahl für die jeweilige Gruppengröße gekennzeichnet – der Inter.Net.Relations können Medien, Kundengruppen, Mitarbeiter, Schulen, Anrainer, Interessenvertretungen, Lieferanten, Unternehmenspartner, Opinion Leader u.v.m. sein. Die Stakeholder, auf die weiter unten noch genauer eingegangen wird, sind kleinere Gruppen von Kommunikanten. Der *Kommunikant* („K"), der in der Grafik relativ zentral verankert ist, soll beispielsweise das Unternehmen darstellen, das Inter.Net.Relations betreibt. Alle können mit allen kommunizieren. Daraus ergeben sich verschiedene Beziehungen zueinander; die Stärke der Beziehungen wird durch die Strichdicke der Pfeile und die Pfeilspitzen selbst symbolhaft dargestellt[17]. Je symmetrischer die Beziehung, desto ähnlicher die Größe und Dicke der Pfeilspitzen in der Grafik.

Die einzelnen Stakeholder befinden sich in unterschiedlichen Kreissegmenten. Diese stellen sowohl die *Ziele* (die weiter unten noch erläutert werden), die Kategorie der Stakeholder und die *Art der Kommunikation* der Inter.Net.Relations dar. In der Mitte bildet sich als Hauptziel ein *Netzwerk*, in dem Dialog geführt wird (Win-Win-Situation, Beziehungsnetzwerk). Die einzelnen Pfeilspitzen zeigen die Gewichtung der Kommunikationsrichtungen und damit Beziehungsstärken an. So liegt nahezu eine symmetrische Kommunikation vor, wenn die Pfeilspitzen gleiche Größe und Dicke haben; bei einseitiger Kommunikation (z.B. Publicity) gehen die Pfeile nur in eine Richtung und bei asymmetrischer Kommunikation sind die Pfeilspitzen unterschiedlich groß. Eine strichlierte Linie drückt aus, dass zwischen den Interaktionspartnern gerade ein Kontakt aufgebaut wird.

Die Inter.Net.Relations laufen in einem virtuellen Raum ab; die Kugel – hier im Querschnitt ein Kreis – soll diese Räumlichkeit symbolisieren (mit Hilfe der Schattierung halbrechts unten soll der Raum dargestellt werden). Die Kommunikation kann zeitgleich und ortsunabhängig geschehen.

Das Modell der Inter.Net.Relations lässt *dialogische* Kommunikation als tatsächlich *möglich* erscheinen, wobei es auf den Einsatz und den Grad der Involviertheit der einzelnen Kommunikationsteilnehmer ankommt. Die Beteiligten sind mit Hilfe des Online-Mediums Internet prinzipiell zu Gleichgestellten in der Kommunikationssituation geworden. Alle sind Kommunikanten – damit herrscht, idealtypisch betrachtet, eine ideale Sprechsituation[18] vor. Beziehungen und wechselseitiger Nutzen werden hier zentral positioniert. Auch wenn Kommunikationssituationen dieses Typs in der Realität kaum vorfindbar sind, so tragen die Inter.Net.Relations doch immerhin das *Potenzial* für Symmetrie in sich.

---

17 Die Beziehungen können verschiedener Art sein, persönlich, professionell, gemeinschaftlich, symbolisch und verhaltensorientiert. (vgl. Ledingham 2003, S. 195)
18 vgl. Habermas, Luhmann 1971, S. 8 uf.

Die schon erwähnte *Netzwerkartigkeit* der Inter.Net.Relations ähnelt dem menschlichen Nervensystem. In der klassischen Systemtheorie kann ein System verstanden werden als „Komplex von interagierenden Elementen" und „als Entität, zwischen deren Elementen Wechselbeziehungen bestehen"[19]. Die Netzwerk-Metapher bezieht sich nicht nur auf neue Medientechnologien in der modernen Gesellschaft sondern auch auf diverse andere Ebenen, wie etwa soziale Beziehungen. Sie beinhaltet „a broad, multiplex interconnection in which many points or `nodes´ (persons, groups, machines, collections of information, organizations) are embedded. Links among nodes may be created or abandoned on an as-needed basis at any location in the system, and any node can be either a sender or a receiver of messages – or both." [20] Auch das soziale Umfeld ist ein Netzwerk, in dem wir uns bewegen. Kampagnen im Gesundheitswesen sehen beispielsweise den einzelnen Empfänger sowohl als Teil eines sozialen Netzwerks als auch eines Kommunikationsnetzwerks. Einfluss ist dabei ein Produkt von Verhalten und Einstellungen, wobei letztere durch soziale Lernprozesse angeeignet werden. Damit spielt die soziale Umwelt (das soziale Netzwerk) zwei Rollen – es dient als gutes Beispiel und auch als Einfluss-Kanal.[21]

Das Thema *Beziehungsarbeit* (relationship management) ist für die Inter.Net.Relations von hoher Bedeutung, da sich zum einen die Ziele danach orientieren und zum anderen, weil mittels Beziehungsarbeit eben ein Netzwerk etwa rund um ein Unternehmen als Kommunikant entstehen kann. Damit ist es möglich, sich von der Masse, die reine Information publiziert, abzuheben und sich so einen Vorteil zu verschaffen. „Probably with rare exception, corporate success in the 21th century will be based on the quality of the relationships built." [22] Der User benötigt Vertrauen in sein „Gegenüber", also in den Absender der Information bzw. Kommunikation. Denn undefinierbare Quellen sind riskant. Wichtig ist, dem User eine Orientierungshilfe bei der Selektion anzubieten. Vertrauen kann unterstützend ebenso über klassische Maßnahmen und Medien aufgebaut werden. Untersuchungen haben gezeigt, dass mediale Angebote im Internet dieselbe Glaubwürdigkeit genießen wie Offline-Medien.[23]

---

19 Bertalanffy 1973, S.17f
20 Lievrouw/Livingstone 2002, S. 8
21 vgl. Windahl/Signitzer 1992, S.26
22 Wilson 2001, S.524
23 Vgl. Flanagin/Metzger 2000, S. 529

2. Ebenen der Inter.Net.Relations

Wie in anderen Bereichen der Kommunikationswissenschaft, macht es Sinn, den Prozess der Inter.Net.Relations auf unterschiedlichen Kommunikationsebenen zu organisieren.[24] Inter.Net.Relations können grundsätzlich auf allen „klassischen" Ebenen der Kommunikation stattfinden – intrapersonal, interpersonell, Gruppen-, Organisations- und Massenkommunikation; ihr Fokus liegt jedoch primär im Gruppen- und Organisationsbereich sowie auch auf der interpersonellen Ebene.[25] Dies erfordert für Inter.Net.Relations (und auch für Public Relations generell) ein jeweils spezifisches Vorgehen. Auf der *intrapersonalen* Kommunikationsebene ist vor allem interessant, dass das Internet dem Nutzer ein breiteres Informationsspektrum eröffnet. Die Ebene der *Massenkommunikation* kommt eher sekundär zum Tragen. Zwar wird etwa über eine Unternehmenswebsite ebenso ein großes Publikum angesprochen, aber nicht alle Charakteristika der klassischen Massenkommunikation stimmen mit den Inter.Net.Relations überein. Diese Ebene wird angepeilt, wenn an eine Masse von Menschen Information gepusht werden soll. Darüber hinaus kann es zu einer Vermischung der Ebenen kommen, etwa zwischen *interpersonaler* und *Gruppenkommunikation*. So findet beispielsweise ein Chat öffentlich zwischen mehreren Personen statt, wobei zwei Personen in einen geschlossenen Bereich gehen können und damit öffentlich, aber trotzdem privat kommunizieren. Geschäftspartner kommunizieren im Rahmen einer Konferenz über das Internet miteinander oder eine Pressekonferenz wird über das Netz übertragen. Bei diesen Beispielen findet meist die Kommunikation auf interpersoneller Ebene in einem öffentlichen Raum statt – im bzw. über das Medium Internet[26].

3. Stakeholder der Inter.Net.Relations

Sender und Empfänger sind bei den Inter.Net.Relations gleichwertig kommunizierend, da idealerweise eine Chancengleichheit im „Senden" und „Empfangen" besteht. Daher werden diese beiden Bezeichnungen mit jener des „Kommunikanten" ersetzt. Jeder Kommunikant kann mit jedem anderen Kommunikanten interagieren. Der User unterliegt derzeit einem Selektions-Muss, sonst überrollt ihn die

---
24 vgl. Berger/Chaffee 1987
25 Im Modell der Inter.Net.Relations werden die Ebenen der Kommunikation nicht spezifisch angeführt, da sich jede Kommunikationssituation auch auf einer jeweils anderen Ebene abspielen kann.
26 vgl. Neuberger 2005

Informationsflut. Damit hat er eine größere Verantwortung als früher bzw. als bei der Nutzung von Massenmedien. Denn der Nutzer selbst ist Regisseur seiner Nachrichten, seiner Informationen und seiner Kommunikation. Vorteilhaft an diesem Pull- im Vergleich zum Push-Charakter der Massenmedien ist, dass die Stakeholder aktiver sein können und damit kann einfacher symmetrische Kommunikation und somit Dialog entstehen. [27]

Der Inhalt – Content – entspricht den Informationen, die dem User geboten werden müssen. Information ist zum neuen Gut geworden. Wegen des Informationsüberflusses in der heutigen, westlichen Gesellschaft sollte den Usern ein Mehrwert oder Zusatznutzen geboten werden, um die Angebote im Internet interessant zu machen. Daher müssen im Rahmen der Inter.Net.Relations laufend Inhalte generiert, Agenda Setting-Prozesse initiiert und Dialoge „produziert" werden.

Die Typen der Stakeholder der Inter.Net.Relations könnten nach dem Aktivierungs- und Beziehungsgrad in mögliche Kategorien eingeteilt werden[28]:

- *Noch-Nicht-Stakeholder*
  Diese tangiert der „Umstand"[29] nicht, es existiert keine Beziehung. Dieser Zustand wird aber geändert bzw. soll geändert werden, weil neue Umstände zu erwarten sind oder weil ein Kontaktaufbau etwa vom Unternehmen gewollt ist.

- *Inaktive Stakeholder*
  Derartige Gruppen sind sich eines Umstands nicht bewusst, er tangiert sie aber alle in unterschiedlicher bzw. auch gleicher Weise. Es besteht noch keine Beziehung zwischen den einzelnen Kommunikanten; die Situation ist inaktiv.

- *Bewusste Stakeholder*
  Diese sind sich des Umstands bewusst und beginnen, sich teilweise in klei-

---

27 Vorläufer dieser Ideen finden sich in den frühen Achtzigerjahren; vgl. etwa die Konzeption des Konvergenzmodells der Kommunikation bei Rogers/Kincaid 1981.
28 Dieser Kategorienvorschlag der Stakeholder orientiert sich grob an der Public Relations-Zielgruppenkonzeption von Grunig/Hunt (1984).
29 „Umstand" ist hier im Sinne der jeweiligen Situation gemeint, beispielsweise die Errichtung einer Unternehmensniederlassung, eine Rückholaktion im Automobilbereich, Jubiläumsfeier einer Firma, neue Website mit Servicefunktionen etc.

neren Gruppen zu formieren; manche bleiben aber auch „alleine". Erste Beziehungen innerhalb der Stakeholder entstehen.

- *Aktive Stakeholder*
  Hier beginnt die aktive Phase; die Stakeholder oder auch Einzelpersonen informieren sich aktiv, da sie sich eines Umstands bewusst sind. Nun entstehen Beziehungen nach „außen"; Dialog entwickelt sich.

- *Community*[30]
  In diesem Stadium gruppieren sich die Stakeholder im Netz(werk) zu einer Gemeinschaft, die sich gemeinsam des Umstandes bewusst und gemeinsam aktiv ist. Es existiert ein immer in Bewegung befindliches Beziehungsfeld oder Beziehungsnetzwerk. Eine gewisse Eigendynamik des Dialogs ergibt sich, der teilweise von den Inter.Net.Relations-Beratern gesteuert werden kann und auch immer wieder „gespeist", gepflegt, ergänzt, attraktiver gemacht werden sollte. Die Community ist sozusagen die Idealvorstellung der Stakeholder-Kategorien.

Auf Grund der Dynamik des Internets und der Möglichkeiten, die damit verbunden sind, kommt der Stakeholder-Segmentierung bei den Inter.Net.Relations eine wichtige Rolle zu. Stakeholder-Gruppen sind fortwährend und auch schnell in Bewegung, die Verschiebungen sind zeitliche, örtliche und zwischen den Typen. Eine Segmentierung in Form bloßer Auflistungen wie Lehrer, Schüler, Lieferanten, Nachbarn, Mitarbeiter, Kunden etc. kann der Komplexität der unterschiedlichen Kommunikationssituationen nicht gerecht werden. Für zielgerichtete Inter.Net.Relations bedarf es analytisch schärferer Instrumente (wie z.B. die oben angeführten Stakeholdertypen), die Bewegungen und Verwerfungen erfassen und somit zu Prioritätensetzungen beitragen können – indem sie über herkömmliche Segmentierungs-Listen gleichsam „gestülpt" werden.

---

30 „Community ist der Begriff für eine virtuelle Gemeinschaft jener Internet-Nutzer, die sich auf Grund ihrer Interessen mehr oder weniger regelmäßig zusammenfinden, um miteinander zu kommunizieren." vgl. Oppel 2001, S. 42

4. Ziele der Inter.Net.Relations

Die einzelnen Stakeholder befinden sich auf verschiedenen Ebenen (unterschiedliche Kreise im Modell). Diese stehen für die Kategorie der Stakeholder, die Art der Kommunikation und die Ziele der Inter.Net.Relations. Ideal betrachtet, lassen sich die Typen der Stakeholder den jeweiligen Zielen zuordnen (wie bei der Kategorisierung der Stakeholder sind auch die Übergänge der Zielkategorien als fließend zu betrachten):

- *Kontaktaufbau*
  Erstkontakt mit den Stakeholdern durch „Besuche" auf der Site, im Intranet, Versenden eines Newsletters etc. Diese Besuche können auf Grund von Informationssuche entstehen oder auch zufällig sein; der Newsletter wird gezielt an Personen versandt – parallel wird so die Bekanntheit einer Organisation gesteigert. Diese zwei Aspekte stehen in Wechselbeziehung miteinander: Bekanntheit fördert den Kontaktaufbau und umgekehrt. Dieses Ziel entspricht dem klassischen Public Relations-Ziel „Zustandekommen von Kommunikation"
  Dieses Ziel kann auch einfach über Offline- oder klassische Medien erreicht werden. Der Aufwand für die Stakeholder ist nicht groß, ihre Aktivität ist im Stadium der Bekanntheitssteigerung noch nicht gefordert, ihre Hol-Schuld steht nicht im Vordergrund. Die Stakeholder müssen von der Organisation informiert, ihr Interesse muss geweckt werden. Dann, im zweiten Schritt, dem Kontaktaufbau, sollten sie zum aktiven Surfen motiviert werden bzw. das Unternehmen baut aktiv Kontakt auf etwa mittels eines Newsletters.

- *Kommunizieren der Messages*
  (Aufnahme der Informationen bis hin zu einer Verhaltensänderung/Meinungsänderung)
  Die Kernbotschaften oder das Image eines Unternehmens sollten immer mittransportiert werden. Wesentlich ist dann, dass die Stakeholder die Botschaften, die Kernaussagen des Unternehmens und das Image aufnehmen. Diese Ziele gehen in Richtung des klassischen Public Relations-Ziels „Genauigkeit der Erinnerung". Dazu sollten die Visits auf einer Website gefördert werden etwa durch Gewinnspiele, zusätzliche und aktuelle In-

formationen etc. Sobald die User die Informationen aufgenommen haben, kommt das klassische Public Relations-Ziel der „Akzeptanz der Botschaft des Unternehmens" ins Spiel. In diesem Stadium ist die aktive Auseinandersetzung der Stakeholder mit den Kernaussagen oder mit dem Image der Organisation notwendig. Idealziel ist die Einstellungs- bzw. Verhaltensänderung der Stakeholder, sofern eine andere Einstellung vorhanden war bzw. die Beibehaltung der gewünschten Einstellung / des gewünschten Verhaltens.

- *Beziehungsaufbau*
  Durch interessanten Content, gute Angebote oder auch die Kommunikation über E-Mail werden Bindungen zwischen Unternehmen und Stakeholdern aufgebaut. Diese intensivieren sich durch mehrfache Besuche der Site, durch Kontakt über Mail oder über Chats und Newsgroups hin zu einem Beziehungsaufbau. Besucheranalysen sollten vorgenommen werden, um ihre spezifischen Bedürfnisse zu erfahren und auf diese eingehen zu können. Der Beziehungsaufbau wird anfangs eher einseitig von der Organisation weg in Richtung Stakeholder gehen. In einer nächsten Stufe ist das Optimum eine Zwei-Weg-Kommunikation, die sich etwa in aktivem Anfragen von Journalisten nach mehr Informationen, Kundenanfragen oder dergleichen äußert. Eine Folge des Beziehungsaufbaus und der Beziehungspflege ist „miteinander zu kommunizieren" – und damit hat bereits eine gewisse Eigendynamik eingesetzt, die aber von Public Relations-Beratern gesteuert werden sollte.

- *Beziehungsvertiefung*
  Bei dieser Zielstufe müssen die Beziehungen durch laufende Aktionen und fortwährend aktualisierte Informationen vertieft und gestärkt werden – etwa durch hochpersonalisierte E-Mail-Newsletter, die sich durch praktische Tipps bzw. auf den jeweiligen Empfänger zugeschnittene Informationen von anderen unterscheiden (z.B. Business-Knigge im Ausland, Tipps für die Texterung von heiklen Themen etc.) oder das Einrichten eines Forums, in dem jeder zu Wort kommt und das auch seitens des Unternehmens aktiv mit Informationen etwa von unabhängigen Experten etc. gefüttert wird. Dort kann sich langsam eine Community bilden.

- *Netzwerk*
  (an Beziehungen, Dialog, ideale Sprechsituation, Win-Win-Situation)
  Das Endziel der Inter.Net.Relations stellt ein Netzwerk an Beziehungen zu verschiedenen Stakeholdern mit verschieden starken Verbindungen dar, das aber nicht statisch ist, sondern sich permanent entwickelt und gepflegt werden muss. Das Kernnetzwerk besteht aus Kontakten zu Opinion Leadern, zu den primären Stakeholdern, zu Medien etc. Hier funktioniert die Kommunikation beinahe symmetrisch. Die Kommunikationsaktionen werden komplett auf die jeweiligen Stakeholder oder Stakeholder-Gruppen zugeschnitten. Das Netzwerk entwickelt sich über das ursprüngliche Thema hinaus. Die Bedürfnisse der Kommunikanten sind bekannt oder können einfach generiert werden – damit ist eine punktgenaue Bedürfnisbefriedigung möglich. Zwänge der Kommunikation fallen weg, Wege können teils verkürzt werden und Vertrauen steht im Vordergrund.

5. Definition der Inter.Net.Relations

Ausgehend von den gewonnen Erkenntnissen bei der Betrachtung einiger der bestehenden klassischen Theorien und Modelle der Public Relations, der Online Relations und der allgemeinen Kommunikationswissenschaft ergibt sich ein theoretischer Entwurf der Inter.Net.Relations und damit auch eine Definition (die am Ende dieses Abschnitts vorgestellt wird), die gleichermaßen aus Teilen bestehender Definitionen und aus gewonnenen Ergebnissen entwickelt wurde.

Bestehende Public Relations-Definitionen können etwa in unterschiedliche Kategorien eingeteilt werden:

- Übergeordnete gesellschaftlich orientierte Definitionen: Hier spielen das Wohl der Gesellschaft und die Harmonie unter den einzelnen „Gruppen" eine wichtige Rolle;[31]
- den Public Relations-Bereich inhaltlich erklärende Definitionen;[32]
- allgemeine, unkonkrete Definitionen über Public Relations, die häufig einen bis wenige Aspekte der PR hervorheben, die wiederum auch für andere Kommunikations- und Wissensgebiete gültig sind wie z. B.

---
31 vgl. u.a. Ronneberger/Rühl 1992, S. 252
32 wie beispielsweise die umfassende Definition von Harlow 1976, S. 36

Public Relations bedienen sich der Forschung und Kommunikationstechniken als Hauptinstrumente.[33]

Organisationsorientierte Public Relations-Definitionen haben im Großen und Ganzen folgende inhaltliche Kernaussagen:

- Public Relations als Kommunikationsmanagement zwischen Gruppen;
- (Ziel ist es,) mittels Public Relations gegenseitiges Verstehen, Vertrauen, Akzeptanz aufzubauen, bestimmte Meinungen und Einstellungen zu erzeugen / zu kommunizieren;
- Unternehmen passen sich mit Hilfe von Public Relations an Umweltveränderungen an;
- Public Relations bedienen sich bestimmter Instrumente und laufen nach bestimmten Plänen ab.

Die Aussagen und Definitionen zu Online-Public Relations (oder auch bezeichnet als Online Relations, Cyber Relations, Public Relations online etc.) sind entweder stark auf die Eigenschaften des modernen Online-Mediums Internet und seiner Dienste fixiert oder sie sind eher allgemein gehalten; einige Kriterien bzw. Charakteristika stichwortartig im Überblick:[34]

- Online Kommunikation ist Kommunikation im / über das Internet;
- Online-Kommunikationsprozess wird definiert über dezentrale Netzstruktur;
- Multifunktionalität / Austauschbarkeit von Sender und Empfänger;
- Internet ermöglicht, Quantität und Schnelligkeit der Information zu erhöhen / permanente Verfügbarkeit der Informationen;
- Ziel ist Beziehungsaufbau hin zum sich austauschenden Netzwerk (Community);
- Ziel des Dialogs und der symmetrischen Kommunikation: Übergang von individueller Massenkommunikation zu massenhafter Individualkommunikation;
- alle Medien und Kommunikationsformen vereint im modernen Online-Medium Internet / Vernetzung verschiedener Kommunikationsformen, -stile;

---

[33] Grunig/Hunt 1984, S. 6
[34] so z.B. u.a. bei Fuchs/Möhrle/Schmidt-Marwende 1999; Zerfaß 1999; Büttner http://online-marketing-praxis/tipps/artikel/prstrat.php3

- gesellschaftlicher Aspekt – das Individuum im Mittelpunkt;
- Multimedialität, Interaktivität, Digitalisierung und technische Vermittlung von Daten;
- virtueller Raum, in dem Kommunikation stattfindet – neue Öffentlichkeit zeitgleich, ortsunabhängig

Die folgende *Arbeitsdefinition der Inter.Net.Relations* versucht, Aussage-Schwerpunkte klassischer Public Relations und Online-Public Relations mitzudenken und – soweit sinnvoll – in die eigenen Erkenntnisse und Aussagen zu integrieren:

„Inter.Net.Relations meinen die Kommunikation von Organisationen mit ihren Stakeholdern im virtuellen Raum – der neuen, zweiten Öffentlichkeit, dem Meta-Medium Internet. Ziel ist, ein sich (symmetrisch mit Win-Win-Ausrichtung) austauschendes Netzwerk (Community) an Kommunikanten aufzubauen. Dialogorientierte Kommunikation, Beziehungsarbeit und Flexibilität sind für Inter.Net.Relations bedeutend. Die Wege der Kommunikation sind auf Grund der Netzwerkstruktur vielfältig."

6. Resümee

Unbestreitbar besteht ein Einfluss vom modernen Online-Medium Internet auf klassische Public Relations-Modelle und -theorien. Dieser Schluss ergibt sich daraus, dass die klassischen Public Relations-Modelle und -theorien das Spektrum der Inter.Net.Relations nicht oder nicht vollständig abdecken bzw. definieren. Dennoch sind viele dieser Ansätze vergleichsweise breit angelegt – Inter.Net.Relations finden dort Ankerpunkte.

Die theoretischen Überlegungen zu den Inter.Net.Relations verstehen wir als einen Versuch, die Entwicklungen im Online-Bereich für die Public Relations-Wissenschaft und -Praxis zu „entknoten", zu systematisieren, zu umrahmen. Künftige empirische Studien werden sich sicherlich verstärkt und theoriegeleitet mit diesem Bereich auseinandersetzen. So erscheint es etwa interessant, die Stakeholder der Inter.Net.Relations und ihre mögliche Prioritätensegmentierung im Detail abzubilden – inklusive ihrer Entwicklung und Formierungsstufen. Ähnliches gilt für Untersuchungen zum Aspekt des Beziehungsmanagements. Auch die Integration breiterer gesellschaftstheoretischer und (engerer) marketingtheoretischer Public Relations-Ansätze mit den Inter.Net.Relations wäre in Ergänzung und Erweiterung der hier im Vordergrund stehenden organisationstheoretischen Sichtweise wünschenswert.

Literatur

Berger, Charles R.; Chaffee, Steven H. (1987). *Handbook of communication science*. London: Sage.

Bertalanffy, Ludwig von (1973). *General systems theory*. Harmondsworth: Penguin Books.

Botan, Carl H.; Taylor, Maureen (2004). Public relations: State of the field. In: *Journal of Communication*, 54.Jg., Nr.4, S.645-661.

Broom, Glen; Casey, Shawna; Ritchey, James (2000). Toward a concept and theory of organization-public relationships: An update. In: Ledingham, John; Bruning, S. D. (Hrsg.). *Public relations as relationship management: A relational approach to public relations*. MahwahN.J.: Erlbaum, S. 3-22.

Burkart, Roland (1996). Verständigungsorientierte Öffentlichkeitsarbeit. Der Dialog der PR-Konzeption. In: Bentele, Günter; Steinmann, Horst; Zerfaß, Ansgar (Hrsg.). *Dialogorientierte Unternehmenskommunikation*. Berlin: Vistas Verlag, S. 245-270.

Burkart, Roland; Hömberg, Walter (2004). Elektronisch mediatisierte Gemeinschaftskommunikation. Eine Herausforderung für die kommunikationswissenschaftliche Modellbildung. In: Burkart, Roland; Hömberg, Walter (Hrsg.). *Kommunikationstheorien. Ein Textbuch zur Einführung*, 3. überarb. u. erw. Aufl. Wien: Braumüller, S. 258-269.

Büttner, Karsten (2002). *Wie Sie Öffentlichkeitsarbeit im Internet betreiben. Online-PR Teil1*. Online: http://online-marketing-praxis.de/tipps/artikel/prstrat.php3, 5.2.2002.

Carey, James (1975). A cultural approach to communication. In: *Communication*, 2.Jg., S. 1-22.

Carroll, Archie B.; Buchholtz, Ann K. (2006). *Business and society. Ethics and stakeholder management*. 6. Aufl. Mason, OH: South-Western.

Dozier, David; Grunig, Larissa; Grunig, James (1995). *Manager's guide to excellence in public relations and communication management*. Mahwah, N.J.: Erlbaum.

Flanagin, Andrew; Metzger, Mirijam J. (2000). Perceptions of internet information credibility. In: *Journalism & Mass Communication Quaterly*, 77.Jg., Nr.3, S. 515-540.

Fuchs, Peter; Möhrle, Hartwin; Schmidt-Marwende, Ulrich (1999). *PR im Netz. Online-Relations für Kommunikations-Profis. Ein Handbuch für die Praxis*. 2. Aufl. Frankfurt am Main: F.A.Z.-Institut.

Grob, Heinz Lothar; Bieletzke, Stefan (1997). *Aufbruch in die Informationsgesellschaft*. Münster: Lit Verlag.

Grunig, James E.; Hunt, Todd (1984). *Managing public relations*. New York: Holt, Rinehart and Winston.

Habermas, Jürgen (1981). *Theorie des kommunikativen Handelns*. Frankfurt a. M.: Suhrkamp.

Habermas, Jürgen; Luhmann, Niklas (1971). *Theorie der Gesellschaft und der Sozialtechnologie*. Frankfurt a. M.: Suhrkamp.

Harlow, Rex (1976). *Building a public relations definition*. In: Public Relations Review, 2. Jg., Nr. 2, S. 34-42.

Hünerberg, Reinhard (1996). Online-Kommunikation. In: Hünerberg, Reinhard et. al. (Hrsg.). *Handbuch Online-Marketing: Wettbewerbsvorteile durch weltweite Datennetze*. Landsberg: Verlag Moderne Industrie, S. 107-131.

Kent, Michael L.; Taylor, Maureen (1998). *Building dialogic relationship through the world wide web*. In: Public Relations Review, 24.Jg., Nr.3, S. 321-334.

Kirchner, Karin (2001). *Integrierte Unternehmenskommunikation. Theoretische und empirische Bestandsaufnahme und eine Analyse amerikanischer Großunternehmen*. Wiesbaden: Westdeutscher Verlag.

Ledingham, John; Bruning, Stephen D. (2000). Background and current trends in the study of relationship management. In: Ledingham, John; Bruning, Stephen D. (Hrsg.). *Public relations as relationship management: A relational approach to public relations*. Mahwah, N.J.: Erlbaum, S. XI-XVIII.

Ledingham, John (2003). *Explicating relationship management as a general theory of public relations*. In: Journal of Public Relations Research, 15. Jg., Nr. 2, S. 181-198.

Ledingham, John (2006). Relationship management: A general theory of public relations. In: Botan, Carl; Hazleton, Vincent (Hrsg.). *Public relations theory II*. Mahwah, N.J.: Erlbaum, S. 465-483.

Lievrouw, Leah; Livingstone, Sonia (2002) (Hrsg.). *Handbook of new media*. London: Sage.

Maletzke, Gerhard (1963). *Psychologie der Massenkommunikation*. Hamburg: Hans-Bredow-Institut.

Messinger, Heinz (1988). *Langenscheidts Großes Schulwörterbuch. Englisch-Deutsch*. Berlin, München: Langenscheidt KG.

Neuberger, Christoph (2005). Formate der aktuellen Internetöffentlichkeit. In: *Medien & Kommunikationswissenschaft*, 53.Jg., Nr.1, S.73-92.

Oenicke, Jens (1996). *Online-Marketing. Kommerzielle Kommunikation im interaktiven Zeitalter*. Stuttgart: Schäffer-Poeschel Verlag.

Oppel, Kai (2001). *Community als PR- und Marketing-Instrument*. In: PR Magazin, 32. Jg., Nr. 8, S. 37-42.

Riley John; Riley Mathilda (1959). Mass communication and the social system. In: Merton, Robert et. al. (Hrsg.). *Social theory and social structure.* Erw. 3. Aufl. Glencoe: Free Press, S. 537-578.

Rogers, Everett; Kincaid, D.Lawrence (1981). *Communication Networks. Toward a paradigm for research.* New York: The Free Press.

Ronneberger, Franz; Rühl, Manfred (1992). *Theorie der Public Relations. Ein Entwurf.* Opladen: Westdeutscher Verlag.

Shannon, Claude; Weaver Warren (1976). *Mathematische Grundlagen der Informationstheorie.* München: Verlag-Oldenbourg.

Signitzer, Benno (2004). Theorie der Public Relations. In: Burkart, Roland; Hömberg, Walter (Hrsg). *Kommunikationstheorien. Ein Textbuch zur Einführung.* 3.überarb.u.erw.Aufl. Wien: Braumüller, S.141-173.

Wehmeier, Stefan (2002). Online Relations – Ein neues Verfahren der Öffentlichkeitsarbeit und seine Problemfelder. In: Bentele, Günter; Piwinger, Manfred; Schönborn, Gregor (Hrsg.): *Kommunikationsmanagement. Strategien, Wissen, Lösungen.* Band 2.5.15. Neuwied: Luchterhand, S. 1-32.

Weiber, Rolf (1995). *Systemgüter und klassische Diffusionstheorie.* Berlin: Duncker & Humblot.

Wilson, Laurie J. (2001). Relationships within communities. Public relations for the new century. In: Heath, Robert L. (Hrsg.). *Handbook of public relations.* Thousand Oaks, CA: Sage, S. 521-526.

White, Candace; Raman, Niranjan (1999). *The world wide web as a public relations medium: The use of research, planning, and evaluation in web site development.* In: Public Relations Review, 25. Jg., Nr. 4, S. 405-419.

Windahl, Sven; Signitzer, Benno (1992). *Using communication theory. An introduction to planned communication.* London: Sage.

Zerfaß, Ansgar (1999). Öffentlichkeitsarbeit mit interaktiven Medien: Grundlagen und Anwendungen. In: Krzeminski, Michael; Zerfaß, Ansgar (Hrsg.). *Interaktive Unternehmenskommunikation. Internet, Intranet, Datenbanken, Online-Dienste und Business-TV als Bausteine erfolgreicher Öffentlichkeitsarbeit.* 2. Auflage. Frankfurt a. M.: F.A.Z.-Institut, S. 34-52.

Zerfaß, Ansgar (2004). *Unternehmensführung und Öffentlichkeitsarbeit. Grundlegung einer Theorie der Unternehmenskommunikation und Public Relations.* 2. Aufl. Wiesbaden: VS Verlag für Sozialwissenschaften.

Blogomanie und Blogophobie – Organisationskommunikation im Sog technizistischer Argumentationen

Mark Eisenegger

Vom Internet- zum Weblog-Hype?

Die New Economy-Blase ist geplatzt und die vergangenen Internet-Utopien gelten rückblickend als Konstrukt im Rahmen von „Übertreibungszyklen" (Sarcinelli, 1997, 315). Es galt Abschied zu nehmen von „übertriebenen Hoffnungen oder Ängsten" (Leggewie, 2001) und von einem unhaltbaren *Technologie-Determinismus*, der die Qualität und Wirkung öffentlicher und/oder organisierter Kommunikation auf ein rein technisches Problem verkürzt, das sich lediglich mit dem Einsatz der adäquaten Kommunikationstechnologie lösen lässt.

Wo stehen wir heute? Haben Praxis und scientific community ihre Lektion gelernt? Gehören übertriebene Erwartungen betreffend neuer Kommunikationstechnologien der Vergangenheit an?

Betrachtet man die aktuelle Diskussion über Weblogs so kommen Zweifel auf. Wie zu den besten Zeiten des Internet-Hypes finden sich unzählige Beispiele einer kritiklosen Euphorie ebenso wie eine Überdramatisierung der Folgen des Bloggings für Organisationen. Wie schon Mitte der neunziger Jahre, also in der Hochphase der „New Economy", werden die Erwartungen an die neue Kommunikationstechnologie wesentlich durch den massenmedialen Diskurs befeuert. Dramatisierende Schlagzeilen wie „Blogs will change your business" (BusinessWeek), „Die Welt wird aus den Angeln gebloggt" (NZZ am Sonntag) oder „Attacke aus der Blogosphäre. Unternehmen aufgepasst!" (SonntagsZeitung) bilden die Regel, nicht die Ausnahme. Insbesondere bei Beratungsagenturen dominiert eine Sicht, wonach Weblog-Kommunikation die Organisationskommunikation vor neue Herausforderungen stellt, sei es in Form erhöhter Skandalisierungs*risiken*, sei es in Form neuer *Chancen* zur dialogischen und authentischen Reputationspflege (Berlecon-Research, 2004, 2). Solche Prophezeiungen sind Ausdruck von Strategien zur Aufmerksamkeitsgewinnung in publizistischen Märkten oder im Wettbewerb von Beratungsfirmen und Agenturen, tragen aber allemal dazu bei, Weblogs über einen frühen Nutzerkreis hinaus bekannt zu machen und als Bestandteil der Organisationskommunikation im Markt zu verankern (Schmidt, 2006, 95).

Aber nicht nur der Journalismus und die Beratungspraxis, auch Teile der scientific community scheinen vom neuen Blog-Hype erfasst. Vor allem in der PR- und Organisationskommunikations-Forschung dominieren bislang klar jene Vertreter, die davor warnen, Weblogs zu *unter*schätzen. Zwar bemühen sich die Autoren in den Einleitungen ihrer Fachbeiträge um eine differenzierte Haltung, argumentieren dann aber doch systematisch in Richtung einer hohen Bedeutungszuweisung dem neuen Phänomen gegenüber. Nicht zuletzt wird der Blog-Kommunikation ein großes Wirkungsvermögen im Rahmen öffentlicher Meinungsbildungsprozesse attestiert (Pleil, 2004; Röttger; Zielmann, 2006; Zerfass; Boelter, 2005). Daraus wird die Notwendigkeit einer angemessenen Berücksichtigung externer Weblogs im Rahmen des Issues Managements abgeleitet, das ja bekanntlich die Früherkennung von und adäquate Reaktion auf kommunikative Risiken und Chancen im öffentlichen Umfeld der Organisationen bezweckt. Darüber hinaus wird „Corporate" oder „CEO Blogging" als effektives Mittel zur Reputationspflege im externen Kommunikationsmanagement gesehen (Fischer, 2004; Pleil, 2004; Röttger; Zielmann, 2006; Zerfass, 2005; Zerfass; Boelter, 2005), während Blog-Kommunikation im internen Kommunikationsmanagement als erfolgversprechendes Instrument des vernetzten Wissensmanagements ausgewiesen wird (Schmidt, 2006, 105ff.; Zerfass; Boelter, 2005, 128ff.).

In diesem Beitrag wird die Ansicht vertreten, dass das vielerorts konstatierte hohe Einflussvermögen von Weblogs auf öffentliche Meinungsbildungsprozesse einer genaueren Prüfung nicht standhält und sich dementsprechend auch die Notwendigkeit einer angemessenen Berücksichtigung solcher Blog-Kommunikation in der außengerichteten Organisationskommunikation (Stichworte: Blog-Monitoring und Issues Management) nicht stichhaltig begründen lässt. Es wird argumentiert, dass die Überschätzung von Weblogs aus einer verkürzten *technizistischen Optik* herrührt, welche die *sozialen* Bedingungen und Effekte effektiver Medienkommunikation nicht angemessen berücksichtigt. Und es wird gezeigt, dass die Risiken, die den Organisationen durch den Einsatz von Weblogs in ihrem Kommunikationsmanagement durch den expressiven, dialogischen Kommunikationsstil erwachsen, nicht ausreichend reflektiert werden.

1. Definitionen und technizistische Kurzschlüsse

Folgt man gängigen Definitionen, so sind Weblogs in erster Linie durch technische Eigenschaften und den expressiven Kommunikationsstil charakterisiert. Eine typische Definition lautet:

> „A weblog is defined as: frequently modified web pages in which dated entries are listed in reverse chronological sequence, most often with links to other sites and commentary on various things and cross-referencing to other weblogs as a collection of links coupled with a personal interpretation." (Taekke, 2005, 4)

Die Betonung der technischen Eigenschaften erfolgt nicht zufällig, sondern liefert wesentlich das Argumentarium, um den Blogs eine herausragende Stellung und Qualität in der öffentlichen Kommunikation zuzuweisen:

- *Chronologie*: Aus der inversen Reihenfolge der publizierten Beiträge, welche die neuesten Blog-Einträge zuoberst ausweist, wird eine hohe *Aktualitätszentrierung* der Blog-Kommunikation abgeleitet.
- *Verlinkung*: Die Möglichkeit zur intensiven wechselseitigen Verlinkung (Trackback- und Blogroll-Funktion) wird mit *einer hohen Diffusionsgeschwindigkeit* bezüglich Verbreitung brisanter Informationen in der „Blogosphäre" gleichgesetzt. Gleichzeitig wird angenommen, dass die intensive Verlinkung zwischen Weblogs eine hohe Visibilität in einschlägigen Suchmaschinen (PageRank) und ein entsprechend großes Potenzial zur Aufmerksamkeitslenkung und -attrahierung in der weiteren Öffentlichkeit und bei relevanten Publikumssegmenten begünstigt.
- *Kommentierungsfunktion*: Drittens wird aus der technischen Möglichkeit zur Kommentierung eine höhere *Dialogorientierung* der Blog-Kommunikation im Vergleich zu herkömmlichen online-Diensten abgeleitet.

Neben diesen technischen Merkmalen wird durchweg der expressive, die Persönlichkeit des Absenders betonende Kommunikationsstil als charakteristisches Merkmal der Blog-Kommunikation herausgestrichen, wobei expressive Diskursführung mit einer angeblich besonders authentischen, die *Glaubwürdigkeit* des Absenders betonenden Form der Selbstdarstellung, gleichgesetzt wird.

Insgesamt ist solchen technologie-affinen Sichtweisen gemeinsam, dass sie die Wirkung neuer Medien weitgehend auf ihr technisches Potenzial reduzieren.

Die mangelhafte Dialogorientierung in herkömmlichen, publizistischen Angeboten, die reaktionsschnelle Aufnahme und Verbreitung brisanter Informationen ebenso wie die Beachtung dieser Informationen durch relevante Zielpublika sind in dieser Lesart hauptsächlich Fragen technologischer Möglichkeiten. Die Definitionen speisen sich aus einer normativen Grundhaltung zu technologischem Fortschritt, welche die sozialen Voraussetzungen effektiver öffentlicher Kommunikation systematisch ausblendet. Das technische *Potenzial* wird mit dem tatsächlichen Nutzungsverhalten gleichgesetzt. Es wird stillschweigend vorausgesetzt, dass die technischen Möglichkeiten des Mediums realiter auch tatsächlich genutzt werden, d.h. zu mehr und besserer Kommunikation führen. Solche *technizistischen Kurzschlüsse* halten einer genaueren empirischen Prüfung indessen keineswegs stand. So kommen Herring et al. nach einer detaillierten, inhaltsanalytischen Untersuchung von rund 200 Weblogs unter Einschluss so genannter Meinungsführer-Blogs zum Schluss: "Notably, blog authors, journalists and scholars alike exaggerate the extent to which blogs are interlinked, interactive, and oriented towards external events (...)." (Herring;Scheidt;Bonus; Wright, 2003, 1) Nicht nur die vielerorts behauptete, intensive Verlinkung zwischen Weblogs in der Blogosphäre als Vorbedingung rascher Zirkulation brisanter Informationen zum einen und hoher Visibilität der Blog-Kommunikation in der „Google-Welt" (Zerfass; Boelter, 2005, 81) zum anderen scheint also eher ein Mythos als ein empirisch erhärtetes Faktum zu sein. Empirisch nicht haltbar ist zudem die These, wonach Weblogs die Organisationen zu höherer Dialogorientierung animieren. Hier zeigt sich besonders eklatant, dass das Vorhandensein einer technischen Funktion keineswegs mit ihrer effektiven Nutzung gleichgesetzt werden kann, weil der Gebrauch solcher Funktionen voraussetzt, dass er *sozial* auch tatsächlich erwünscht ist. Vorhandene oder fehlende Dialogorientierung ist keine Frage der Verfügbarkeit technischer Möglichkeiten. Sie ist vielmehr die Folge eines strategischen Kommunikationsentscheides, solchen Dialog zuzulassen oder sich ihm zu verweigern (Donges; Jarren, 1999, 96). Nicht erstaunlich belegen verschiedene Untersuchungen aller technischen Möglichkeiten des Internets zum Trotz denn auch eine weiterhin nur geringe Bereitschaft von Organisationen zu einer zweiseitigen, dialogischen Kommunikation (Hoecker, 2002, 5). Dies deshalb, weil Dialogkommunikation den etablierten, professionellen Normen einer auf Kontrolle und Widerspruchsfreiheit ausgelegten Organisationskommunikation über weite Strecken zuwiderläuft.

2. Weblogs – ein massenmedial befeuertes Phänomen

Weblogs sind gemäß der phänomenologisch orientierten Medientheorie *Medienschemata* (Neuberger, 2005, 73ff.), die als sozial verfestigte und formalisierte Muster kommunikativer Handlungen der Lösung gesellschaftlicher Probleme dienen (Günthner; Knoblauch, 1994; Luckmann, 1986). Medienschemata steuern die Erwartungen und das Verhalten der Rezipienten und Kommunikatoren, was die Inhalte, den Kommunikationsstil, die Funktionen und Gratifikationen sowie die Wirkung bestimmter Medientypen im öffentlichen Meinungsbildungsprozess betrifft (Neuberger, 2005, 74). Medienschemata besitzen mit anderen Worten eine Reputation, die steuert, welche Regeln im Umgang mit bestimmten Medien gelten und was von ihnen erwartet wird. Grundlegend in dieser Theorieperspektive ist die Annahme, dass Mediengattungen nicht einfach gegebene, technische Faktizitäten einer objektiven Welt darstellen. Sie werden vielmehr sozial zu dem gemacht, was sie sind. Medientypen sind in dieser Perspektive „gesellschaftlich konstruierte" Gebilde (Berger; Luckmann, 1989), deren Bedeutung und Wahrnehmung erst in *gesellschaftlichen Definitionsprozessen* ausgehandelt und geprägt wird. Und in solchen Definitionsprozessen sozialer Wirklichkeit spielen massenmediale Diskurse in modernen Mediengesellschaften eine ausschlaggebende Rolle. Für die Diffusion und gesellschaftliche Verankerung der neuen Mediengattung sind dann nicht die objektiven Merkmale der Kommunikationstechnologie entscheidend sondern die Frage, inwieweit in gesellschaftlichen Metadiskursen wirkmächtige Erwartungsstrukturen zum Potenzial der neuen Mediengattung entstehen.

Abbildung 1 zeigt die zeitliche Entwicklung des Metadiskurses über Weblogs in ausgewählten Leitmedien der Schweizer Medien-Öffentlichkeit.[1]

---

[1] Ausgewertet wurden im Untersuchungszeitraum 2000-2005 alle Beiträge, in denen Weblogs in der Schweizer Medienarena zentral thematisiert wurden. Folgende Leitmedien wurden analysiert: Neue Zürcher Zeitung, Bund (Qualitätszeitungen), Tages-Anzeiger (Forumszeitung), Blick (Boulevardmedium), SonntagsZeitung, Sonntagsblick (Enthüllungsmedien), Facts (Nachrichtenmagazin), Weltwoche (Hintergrundzeitung) und Cash (Wirtschaftszeitung). Abbildung 1 illustriert die Resonanzentwicklung des Themas Weblog in jährlichen Intervallsschritten. Zudem wird ersichtlich, welche Bedeutung die Massenmedien dem Phänomen beimessen. Unterschieden wurden folgende Ausprägungen: 1. Den Weblogs wird eine hohe Bedeutung beispielsweise als Gegenöffentlichkeit zur etablierten Medien-Öffentlichkeit beigemessen (hohe Bedeutung); 2. den Weblogs wird bezüglich einzelner Funktionen eine hohe Bedeutung beigemessen, gleichzeitig wird aber auch vor übertriebenen Erwartungen gewarnt (ambivalent); 3. Weblogs werden als neuer „Hype" abgetan, d.h. es dominiert eine relativierende Sichtweise (Geringe Bedeutung/Relativierung) und 4. Weblogs werden hinsichtlich ihrer Bedeutung nicht eingestuft (neutral).

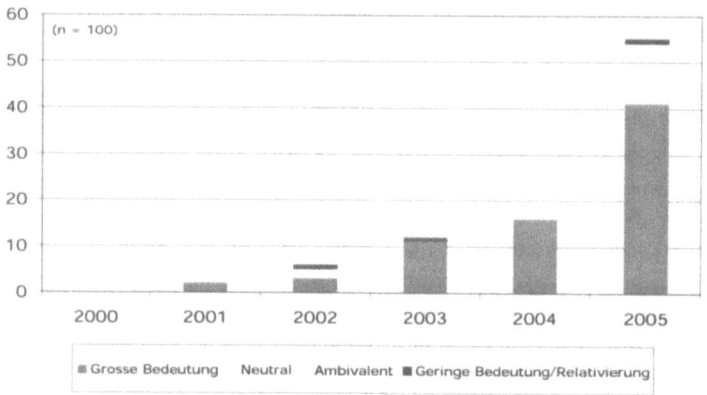

Abb. 1: „Weblogs" als Thema im massenmedialen Diskurs 2000-2005

Es wird ersichtlich, dass Weblogs ein rasch emergierendes Thema im massenmedialen Diskurs darstellen, das in den letzten Jahren zunehmend in den medienöffentlichen Fokus gerückt ist. Dabei dominieren eindeutig jene Medienstimmen, die dem Phänomen eine große Bedeutung und ein hohes Wirkungsvermögen beimessen. Kritische Voten, die vor einer möglichen Überschätzung des neuen Mediums warnen, sind praktisch inexistent. Wie schon die Internet-Blase Mitte der neunziger Jahre wesentlich massenmedial „groß" geschrieben wurde (Imhof; Kamber, 2000), so scheint auch der derzeitige Weblog-Hype primär massenkommunikativ befeuert zu sein. Damit sind wir vor das bemerkenswerte Faktum gestellt, dass die etablierten Massenmedien gerade jenen neuen Medien gesellschaftliche Beachtung und Geltung verschaffen, durch die sie sich konkurrenziert sehen.

Diese Form der publizistischen Berichterstattung *über* neue Medien entpuppt sich als wirkmächtige „self fulfilling prophecy". Entscheidend für die Durchsetzungskraft der neuen Mediengattung ist dabei weniger die normative Kraft des Faktischen in Form der (technischen) *Merkmale und Möglichkeiten* des neuen Mediums, als vielmehr die normative Kraft öffentlicher Erwartungsstrukturen, die Weblogs zu definitionsmächtigen Instanzen in öffentlichen und/oder organisatorischen Kommunikationsprozessen erklären. Solche Erwartungsstrukturen sind es, welche die Diffusion eines neuen Mediums beschleunigen, – und auch wieder bremsen, sollten sich die Wogen übertriebener Hoffnungen und Befürchtungen erst einmal geglättet haben.

3. Zugeschriebene Funktionen

Weblogs bilden mittlerweile also ein begehrtes Objekt journalistischer Thematisierung, dem mehrheitlich ein großes Zukunftspotenzial zugeschrieben wird. Aber auch im kommunikationswissenschaftlichen Fachdiskurs – vor allem in der PR- und Organisationskommunikations-Forschung – wird dem neuen Medium eine große Wirkung und Bedeutung beigemessen. Dies wird rasch deutlich, betrachtet man die *kommunikativen Funktionen*, die der neuen Mediengattung zugewiesen werden.

Folgt man dem Fachdiskurs, so übernehmen Weblogs auf der *Makroebene* wirkmächtige gesellschaftliche Funktionen in öffentlichen Meinungsbildungsprozessen. Aber auch auf der *Mesoebene* wird überwiegend die Potenz des Mediums in Form neuer Herausforderungen, aber auch Möglichkeiten für die Organisationskommunikation herausgestrichen (vgl. Tabelle 1).

Makroebene	Allgemeine Funktionen von Weblogs in öffentlichen Meinungsbildungsprozessen	
	1. Agenda-Setting-Funktion	
	2. Kontroll- und Kritik-Funktion, Konstitution von Gegen-Öffentlichkeiten	
	3. Validierungsfunktion	
	4. Orientierungsfunktion, Leuchtturm-Funktion in der Informationsflut des WWW	
	5. Vernetzungs-Funktion, Community-Bildung	
Mesoebene	Spezifische Funktionen von Weblogs in der Organisationskommunikation	
	1. Dialog-Funktion, Stakeholder-Management	*Eher Chancenperspektive*
	2. Reputationsmanagement	*Eher Chancenperspektive*
	3. Wissensmanagement	*Eher Chancenperspektive*
	4. Issues Management	*Eher Risikoperspektive*

Tab. 1: Funktionen von Weblogs im kommunikationswissenschaftlichen Fachdiskurs

Auf der *Makroebene*, d.h. der Ebene makrosozialer, (gesamt-)gesellschaftlicher Kommunikation wird angenommen, dass die sukzessive Verbreitung und Verfügbarkeit von Weblogs die öffentliche Kommunikation grundlegend verändert und zwar *erstens* dergestalt, dass Blogs eine wichtige (neue) *Agenda-Setting-Funktion* ausüben würden (Vgl. u.a.: Fischer, 2004; Pleil, 2004; Röttger; Zielmann, 2006; Zerfass; Boelter, 2005). Bisweilen werden Weblogs bereits als *die* „neuen

Meinungsmacher" betrachtet (Zerfass; Boelter, 2005) und die Autoren meinen zu beobachten, dass immer mehr Themenkarrieren in Weblogs lanciert würden (Röttger; Zielmann, 2006, 39). Die hohe Wirkung in Agenda-Setting-Prozessen wird oft damit begründet, dass Weblogs bevorzugte Recherchierquellen für den etablierten Journalismus darstellen würden. Dadurch bildeten Weblogs eine bedeutsame Schnittstelle zur etablierten publizistischen Öffentlichkeit (Schmidt, 2006; Zerfass; Boelter, 2005, 120). Zudem würde die automatische, wechselseitige Verlinkung brisanter Blog-Einträge zu einer rasanten Verbreitung im Netz und einem hohen PageRank in Suchmaschinen führen.

Insbesondere in Krisen-, Kriegs- und Konfliktzeiten, – generell unter Bedingungen defizitärer Öffentlichkeiten (z.B. in Gesellschaften mit eingeschränkter Presse- oder Medienfreiheit) wird der Weblog-Kommunikation *zweitens* eine wichtige Rolle zugewiesen, gesellschaftlich entstehende Informationslücken zu schließen sowie eine Kontroll- und Kritikfunktion gegenüber den herrschenden Eliten und den etablierten Medienkanälen einzunehmen, – also *Gegen-Öffentlichkeiten* zu konstituieren.[2] Als wesentliche Vorbedingung dafür wird die Niederschwelligkeit der Kommunikationstechnologie gesehen, d.h. die vereinfachte und kostengünstige Möglichkeit für breite Bevölkerungsschichten, journalistisch aktiv zu werden (Abrahamson, 2005; Gill, 2004). Aus diesem „grass root journalism" (Gill, 2004) wird eine emanzipatorische Kraft des neuen Mediums abgeleitet.

Drittens wird die *Validierungsfunktion* der Blog-Kommunikation herausgestrichen.[3] Hinsichtlich dieser Funktion der diskursiven Abwägung öffentlich geäußerter Argumente und Meinungen, weden Weblogs gegenüber traditionellen Medienkanälen teilweise gar als überlegen betrachtet (vgl. etwa Neuberger, 2003, 10), weil solche Validierung anstatt in den Arkanräumen publizistischer Organisationen diskursiv im *öffentlichen* Raum durch die wechselseitige Kontrolle zwischen Bloggern erfolge. Blog-Kommunikation setzt in dieser Perspektive die öffentliche Kommunikation geradezu unter beständigen Validierungs*zwang*, weil die publizierten Informationen und Meinungen unter dem Vorbehalt stünden, von den Nutzern erst noch genauer geprüft werden zu müssen. Und dieser Prozess der

---

2 Besonders deutlich wird diese Funktion in so genannten „Warblogs", welche persönliche Erlebnisberichte aus Kriegs- und Krisenregionen liefern.
3 Gemäß Friedhelm Neidhardt basiert die Validierungsfunktion öffentlicher Kommunikation auf dem normativen Anspruch, mit den Meinungen und Argumenten anderer diskursiv umzugehen, d.h. die eigene Sicht unter dem Druck der Argumente anderer gegebenenfalls zu revidieren. Die Validierungsfunktion ist damit in besonderem Masse vom Prinzip der *Diskursivität* abhängig (vgl. Neidhardt, 1994: 8).

fortlaufenden *Validierung* werde dank der technisch unterstützten Interaktivität und Kommentarfunktion des neuen Mediums unterstützt und gefördert.[4]

Den Weblogs wird *viertens* eine *Orientierungs- und Leuchtturmfunktion* in der Informationsflut des WWW attestiert. Im Gegensatz zu herkömmlichen Online-Medien würden Weblogs das Problem der Aufmerksamkeitslenkung deshalb besser lösen, weil die User über einen bestimmten Weblog stets Zugriff auf ein ganzes Netzwerk von verlinkten Weblogs erhielten, die sich mit einem bestimmten Thema auseinandersetzten. Durch die wechselseitige Referenzierung zwischen Weblogs würden vielfältige Informationsportale und Einstiegspfade geschaffen, wodurch die Nutzer zwangsläufig und rasch zum Kern der relevanten Informations- und Wissensbestände geschleust würden. Zudem würden brisante Blog-Einträge als Folge ihrer starken Verlinkung prominent in einschlägigen Suchmaschinen erscheinen.

Eine wichtige makrosoziale Funktion wird *fünftens* in der Erweiterung der Möglichkeiten für Interaktionen in sozialen Netzwerken, d.h. in der *Vergemeinschaftungs- und Vernetzungsfunktion* gesehen (Schmidt, 2006, 90ff., 138f.). Die Klassifizierung von Weblogs als einer Spielform von *social* software soll exakt diese Funktion unterstreichen, nämlich das Potenzial des neuen Mediums, die soziale Vernetzung und Vergemeinschaftung von Individuen sowie die Bildung von mit Wir-Bewusstsein ausgestatteten communities zu erleichtern und zu unterstützen.

Auf der *Mesoebene* werden folgende Funktionen von Weblogs mit Bezug zur Organisationskommunikation betont:

Weil Weblogs potenziell neue Möglichkeiten eröffnen, „direkte, ungefilterte, potenziell argumentative und authentische Kommunikationsprozesse anzustoßen" (Zerfass; Boelter, 2005, 73), wird dem Instrument erstens eine leistungsfähige *Dialog-Funktion* im so genannten *Stakeholder-Management*, d.h. in der Beziehungspflege zwischen Organisationen und ihren Bezugsgruppen, zugewiesen.

Zweitens werden die neuen Möglichkeiten zur organisatorischen *Reputationspflege* akzentuiert. Hier wird argumentiert, dass der expressive,

---

4 Kritisch gilt es hier bereits einzuwenden, dass diese *technisch* unterstützte Validierungsfunktion in Weblogs voraussetzt, dass die Kommentarfunktion auch tatsächlich genutzt wird. Denn erst durch hohe Frequenz, zahlreiche Kommentare und gute Verweise erlangen Blogs in dieser Perspektive Validierungsqualität. Im Umkehrschluss bedeutet diese Form der ex-post-Validierung im öffentlichen Raum nichts weniger, als dass Weblogs ohne „traffic" grosse Freiheitspotenziale geniessen, ein sehr einseitiges Meinungsbild, sprich unvalidierte Information, darzustellen, was wohl in der Mehrzahl der Fälle auch tatsächlich zu beobachten ist.

persönliche Kommunikationsstil in Weblogs eine besonders glaubwürdige und authentische Kommunikationsrationalität darstelle, was positiv auf den Kommunikator (hier: die Organisation) zurückstrahle: „Organisationen, die bloggen, versuchen, sich den Charakter bzw. das Image von Blogs als ungefilterte, echte Information von direkt Betroffenen, als ‚basisdemokratische Information von unten' zu Nutze zu machen." (Röttger; Zielmann, 2006, 41f.)

In der internen Organisationskommunikation werden neue Möglichkeiten im Bereich des organisationalen *Wissensmanagements* gewürdigt. Weblogs würden verschiedene Aspekte unterschiedlicher Strategien im Umgang mit Wissen in idealer Weise verbinden: Die Kodifizierung, also das Explizit-Machen (Verschriftlichen) und Speichern von verstreutem Wissen sowie die Rückbindung des Wissens an adressierbare Personen als Voraussetzung für künftige, zielgerichtete Interaktionen, werden positiv herausgestrichen (Schmidt, 2006, 105ff.).

Während in den oben genannten Bereichen (Stakeholder-, Reputations- und Wissensmanagement) im Fachdiskurs eher die Chancen von Weblogs für die Organisationskommunikation akzentuiert werden, so werden im Zusammenhang des *Issues Managements* eher die organisatorischen Risiken herausgestrichen. Dies ist nicht weiter erstaunlich, wird den Weblogs im Fachdiskurs ja wie ausgeführt eine zentrale Stellung als Agenda-Setter und Issue-Raiser zugewiesen. Somit ist es nur folgerichtig anzunehmen, dass die externe Blog-Kommunikation die Skandalisierungsrisiken von Organisationen erhöht. Diese Risikoperspektive mündet in die Forderung eines angemessenen Einbezugs von Weblogs in das so genannte *Issues Monitoring*, um mögliche Attacken aus der Blogosphäre frühzeitig erkennen und adäquat darauf reagieren zu können (Pleil, 2004; Röttger; Zielmann, 2006, 47; Zerfass; Boelter, 2005, 104).

Von der Kontroll-, zur Validierungs- zur Orientierungsfunktion: Obiger Überblick über das erwartete Leistungsspektrum der Blog-Kommunikation macht deutlich, dass in der Meinung nicht weniger Fachvertreter die normativen Bedingungen, die Jürgen Habermas für die Öffentlichkeit formuliert hat, durch ‚Blogs' wie schon zu den besten Zeiten der Internet-Euphorie in greifbare Nähe zu rücken scheinen. Insbesondere im Bereich der Organisationskommunikation wird bisweilen der Eindruck erweckt, dass kein Stein auf dem anderen bleiben wird.

Im Folgenden wird zu dieser technologie-affinen Sicht eine Gegenposition eingenommen. Im Rückgriff auf kommunikationstheoretische Erkenntnisse wird begründet, weshalb das Potenzial des neuen Mediums in öffentlichen, vermeintlich organisationsrelevanten Meinungsbildungsprozessen tendenziell zu relativieren ist. Weiter werden Risiken hergeleitet, die diese dialogisch-expressive Publizistik in der Organisationskommunikation nach sich ziehen kann.

4. Relativierungen und Einwände zur Bedeutung der Blog-Kommunikation

4.1. Implikationen des expressiven Kommunikationsstils

Vielerorts wird – wie oben angesprochen – die expressive Kommunikationsrationalität als charakteristisches Merkmal der Weblog-Kommunikation hervorgehoben. Expressivität wird mit einem besonders authentischen, die Persönlichkeit des Absenders betonenden Kommunikationsstil gleichgesetzt. Welche Implikationen aber hat ein solcher Kommunikationsstil tatsächlich für den Kommunikationsurheber? Ist die These haltbar, dass expressive Kommunikation besonders „glaubwürdig", „authentisch" und somit reputationsfördernd auf den Absender (z.B. eine „bloggende" Organisation) zurückwirkt? Antworten auf diese Fragen liefert Jürgen Habermas, der in seiner Theorie kommunikativen Handelns die expressive Kommunikation – neben der kognitiven und der normativen – als eine von drei basalen Kommunikationsrationalitäten sozialer Kommunikation entworfen hat (Habermas, 1988, 125-151, 413ff.).

Gemäss Habermas stehen den Individual- oder Kollektivsubjekten drei Kommunikationsmodi zur Verfügung, deren Verwendung in realen Sprechsituationen normalerweise durch fliessende Übergänge gekennzeichnet ist. *Erstens* kann sich ein Sprecher in konstativen Sprechhandlungen auf eine *objektive Welt* beziehen. Der Sprecher äußert im *kognitiven* Kommunikationsmodus Äußerungen/Behauptungen zu real „existierenden Sachverhalten", die einer empirischen Prüfung zugänglich sind. Wenn der Sprecher „etwas behauptet, erzählt, erklärt, darstellt, voraussagt, erörtert etc." (Habermas, 1988, 414), sucht er mit dem Hörer ein Einverständnis auf der Grundlage des Geltungsanspruches der *Wahrheit*.

Zweitens kann der Sprecher in regulativen Sprechakten auf eine *soziale Welt* Bezug nehmen, und zwar in einer Weise, dass er eine legitime, interpersonale *Beziehung* herstellen oder bekräftigen möchte. Wenn der Sprecher einen Befehl oder ein Versprechen gibt, „jemanden ernennt oder ermahnt, etwas kauft, jemanden heiratet usw." (Habermas, 1988, 414), hängt das Einverständnis in der Kommunikationssituation davon ab, ob die Beteiligten die Handlung als ‚legitim' gelten lassen. In diesem *normativen Kommunikationsmodus* bezieht sich der Sprecher bewusst oder unbewusst auf geltende Normen, Werte und Moralvorstellungen und erhebt den Geltungsanspruch der *Richtigkeit*.

In repräsentativen Sprechakten wird Sprache schliesslich Ausdruck subjektiver Befindlichkeiten. Im *expressiven Kommunikationsmodus* äußert der

Sprecher Erlebnissätze einer nur ihm privilegiert zugänglichen, *subjektiven Welt*. Wenn der Kommunikator etwas „von sich enthüllt, preisgibt, gesteht, offenbart usw." (Habermas, 1988, 414), kann Einverständnis nur auf der Grundlage des Geltungsanspruches der *Wahrhaftigkeit und Authentizität*[5] zustande kommen.

Heißt das nun, dass expressive Kommunikation, wie sie in Weblogs dominiert, *per se* ‚Authentizität' produziert und somit ein ideales Mittel der Reputationspflege – u.a. auch im Rahmen der Organisationskommunikation – darstellt?

Keineswegs, denn beim Wert der ‚Wahrhaftigkeit' bzw. ‚Authentizität' handelt es sich lediglich um einen Geltungs*anspruch*, der in sozialen Interaktionen sogar häufiger hinterfragt wird, als dass er zugestanden wird. Die verbreitete Skepsis gegenüber der Echtheit subjektiver Offenbarungen rührt daher, dass expressive Aussagen im Gegensatz zu kognitiven und normativen Argumentationen nicht in gleicher Weise begründungsfähig sind wie kognitive oder normative Aussagen (Imhof, 2006, 57). Wenn sich jemand offenbart und wir keine erfahrungsgestählte Kenntnis des lebensweltlichen Kontextes haben, aus dem die subjektive Expression entstammt, bleibt uns nichts anderes übrig, als auf die Echtheit dieser Expressionen zu *vertrauen*. Die beschränkten Möglichkeiten zur Verifikation und zur Einsichtnahme in den lebensweltlichen Ursprungskontext macht die subjektive Expression zu einer prekären und bezweifelbaren Größe. Dies auch deshalb, weil expressive Kommunikation eine Kommunikationsrationalität darstellt, die darauf abzielt, mittels Selbstdarstellung und Offenbarung ein intendiertes Bild seiner selbst bei Dritten zu evozieren oder zu bekräftigen. In expressiven Sprechakten geht es um „impression management" (Goffman, 1986; Goffman, 2003), d.h. darum, Aspekte, die dem gewünschten Selbstentwurf entsprechen, in den Vordergrund zu rücken und solche, die ihm widersprechen, tunlichst zu verbergen. Derartiges dramaturgisches Handeln gerät allerdings rasch unter *Inszenierungsverdacht* und der Kommunikationsurheber wird normalerweise sehr genau daraufhin beobachtet, ob Schein und Sein auseinanderklaffen, ob die expressiven Äußerungen übertrieben, unecht oder vorgegaukelt sind bzw. gar auf Täuschung oder Manipulation beruhen (Goffman, 2003, 54ff.).

‚Authentizität' ist also nicht das unvermeidliche Resultat selbstoffenbarender Kommunikation, sondern allenfalls die Folge *gelingender* expressiver

---

5 Die Begriffe ‚Wahrhaftigkeit' und ‚Authentizität' werden hier in Anlehnung an Jürgen Habermas synonym verwendet. Authentisch ist eine Sprechhandlung dann, wenn der Sprechende meint, was er sagt bzw. wenn geschilderte Erlebnisse nicht bloss vorgetäuscht werden. Eine ‚authentische' Person wirkt ‚echt', das heißt, sie vermittelt ein Bild von sich, das vom Betrachter als real, unverbogen, ungekünstelt wahrgenommen wird. (Habermas, 1988, 139f.).

Kommunikation. Der Schluss ist nicht statthaft, dass expressive Kommunikation per se reputationsfördernd wirkt. Im Gegenteil kann solche Kommunikation nicht zuletzt in der Organisationskommunikation rasch die Vermutung auslösen, zum Selbstzweck zu verkommen, d.h. lediglich den persönlichen Darstellungsintentionen der jeweiligen Organisationsvertreter zu dienen. Gerade beim Bloggen kann nur zu leicht der Eindruck entstehen, dass es dem Urheber nicht so sehr um die Sache und die übergeordneten (Organisations-)Interessen, als vielmehr um den Schein seiner eigenen, zur Schau gestellten Individualität geht. Zudem hat expressive Kommunikation als individualisierte, auf Spontaneität beruhende Kommunikation einen stark inoffiziellen und unverbindlichen Charakter, und gerät somit leicht in Konflikt mit den Ansprüchen an eine professionelle Organisationskommunikation, die auf Berechenbarkeit, Kohärenz und Verbindlichkeit ihrer Botschaften angewiesen ist. Wenn also vielerorts die Vorteile expressiver Weblog-Kommunikation für Organisationen herausgestrichen werden, wird nur zu leicht übersehen, dass diese spontane, personalisierte und emotionalisierte Kommunikation zwar in der zwischenmenschlichen face-to-face Kommunikation ihren festen Platz hat, aber nur bedingt mit den Ansprüchen und Zielen *organisierter*, d.h. konsentierter Kommunikation ‚von Vielen' vereinbar ist.

4.2. Meinungsartikulation statt Themen-Setzung

Weblogs bilden nicht zuletzt deshalb ein viel beachtetes Phänomen, weil ihnen eine wirkmächtige Agenda-Setting-Funktion attestiert wird, woraus in der PR- und Organisationskommunikations-Forschung die Notwendigkeit eines Blog-Monitorings abgeleitet wird (vgl. Abschnitt 3). Gegenteilig zu dieser Ansicht wird hier argumentiert, dass die dominante Kommunikationsrationalität in Weblogs einer potenten Agenda-Setting-Funktion genau entgegensteht. Denn: „Blogs are 99.9 percent *opinion*." (Lovelady, 2004). Die dominante Kommunikationsrationalität in Weblogs basiert auf *Meinungsartikulation, nicht Themensetzung*. Das bestätigt auch das abgefragte Selbstbild der Blogger, die in erster Linie Meinungen artikulieren wollen (Neuberger, 2005, 86).

Die Zentrierung auf Meinungsartikulation in der Blog-Kommunikation hat weit reichende Auswirkungen auf ihre Agenda-Setting-Potenz. Denn Agenda-Setting, also das Vermögen, Anschlusskommunikation auszulösen, setzt eine Kommunikationsrationalität voraus, die den Akzent auf die Themensetzung, nicht Meinungsbekundung legt. In der Kommunikation – gleichgültig, ob in der privaten oder öffentlichen – haben Themen, *nicht* Meinungen vorrangige Bedeutung. Denn Kommunikation kann nicht beginnen, ohne die vorgängige Unterstellung gemeinsamer Gegenstände der Kommunikation (Luhmann, 1979, 34). Meinungen zu äußern oder zu argumentieren setzt voraus, dass vorgängig festgelegt wird, worauf sich diese Meinungen beziehen. Und exakt diese Funktion übernehmen Themen bzw. thematisch zentrierte *Kommunikationsereignisse* (Imhof, 1993; Eisenegger, 2003) als Sinnkomplexe, über die man reden und gleiche, aber auch abweichende Meinungen äußern kann. Primär Themen, nicht Meinungen, haben eine aufmerksamkeits-attrahierende Wirkung und besitzen die Potenz, Anschlusskommunikation auszulösen. Kommunikation kennt zwar viele andere Möglichkeiten, Aufmerksamkeit zu attrahieren, aber keine, die so grosse Bindungskraft entfaltet wie jene, die sich an Themen festmacht. Dass sich Weblogs von ihrer Eigenrationalität her verbreitet im Modus der Meinungsartikulation befinden, relativiert deren Agenda-Setting-Wirkung insgesamt stark. Denn so lange die Meinungs- und Kommentarzentrierung in Weblogs dominiert, werden die Blogger systematisch dazu animiert, an die Themenagenden anderer, *etablierter Medienangebote* anzuschließen. Dass die Kommunikationsrationalität umgekehrt in der etablierten Publizistik deutlich stärker auf Themensetzung ausgelegt ist, spiegelt sich nicht zuletzt in einem journalistischen Selbstverständnis, das den eigenen Erfolg an der Kompetenz festmacht, aufmerksamkeitsträchtige, neue Themen – so genannte Primeurs – zu lancieren. Dies führt zum Schluss, dass die etablierten Massenmedien ihre themensetzende Funktion nicht nur weiterhin behalten, sondern durch die Blogosphäre eher noch darin gestärkt werden dürften, weil die überwiegende Mehrzahl der verlinkten Quellen und Beiträge in Weblogs auf die Angebote etablierter publizistischer Organisationen verweist. Ergo kann sich auch die organisationale Umfeldbeobachtung (Issues Management) weiterhin getrost auf die etablierte Publizistik konzentrieren.

Nichtsdestotrotz wird auch im massenmedialen Diskurs weiterhin hartnäckig der Mythos von Weblogs als einflussreichen Agenda-Settern aufrechterhalten. Interessant ist in diesem Zusammenhang zu beobachten, dass sowohl im massenmedialen Metadiskurs wie auch im Expertendiskurs die immer und immer gleichen Fallbeispiele kolportiert werden, um die angeblich wirkmächtige Issueaising-Funktion der neuen Mediengattung zu belegen (vgl. Abbildung 2)[6].

---

6 Es wurde erfasst, mit welchen konkreten Ereignissen/Fallbeispielen eine allfällig konstatierte, bedeutsame Agenda-Setting-Funktion der Weblogs plausibilisiert wird (zum Mediensample vgl. Fussnote 1). Klare Spitzenreiter derjenigen Fallbeispiele, anhand derer in den untersuchten massenmedialen Beiträgen die angeblich bedeutsame Themensetzungsfunktion der Weblogs plausibilisiert werden, bildet die Affäre um den CBS Journalisten Dan Rather, amerikanischen Präsidenten George Bush überführt wurde. Ebenfalls ein beliebtes journalistisches Illustrationsobjekt, um die Agenda-Setting-Potenz zu belegen, ist die Affäre um den amerikanischen Senatsangehörigen Trent Lott, der nach einer in

Dass es sich dabei zugleich meistens um nicht mehr gerade taufrische Fallbeispiele handelt, verweist darauf, dass von Weblogs ausgehendes Agenda-Setting eher die Ausnahme als die Regel darstellt. Würde sich bewahrheiten, dass Weblogs tatsächlich eine wichtige Agenda-Setting-Funktion ausüben, müsste sich dies jedenfalls in kontinuierlicherer Anschlusskommunikation in etablierten Medienarenen nachweisen lassen. Exakt dies lässt sich aber nicht beobachten, notabene auch nicht in den USA, wo die Diffusion des neuen Mediums deutlich weiter fortgeschritten ist als in hiesigen Gefilden.

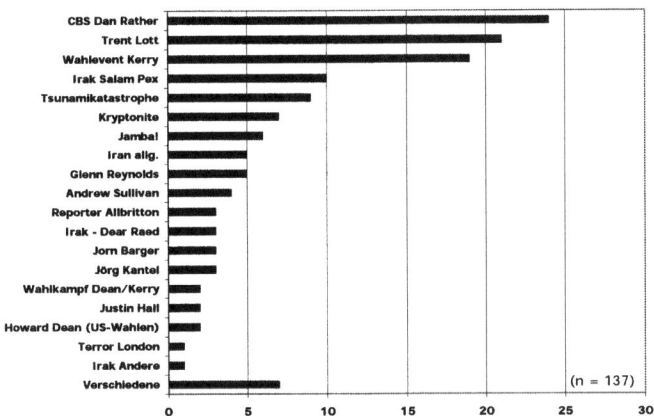

Abb. 2: Massenmedial kolportierte Fallbeispiele von Kommunikationsereignissen, die durch Weblogs lanciert wurden (2000-2005)

4.3. Ungelöstes Problem der Aufmerksamkeitsattrahierung

Die rasante Multiplikation und Zunahme der Weblogs, die nun potenziell allen Gesellschaftsmitgliedern neue Möglichkeiten publizistischen Engagements eröffnen, wird häufig mit einer grossen Wirkung des neuen Mediums in der Öffentlichkeit gleichgesetzt (namics, 2006, 6; Zerfass; Boelter, 2005, 47f.). Es wird angenommen, dass die massenhafte Zunahme der Kanäle zu größerer Transparenz

---

Weblogs losgetretenen Diskussion über rassistische Äusserungen schließlich demissionierte. Beliebteste Beispiele, um die Skandalisierungspotenz von Weblogs mit Bezug zur Wirtschaft zu unterstreichen, waren in dieser Untersuchung die Affären um die Unternehmen Kryptonite und Jamba. Während der Fahrradschloss-Hersteller Kryptonite gravierender Qualitätsmängel überführt wurde, wurde der Klingelton-Vertreiber Jamba in Weblogs unlauterer Marketingmethoden überführt.

und zu einer beschleunigten Verbreitung gesellschaftlich relevanter Information führt. In dieser Perspektive wird ausgeblendet, dass die Bedeutung einer Mediengattung nicht von Wachstumszahlen abhängt, sondern von der Frage, inwieweit diese Medien *Relevanz* produzieren, d.h. tatsächlich zur Selbstbeobachtung und –steuerung der Gesellschaft beitragen (Donges; Jarren, 1999, 90). Auch wenn sich Weblogs massenhaft verbreiten, bildet dies noch keine Gewähr, dass dadurch nicht einfach das belanglose Grundrauschen zunimmt. Nicht zuletzt wird durch die Explosion auf der Angebotsseite das Problem des publizistischen Aufmerksam keitsmanagements zugespitzt. Denn im Prozess der Popularisierung neuer Medien teilt sich die ohnehin knappe Publikumsaufmerksamkeit auf potenziell immer zahlreichere Kanäle auf, verknappt sich also weiter. Es herrscht nun nicht mehr Knappheit an Vermittlungskapazität, dafür aber Knappheit an Aufmerksamkeit auf Seite der Rezipienten (Neuberger, 2003, 132). Zwar mag es sein, dass sich heute fast jeder kostengünstig ein Weblog einrichten kann und dass dadurch theoretisch neue Öffentlichkeiten entstehen. Nur: Es muss sie auch jemand beachten!

Bezüglich des Problems, Aufmerksamkeit zu attrahieren, gelten Weblogs im Vergleich zu herkömmlichen Internetangeboten als überlegen. Bisweilen wird ihnen gar der Status von „Leuchttürmen" in der Informationsflut des WWW zugebilligt (vgl. Abschnitt 3). Die Begründung ist erneut eine technizistische: Die hohe Vernetzung zwischen Weblogs sowie die intensive Verlinkung brisanter Beiträge leite den Nutzer quasi automatisch zum Kern relevanter Information. Zudem führe die intensive Verlinkung in der Blogosphäre zu einem hohen PageRank in Suchmaschinen, so dass einschlägige Beiträge rasch auf die Monitore der Nutzer gelangten. In dieser Logik sind Zuwendung von Aufmerksamkeit sowie das Erkennen relevanter Information in erster Linie wiederum *technische* Probleme. Es wird negiert, dass Zuwendung von Aufmerksamkeit zu publizistischen Angeboten ausschliesslich *sozial* gesteuert ist, d.h. von der Existenz von vermittelnden Instanzen mit hoher Überzeugungskraft abhängt, an die die Rezipienten vertrauensvoll die Frage delegieren können, was als relevant zu betrachten ist und was nicht, wofür sich Aufmerksamkeit lohnt und wofür nicht. Medien bzw. die ihnen subsumierten Mediatoren mit derartiger orientierungsstiftender Wirkung wurden andernorts als „Informationsknoten" bezeichnet (Buchstein, 1996, 595ff.). Nicht technische Tools oder Such-Algorithmen, sondern solche Knoten, d.h. mit Eigenreputation ausgestattete Medien und Mediatoren, helfen den permanentem Flimmern und Rauschen von Informationen ausgesetzten Rezipienten dabei, zwischen Wichtigem und Unwichtigem, zwischen Sinn und Unsinn, zwischen irrelevanter und relevanter Information zu unterscheiden. Selbst wenn ein bestimmter

Blog-Eintrag in Google auf Rang 1 erscheint, ist der Nutzer immer noch potenziell der Unsicherheit ausgesetzt, ob die Information relevant ist und ob ihr vertraut werden kann. Erst wenn die Information von reputierten Mediatoren aufgegriffen wird oder in reputierten Medien erscheint, kann Aufmerksamkeit adressiert und Relevanz erkannt werden. Dass Weblogs den Status solcher „Informationsknoten" besitzen, muss mit Ausnahme einer Handvoll „Meinungsführer-Blogs" bezweifelt werden. Schuld daran sind die generellen Hürden im Netz, Medienreputation zu erwerben.

4.4. Reputationsprobleme

Die *Reputation* eines Mediums fungiert gerade in einer Zeit explosionsartig anwachsenden Informationsüberflusses als unabdingbare Selektionsheuristik (Schweiger, 1999, 124). Reputation verschafft klare Fixpunkte der Orientierung unter Bedingungen überhand nehmender Wahlmöglichkeiten und knapper Aufmerksamkeit. Sie ist ein *Mechanismus der Komplexitätsreduktion*, weil sie die Unsicherheit betreffend Auswahl und Verlässlichkeit publizistischer Informationen reduziert und dadurch langwierige Such- und Entscheidungsprozesse verkürzt (Eisenegger, 2005, 34ff.). Intakte Medienreputation erhöht die Rezeptionsbereitschaft seitens der Nutzer aufgrund erfahrungsgesättigten Vertrauens in die Sachgerechtigkeit, die Orientierungskraft und in den Gebrauchswert publizistischer Information. Erst die erfahrungsgestählte Reputation also macht ein Medium zu einem „Leuchtturm" im Ozean veröffentlichter Informationen, – nicht die dem Medium zugeordneten kommunikationstechnologischen Funktionen und Potenziale.

Wie steht es aber um die Reputation der Weblogs? Vieles deutet darauf hin, dass der Reputationserwerb der neuen Mediengattung im Netz vor hohe Hürden gestellt ist. Von Bedeutung ist zunächst das generelle Reputationsproblem des Internets, das in regelmäßigen Abständen empirisch bestätigt wird, so dass hier mittlerweile von einem stabilen Trend gesprochen werden muss. Das Hybridmedium Internet hinkt seit geraumer Zeit bezüglich Glaubwürdigkeit im intermedialen Quervergleich den etablierten Mediengattungen Fernsehen, Hörfunk und Tageszeitung hinterher (Ridder; Engel, 2005, 433).

Im Zweifelsfall vertrauen die Rezipienten den herkömmlichen Medien immer noch weitaus stärker, unabhängig davon, ob sie das WWW nutzen oder nicht. Denn wo das dubiose Informationsangebot aus zweifelhafter oder unbekannter Quelle nur wenige Klicks entfernt lauert, ist die Skepsis gegenüber der Informationsqualität im „Netz der Netze" nach wie vor gross (Neuberger, 2003, 135). Insbesondere das Problem mangelnder Authentizität, also die vielerorts fehlende Bekanntheit und Identität der Kommunikationsurheber im Netz, belastet die digitale Reputation. Wenn die Identität der digitalen Schreiberlinge genauso unbekannt ist, wie deren Motive, sie also nicht zur Verantwortung gezogen werden können, wie soll dann Glaubwürdigkeit entstehen?

Das generelle Reputationsproblem des Internets bleibt für die Weblogs als den neuen Zöglingen in der online-Familie nicht folgenlos, überträgt sich gemäß der Transferhypothese die Reputationsbewertung einer bestimmten Ebene doch auf die jeweils höheren oder niedrigeren Ebenen (Schweiger, 1998, 127). Das generelle Defizit an digitaler Reputation im Netz belastet also zwangsläufig die neue Mediengattung. Umgekehrt erstaunt es nicht, dass die online-Ableger etablierter Offline-Medien (herkömmlicher Printmedien, TV- oder Radio-Anstalten) zumeist über die beste Reputation und somit die größte Wirkung im öffentlichen Meinungsmarkt verfügen, weil sie vom abgeleiteten Status ihrer Muttermarken profitieren.

Hinsichtlich der neuen Mediengattung Weblogs zeigen sich aber noch spezifischere Reputationshemmnisse. Medienreputation beruht auf der Erfahrung vertrauenswürdiger und sachgerechter publizistischer Information von hohem Gebrauchswert. Dies rückt die publizistische Qualitätssicherung als Garantin solcher Erfahrung in den Fokus. Bei Weblogs wird argumentiert, dass hier eine neue Form der Qualitätssicherung erfolgreich zur Anwendung käme, das so genannte „collaborative reviewing" (Neuberger, 2005, 6; Schmidt, 2006, 127). Dieses Verfahren beruht auf dem Prinzip der fortlaufenden Kontrolle von Blog-Einträgen *nach* erfolgter Publikation der Beiträge in Prozessen wechselseitiger Kommentierung im *öffentlichen* Raum. Abgesehen davon, dass bislang empirische Belege fehlen, ob diese kollaborative Prozesskontrolle überhaupt in ausreichendem Maß stattfindet, muss stark bezweifelt werden, dass sie ein geeignetes Mittel ist, zeitfeste Medienreputation entstehen zu lassen. Denn wenn publizistische Kontrolle erst ex post, d.h. *nach* erfolgter Publikation, stattfindet, weiß der Nutzer nie im Vorhinein, in welchem Stadium – vertrauenswürdig oder nicht – er die publizistische Informationen gerade antrifft. Publizierte Informationen gelten als vorläufig und unabgesichert – das schürt Misstrauen und belastet die Medienreputation. Eine solche Form der prozesshaften, spontanen Qualitätssicherung im öffentlichen Raum produziert bestenfalls eine flüchtige ad-hoc-Medienreputation. Die Einsicht, dass eine fehlerhafte publizistische Leistung durch vorbei surfende Blogger im einen Fall korrigiert wurde, bietet noch keine Gewähr, dass dies auch in allen anderen Fällen funktioniert. Dauerhafte Medienreputation setzt stattdessen voraus, dass sich das Vertrauen der Rezipienten in die publizistische

Leistung und Vertrauenswürdigkeit an spezialisierte publizistische Individual- und Kollektivakteure (Redakteure, Mediatoren, Medienorganisationen) heften kann, die notfalls auch zur Verantwortung gezogen werden können. Kein Wunder, orientieren sich die Rezipienten auch im WWW und namentlich in der Blogosphäre an Personen und Institutionen, denen sie auch im „echten" Leben Vertrauen schenken. Und dies sind zumeist bekannte Medienmarken, Journalisten oder Experten, die bereits offline Reputation erworben haben.

Kommunikation im Netz, die sozial etwas bewegt, stammt von Medien, die mit den gleichen Merkmalen ausgestattet sind wie die traditionellen, d.h. über Eigenreputation verfügen. Auch im Mediensektor ist Reputation jedoch das Resultat einer harten sozialen Auslese und bildet ein knappes Gut. Dies erklärt, weshalb sich die Aufmerksamkeit in der Blogosphäre am Ende zwangsläufig auf einige wenige so genannte Meinungsführer-Blogs konzentriert. Dass diese Handvoll „A-Blogs" Wirkung entfaltet, ist allerdings keine Frage der Mediengattung, sondern eine Folge der Reputation derjenigen, die diese Weblogs gemäß dem Vorbild etablierter Medien *professionell* betreiben.

5. Fazit

Aus Organisationssicht bilden Weblogs nur unter der Voraussetzung bestimmter *sozialer* Bedingungen effektive Kanäle im Chor öffentlicher Kommunikation. Und hier erweist sich insbesondere der Aufbau notwendiger Medienreputation als gewichtiges Hemmnis. Sicherlich richtig ist die Annahme, dass Weblogs unter Bedingungen defizitärer, etablierter Öffentlichkeit die Funktion von Gegen-Öffentlichkeiten einnehmen können. Dies gilt insbesondere für Gesellschaften, in denen die Presse- und Meinungsfreiheit eingeschränkt ist, sowie in Krisen-, Konflikt- und Kriegszeiten, in denen sich der gesellschaftliche Orientierungsbedarf vervielfacht und durch die etablierte Publizistik möglicherweise nicht mehr ausreichend abgedeckt werden kann (Imhof, 2006, 196ff.). Auch im Falle defizitärer Organisationskommunikation steigt die Chance, dass unzufriedene Mitarbeiter ihrem Unmut als bloggende „whistle blower" Luft verschaffen. Unter Krisenbedingungen also wird Öffentlichkeit aktiviert, verwandelt sich die Galerie zur Arena, werden die Kanäle knapp und bahnt sich gesellschaftliche Kommunikation ihren Weg, möglicherweise auch in die digitalen Spalten einzelner Weblogs. Unter defizitären Öffentlichkeitsbedingungen hat gesellschaftliche Kommunikation allerdings immer schon einen Weg gefunden, notfalls auf die Straße oder mittels Griff zum

Telefonhörer ans Ohr des geneigten Journalisten. Es ist von daher unwahrscheinlich, dass allein die Existenz neuer, kostengünstiger Kommunikationstechnologien zu mehr und besserer Kommunikation führt oder Organisationen unter erhöhten Druck setzt. Allein die sozialen Voraussetzungen, die gesellschaftlichen Kommunikationsinteressen und –bedürfnisse sind dafür ausschlaggebend.

Auch dass die Kommunikationsqualität der Organisationskommunikation eine Frage der adäquaten Kommunikationstechnologie ist, – also im Falle der Weblogs mehr authentischen Dialog ermöglicht, muss bezweifelt werden. Sich auf Dialog einzulassen ist nicht eine Frage technischer Möglichkeiten, sondern eine Frage, dies tatsächlich zu wollen. Dabei zeigt sich, dass auf Dauer gestellter Dialog aus Organisationssicht keineswegs erwünscht ist. „Corporate Blogging" kommt aus Organisationssicht einer kontinuierlichen Dialogverpflichtung gleich und bedeutet, sich auf jedes Votum *allzeit und öffentlich* einzulassen, sei dieses auch noch so abstrus und abwegig. Die Organisation beraubt sich dadurch der mitunter überlebensnotwendigen Wahlfreiheit, auf unberechtigte Kritik möglicherweise gar nicht bzw. unter Ausschluss der Öffentlichkeit zu reagieren. Permanenter Dialog mit der Öffentlichkeit kollidiert also nur zu leicht mit den Zielen einer professionellen Organisationskommunikation.

Schließlich gilt es die Implikationen expressiver Kommunikation zu bedenken. Selbst wenn expressive Kommunikation gelingt – was keineswegs sicher ist –, also die Authentizität des Absenders bekräftigt, ist diese der Selbstdarstellung von Individuen dienende Kommunikation vor allem ein Mittel zur Personalisierung der Organisationskommunikation. Dabei zeigen neuere Studien jedoch, dass gerade die exzessive Personalisierung einen der wichtigsten Stolpersteine im Aufbau und im Erhalt einer langfristig tragfähigen Organisationsreputation darstellt (Eisenegger, 2005, 103ff.; Eisenegger; Imhof, 2004, 248ff.).

Literaturverzeichnis

Abrahamson, David (2005). *From the Many, to the Many: The Journalistic Promise of Blogs.* [Online Dokument] URL http://www.davidabrahamson.com/WWW/Articles/Blogs.pdf.

Berger, Peter L. & Luckmann, Thomas (1989). *Die gesellschaftliche Konstruktion der Wirklichkeit. Eine Theorie der Wissenssoziologie.* Frankfurt a. M.: Fischer.

Berlecon-Research (2004). *Weblogs in Marketing und PR.* URL http://www.berlecon.de/research/.

Buchstein, Hubertus (1996). *Bittere Bytes: Cyberbürger und Demokratietheorie.* In: Deutsche Zeitschrift für Philosophie, 44 (4), 583-607.

Donges, Patrick & Jarren, Otfried (1999). Politische Öffentlichkeit durch Netzkommunikation? In: Kamps, Klaus (Hrsg.), *Elektronische Demokratie? Perspektiven politischer Partizipation.* 85-108.

Eisenegger, Mark (2005). *Reputation in der Mediengesellschaft - Konstitution, Issues Monitoring, Issues Management.* Wiesbaden: VS Verlag für Sozialwissenschaften.

Eisenegger, Mark (2003). Kommunikationsereignisse oder Issues - die Elementarteilchen sozialwissenschaftlicher Öffentlichkeitsforschung. In: Meier, Matthias Leonhard et al. (Hrsg.), *Politik als Lernprozess? Wissenszentrierte Ansätze der Politikanalyse.* Opladen: Leske + Budrich, 167-196.

Eisenegger, Mark & Imhof, Kurt (2004). Reputationsrisiken moderner Organisationen. In: Röttger, Ulrike (Hrsg.), *Theorien der Public Relations. Grundlagen und Perspektiven der PR-Forschung.* Wiesbaden: VS Verlag für Sozialwissenschaften, 239-260.

Fischer, Tim (2004). *Corporate Blogs - Seifenblase oder Bereicherung?* In: Die Gegenwart. Online-Magazin für Medien-Journalismus [Online Dokument] URL http://www.diegegenwart.de.

Gill, Kathy E. (2004). *How can we measure the influence of the blogosphere?* [Online Dokument] URL http://faculty.washington.edu/kegill/pub/www2004_blogosphere_gill.pdf.

Goffman, Erwing (2003). *Wir alle spielen Theater. Die Selbstdarstellung im Alltag.* München/Zürich: Piper.

Goffman, Erving (1986). *Interaktionsrituale.* Frankfurt a.M.: Suhrkamp.

Günthner, Susanne & Knoblauch, Hubert (1994). *'Forms are the food of faith'. Gattungen als Muster kommunikativen Handelns.* In: Kölner Zeitschrift für Soziologie und Sozialpsychologie (KZfSS), 46 (4), 693-723.

Habermas, Jürgen (1988). *Theorie des kommunikativen Handelns. Erster Band.* Frankfurt a.M.: Edition Suhrkamp.

Herring, Susan C. & Scheidt, Lois Ann & Bonus, Sabrina & Wright, Welijah (2003). *Bridging the Gap: A Genre Analysis of Weblogs.* [Online Dokument] URL http://www.ics.uci.edu/~jpd/classes/ics234cw04/herring.pdf.

Höcker, Beate (2002). *Mehr Demokratie via Internet? Die Potenziale der digitalen Technik auf dem empirischen Prüfstand.* In: Politik und Zeitgeschichte, 39-40. [Online Dokument] URL http://www.bpb.de/.

Imhof, Kurt (2006). *Die Diskontinuität der Moderne. Zur Theorie des sozialen Wandels.* Frankfurt/New York: Campus.

Imhof, Kurt (1993). Vermessene Öffentlichkeit - vermessene Forschung? Vorstellung eines Projekts. In: Imhof, Kurt/ Kleger, Heinz/ Romano, Gaetano (Hrsg.), *Zwischen Konflikt und Konkordanz. Analyse von Medienereignissen in der Schweiz der Vor- und Zwischenkriegszeit.* Zürich: Seismo, 11-60.

Imhof, Kurt & Kamber, Esther (2000). *Das Internet als Phänomen der massenmedialen Kommunikation.* (Vortrag gehalten auf der Jahrestagung der Deutschen Gesellschaft für Publizistik- und Kommunikationswissenschaft (DGPuK) und der Österreichischen Gesellschaft für Publizistikwissenschaft (ÖGK) in Wien am 1. Juni 2000).

Leggewie, Claus (2001). *Die Stärke des Internet liegt nicht in der Förderung der elektronischen Demokratie.* [Online Dokument] URL http://www.heise.de/tp/r4/artikel/7/7397/1.html.

Lovelady, Steve (2004). *Analyzing Coverage of 2004 Race.* In: New York Times, Ausgabe vom 15.1.2004.

Luckmann, Thomas (1986). Grundformen der gesellschaftlichen Vermittlung des Wissens: Kommunikative Gattungen. In: Neidhardt, Friedhelm & Lepsius, M. Rainer & Weiss, Johannes (Hrsg.), *Kultur und Gesellschaft.* Opladen: Westdeutscher Verlag, 191-211.

Luhmann, Niklas (1979). Öffentliche Meinung. In: Langenbucher, Wolfgang R. (Hrsg.), *Über die öffentliche Meinungsbildung.* München und Zürich: Piper, 29-61.

namics (2006). Corporate Weblogs - Einsatzmöglichkeiten und Herausforderungen. [Online Dokument] URL http://blog.namics.com/2006/namics_whitepaper_weblog_07JUN06.pdf.

Neuberger, Christoph (2005). *Formate der aktuellen Internetöffentlichkeit. Über das Verhältnis von Weblogs, Peer-to-Peer-Angeboten und Portalen zum Journalismus - Ergebnisse einer explorativen Anbieterbefragung.* In: Medien & Kommunikationswissenschaft, 53 (1), 73-92.

Neuberger, Christoph (2005). *Neue Medien, neue Nachrichten, neuer Journalismus?* [Online Dokument] URL http://medienboard.theco.de/.

Neuberger, Christoph (2003). Google, Blogs & Newsboots. Mediatoren der Internetöffentlichkeit. [Online Dokument] URL: http://www.bpb.de/.

Neuberger, Christoph (2003). *Onlinejournalismus: Veränderungen - Glaubwürdigkeit - Technisierung.* In: Media Perspektiven, 3, 131-138.

Pleil, Thomas (2004). Blogging: PR zwischen Euphorie und Ignoranz. In: Die Gegenwart. Online-Magazin für Medien-Journalismus [Online Dokument] URL http://www.diegegenwart.de.

Pleil, Thomas (2004). *Meinung machen im Internet.* PR-Guide. [Online Dokument] URL http://www.pr-guide.de/index.php?id=192&tx_ttnews%5Btt_news%5D=304.

Ridder, Christa-Maria & Engel, Bernhard (2005). *Massenkommunikation 2005: Images und Funktionen der Massenmedien im Vergleich. Ergebnisse der 9. Welle der ARD/ZDF-Langzeitstudie zur Mediennutzung und -bewertung.* In: Media Perspektiven, 9 [auch als Online Dokument] URL http://www.ard-werbung.de/.

Röttger, Ulrike & Zielmann, Sarah (2006). Weblogs - unentbehrlich oder überschätzt für das Kommunikationsmanagement von Organisationen? In: Picot, Arnold & Fischer, Tim (Hrsg.), *Weblogs professionell. Grundlagen, Konzepte und Praxis im unternehmerischen Umfeld.* Heidelberg: dpunkt.verlag, 31-50.

Sarcinelli, Ulrich (1997). Demokratiewandel im Zeichen medialen Wandels? Politische Beteiligung und politische Kommunikation. In: Klein, Ansgar & Schmalz-Bruns, Rainer (Hrsg.), *Politische Beteiligung und Bürgerengagement in Deutschland - Möglichkeiten und Grenzen.* Bonn, 314-345.

Schmidt, Jan (2006). *Weblogs. Eine kommunikationssoziologische Studie.* Konstanz: UVK.

Schweiger, Wolfgang (1999). Medienglaubwürdigkeit - Nutzungserfahrung oder Medienimage? Eine Befragung zur Glaubwürdigkeit des World Wide Web im Vergleich mit anderen Medien. In: Rössler, Patrick & Wirth, Werner (Hrsg.), *Glaubwürdigkeit im Internet. Fragestellungen, Modelle, empirische Befunde.* München: Reinhard Fischer Verlag, 89-110.

Schweiger, Wolfgang (1998). Wer glaubt dem World Wide Web? Ein Experiment zur Glaubwürdigkeit von Nachrichten in Tageszeitungen und im World Wide Web. In: Rössler, Patrick (Hrsg.), *Online-Kommunikation.* Opladen: Westdeutscher Verlag, 123-145.

Taekke, Jesper (2005). Media Sociography on Weblogs. [Online Dokument] URL http://home16.inet.tele.dk/jesper_t/weblogs.pdf.

Zerfass, Ansgar & Boelter, Dietrich (2005). *Die neuen Meinungsmacher. Weblogs als Herausforderung für Kampagnen, Marketing, PR und Medien.* Graz: Nausner & Nausner.

Zerfass, Ansgar (2005). *Corporate Blogs: Einsatzmöglichkeiten und Herausforderungen.* [Online Dokument] URL http://www.zerfass.de/CorporateBlogs-AZ-270105.pdf.

Emergenz im Internet
Protest, Konflikt und andere Formen verständigungsloser Kommunikation im WWW

Till Malchow & Jürgen Schulz

Kommunikation ist Konsens, lautet eine romantische Vorstellung. Konsens ist Nonsens, lautet die entsprechende Karikatur dazu. In jedem Fall kann man den Verständigungsorientierten neben Naivität vorhalten, dass sie unter der Last normativer Bedingungen eines diskursiven Konsenses und Dialogs leicht die andere Seite – *das Nein* – übersehen.

Der vorliegende Beitrag zeigt, dass ein Fehlen von Verständigung keineswegs die Kommunikation schwinden lässt, sondern vielmehr die Zahl der Optionen erhöht. Da im Internet keine Verständigung vorausgesetzt wird und zunehmend mit der Verständigungslosigkeit gespielt wird, lassen sich hier sehr gut Formen von Kommunikation beobachten, die nicht dem Topos der Verständigung folgen. Im Besonderen geht es dabei um die Ablehnung von Kommunikationsangeboten durch:

- **Konflikt bzw. Protest im Allgemeinen und**
- **Guerilla Methoden im Besonderen**

Daraus ergeben sich Überlegungen, wie konfliktäre Themen online/offline entstehen und wie Organisationen mit solchen kommunikativen Bedrohungen umgehen können.

1. Medien und Themen

Im Prozess des kommunikativen Miteinanders von Unternehmen und Öffentlichkeit spielen Medien eine wesentliche Rolle. Sie dienen einerseits als Kanal interpersonaler Kommunikation und andererseits als Plattform massenmedialer Kommunikation. Dabei sind sie gleichzeitig Schnittstelle massenmedialer Öffentlichkeit, indem sie Themen auf die Prioritätenliste der Bereiche gesellschaftlichen Lebens setzen. Welche Themen in den Medien behandelt werden, hat politische und gesellschaftliche Bedeutung, gerade auch für Unternehmen (vgl.

Luhmann 1996; Eichhorn 1996, 124f.; 184). Damit ein Ereignis Gegenstand öffentlicher Meinung werden kann, muss es zunächst als Thema identifiziert werden und auf öffentliche Aufmerksamkeit stoßen. Ein nacktes Ereignis kann niemals Gegenstand öffentlicher Meinung werden, eine Einbindung erfolgt immer innerhalb eines Interpretationsrahmens. Allerdings befindet sich gerade mediale Thematisierung schnell außerhalb jeglicher Steuerung seitens der Unternehmen.

> Für die moderne massenmediale Öffentlichkeit gilt, dass ihr die Themen tendenziell gleichgültig sind, weil sie sich als Öffentlichkeit primär für Aufmerksamkeit und Anschlussfähigkeit interessiert. Ihr Zweck ist Kommunikation [...]. (Arlt 2001, 130)

Massenwirksame Themen in ihrem Wirkungsfeld medialer Öffentlichkeit sind für uns deshalb von Interesse, weil Medien die Stellung der Kommunikationsteilnehmer untereinander, die Kommunikation in ihrem Ablauf, die Realisierungsformen von Informationen und letztlich diese selbst (über die technischen Möglichkeiten, der Informationsübermittlung) beeinflussen bzw. determinieren (vgl. Bittner 2003, 18, Fn. 9). Dabei sind Protest und Konflikt wirksam eingesetzte Beeinflussungsversuche der öffentlichen Meinung. Als anschlussfähige Themen werden sie schnell in den Mittelpunkt medialen Interesses befördert. Hier setzt unsere Untersuchung an: spannend werden Medien also genau dann, wenn Konflikte ausgetragen und Proteste artikuliert werden, oder weiter gefasst wenn Kommunikation nicht so verstanden werden will, wie sie gemeint ist.

2. Konflikt und Protest und ihre Akteure

Von Konflikten (lat. conflictio: Zusammenstoß, Zusammenschlagen) sprechen wir im Zusammenhang der Kommunikation, wenn widerstreitende Ansichten und Interessen zusammentreffen. Da Kommunikation nicht nur in der Gemeinschaftskundeversion von Gesellschaft positiv konnotiert wird, neigen wir dazu, im Konfliktfall von gescheiterter Kommunikation zu sprechen. Der überbewertete Topos der Verständigung hat eine vorurteilsfreie Untersuchung und Bewertung des Konflikts als Kommunikationsphänomen erschwert. Nicht ohne Provokation bewertet Luhmann (1984, 531) Konflikte als „soziales System besonderer Art". Und bei genauerer Betrachtung stellen wir fest, dass Konflikte exzellente Beispiele für Kommunikation sind – nicht zuletzt, weil im Konfliktfall offenbar ein gesteigerter Kommunikationsbedarf besteht. Konflikte entstehen, wenn eine Seite das

Kommunikationsangebot der anderen Seite ablehnt und diese Ablehnung zum Thema weiterer Kommunikation gemacht wird. „Proteste sind Kommunikationen, die an andere adressiert sind und deren Verantwortung anmahnen" (Luhmann 1991, 135). Eine ungewohnte Perspektive: nicht Verständigung und Eintracht, sondern widerstreitende Interessen und Ansichten begründen eine Kommunikationsbeziehung.

Konflikte benötigen also einen Gegenspieler, eine andere Seite, gegen die kommuniziert wird. Die häufigste Form der Konfliktkommunikation, mit der sich Unternehmen konfrontiert sehen, ist der Protest. Eine besondere Rolle spielen hierbei Organisationen, deren „Leitdifferenz" – die Eigenschaft, mit der sich ein System von anderen abhebt und selbst identifiziert – im Konflikt selbst bzw. in der Betroffenheit darüber liegt. Diese werden auch als Protestgruppen bezeichnet. Beispiele sind hier die Umweltschutzorganisation Greenpeace oder die globalisierungskritische Organisation Attac. Sie zwingen durch Mittel der massenmedialen Kommunikation andere Organisationen sozusagen in den Widerstreit. Beispiele für solche Widerstände in Wirtschaft, Politik und Gesellschaft sind hinlänglich bekannt. Ein Unternehmen setzt genmanipulierte Grundstoffe ein, eine Regierung will die Gesetze zur inneren Sicherheit verschärfen, zwei Banken wollen fusionieren und andere sind dagegen. Die Existenz von Protestbewegungen basiert auf der Differenzerhaltung. Damit ist klar, dass es zumindest einer Seite nicht um die Beendigung eines Konflikts – um Verständigung im Sinne eines Konsenses – geht, denn der Konflikt legitimiert letztlich die Existenz der Protestgruppe. Daraus folgt streng genommen die Paradoxie der Selbstauflösung für viele gesellschaftliche Gruppen. Eine Bürgerinitiative löst sich spätestens dann auf, wenn die Ziele erreicht sind. Das gilt allerdings nicht für die großen Protestbewegungen. Protestinitiativen wie www.McSpotlight.org haben das Betroffensein institutionalisiert und generalisiert. Das dient dann vielleicht nicht mehr einem konkreten Anliegen selbst, garantiert aber auf der anderen Seite, dass die Protestbewegung eine generelle Existenzberechtigung gewinnt. „Gute Gründe" für Betroffenheit lassen sich immer finden.

3. Zwei Arten von *Nein*

Die Ursprünge der Protestbewegungen liegen in einer ehemals eindeutigen Motivlage – dem Kampf gegen eine undurchlässige stratifizierte Gesellschaftsordnung. Heute bieten nahezu alle Entscheidungen eine willkommene Gelegenheit, um *Nein* zu sagen.

Bei der Ablehnung eines echten oder imaginären Kommunikationsangebotes können zwei Zielsetzungen unterschieden werden: Zum einen *das interessierte Nein*, dem ein Interesse an der Lösung des Konfliktes unterstellt wird. Wir sprechen ausdrücklich von der Unterstellung von Interessen, da es uns in diesen Überlegungen um soziale Phänomene des Konflikts geht und psychische Befindlichkeiten dabei unberücksichtigt bleiben. Dabei gehört es zu den Eigentümlichkeiten des Protests, dass er Verhalten und Einstellungen einfordert, ohne dass von den Protestgruppen selbst Handlungen erwartet werden. Der Gegensatz von Entscheidung und Betroffensein wird hier besonders deutlich:

„Es geht vielmehr um Ausdruck von Unzufriedenheit, um Darstellung von Verletzungen und Benachteiligungen, nicht selten auch um wildes Wünschen. Es mag gute bis sehr gute Gründe geben und ebenso deutliche Mängel auf der anderen Seite. Aber die Form des Protests ist eben eine Form, die eine andere Seite voraussetzt, die auf den Protest zu reagieren hat." (Luhmann 1991, 136)

Fouad Hamdan, ehemaliger Leiter Medien- und Öffentlichkeitsarbeit von Greenpeace Deutschland, beschreibt die Strategie einer institutionalisierten Protestbewegung folgendermaßen:

„Die direkte Konfrontation mit Umweltsündern dient dazu, auf Missstände aufmerksam zu machen und Skandale aufzudecken. Greenpeace-Aktivisten setzen sich persönlich für ihre Anliegen ein. Dadurch erzeugen sie öffentlichen Druck auf Verantwortliche in Politik und Industrie." (2000, 69)

In jedem Fall ist Greenpeace nicht zuletzt durch diese klare Mission als erfolgreicher Kontrahent in Konfliktfällen mittlerweile allseits respektiert und gefürchtet. Der Erfolg des Protests hängt ab von verschiedenen Faktoren (vgl. Steger 2004, 120ff). Der Erfolgsindikator für Protestbewegungen ist die gesellschaftliche Resonanz. Das Interesse an dieser Resonanz teilen sie mit den Massenmedien. Denn beide orientieren sich an einer Ökonomie der Aufmerksamkeit. Die Protestbewegung muss, will sie erfolgreich sein, den Selektionskriterien der Massenmedien entsprechen. Diese „Empörungsbewirtschaftung" (Imhof 2002, 73) beschreibt wiederum Fouad Hamdan von Greenpeace: „Diese Form der öffentlichen Konfrontation ist ein Mittel, den Medien Berichterstattungsanlässe anzubieten und ein Anliegen so im öffentlichen Raum zu platzieren, dass gesellschaftliche Diskussionen entstehen" (2000, 71). Dabei können Protestbewegungen auf eine kollektive Betroffenheit setzen. Menschen fühlen sich gemeinsam betroffen durch den Krieg im Irak, die Rentenpolitik der Bundesregierung oder den Bau des Transrapid. Betroffenheit definiert die gesellschaftliche Zugehörigkeit, in deren Folge Betroffenheit sogar zur gesellschaftlichen Verklärung bzw. zum „Betroffenheitskult" (Stephan 1994) geraten kann. Gerade diese kollektive Dimension des Protests garantiert Massenmedien und Protestgruppen öffentliche Aufmerksamkeit.

Die zweite zu beobachtende Form des Konflikts ist *das profilierende Nein*. Dabei geht es vor allem um die Existenzberechtigung als Organisation über geeignete Konfliktthemen. Eine profilierende Protestkampagne bedarf der Inszenierung, die häufig einhergeht mit der Rollenzuschreibung von David gegen Goliath. Der Erfolg der wohl berühmtesten Protestgruppen im Internet – www.McSpotlight.org – lässt sich nicht zuletzt auf ein von der Hamburger-Kette McDonald's in London angestrengtes Gerichtsverfahren zurückverfolgen. Unter der Überschrift „McDavid gegen McGoliath"[1] wurde der Prozess um eine Verleumdungsklage gegen zwei mittellose Aktivisten über zweieinhalb Jahre ausführlich dokumentiert. Für die Durchsetzungsfähigkeit einer Protestgruppe ist daher ihre Expertise über den symbolischen Wert von Konfliktthemen in den Massenmedien – und damit auch der Kampagnen- und Serientauglichkeit dieser Themen – entscheidend. Denn der Mut eines aufrechten Davids gegen einen übermächtigen Goliath ist allemal interessanter als Krötenzäune im hessischen Ried oder Planfeststellungsverfahren.

Natürlich geht es beim Protest um moralische Kommunikation, die zwischen Gut und Böse und damit zwischen Achtung und Missachtung unterscheidet (vgl. Luhmann 1990). Moralische Kommunikation differenziert nicht, sondern richtet sich gegen die gesamte Person bzw. gegen das gesamte Unternehmen.

Es geht nicht um die Binnenstruktur der Auseinandersetzung an sich, nicht einmal um den Ausgang der Entscheidung. Es geht vielmehr um den Streit als Thema. Die Massenmedien sind an Streit interessiert, obwohl sie erfolgreich den Anschein erwecken, sie plädierten für Konsens. Doch der ist bekanntlich weder anschlussfähig, noch ein Nachrichtenfaktor – und damit kein Thema.

4. Internet und WWW

Das Internet – als Prototyp der digitalen Medien – ist derart in unserem Alltag präsent, dass es inzwischen eine zentrale Rolle der neuen Medienwelt spielt.

---
1 vgl. „The McLibel trial" http://www.mcspotlight.org/case/index.html

Es vereint in sich so viele verschiedene Kommunikationsformen und -möglichkeiten – und wird daher gerade in den kommunikationssensiblen Bereichen Konflikt und Protest als Verursacher von Identitätsveränderung und Entstehen neuen Kommunikationsverhaltens angesehen. Und innerhalb der kurzen Zeit seiner Entwicklung hat sich Grundlegendes geändert: innerhalb des Internets hat sich vor allem das WWW von seiner linear hypertextuellen Netzstruktur zu einem multidimensionalen Interaktions-Raum für Akteure entwickelt. Zu einem Möglichkeitsraum, der durch Themen organisiert ist und in dem sich Akteure aufhalten und bewegen. Das WWW wird so zum Möglichkeitsraum potentieller Konfliktthematisierungen migrierender Allianzen medialer Betroffenheit.

„Interaktive Medien bedeuten in letzter Konsequenz den Wegfall der gewohnten Zugangsbeschränkungen zur Öffentlichkeit" (Eichhorn 1996, 135). Sie bedeuten damit den Wegfall klassischer Strukturen der Aufmerksamkeitsproduktion. Da das klassische Verhältnis von Sender und Empfänger, wie es bei Massenmedien vorherrscht, durch das Internet gestört wird, liegt die Vermutung nahe, dass symmetrische Partizipationschancen zwischen Organisationen und Individuen bestehen könnten. Massenwirksam kommunizieren kann in Zeiten des Internets also jeder oder zunächst keiner.

Das WWW als Informationsraum wird durch die Struktur von Relationen innerhalb von Dokumenten und Dokumentenclustern konstituiert. Hyperlinks erschließen den Raum. Es bildet sich ein neues, komplexes Geflecht von Optionen, die gleichzeitig zur Verfügung stehen – es ist nicht zeitlich oder räumlich, sondern ein Netz in der Erwartung potentieller Nutzung. Trivial gesehen wartet das Web auf seine Nutzer und wartet damit auch auf Aufmerksamkeit. Gleichzeitig erschwert das WWW die Produktion von Aufmerksamkeit systematisch. Die Hypertextstruktur, verbunden mit den vereinfachten Zugangsmöglichkeiten durch das Prinzip der Interaktion, stellt sich als in dieser Hinsicht problematisch heraus (vgl. Brill /de Vries 1998):

1) Aufmerksamkeit ist im WWW nicht zentrierbar, da alle Websites im Prinzip gleichberechtigt sind – die des internationalen Konzerns und die private Homepage.

2) Durch die Dynamik der Entwicklung des WWW herrscht eine hohe, immer weiter zunehmende Komplexität, die eine umso höhere Selektivität erfordert und damit höhere Ansprüche an die Aufmerksamkeitsproduktion stellt.

3) Die Verknüpfung von Aufmerksamkeit wird über Links prozediert. Links weisen aber stets von einer Seite weg, damit tragen sie systematisch zur Diffusion von Aufmerksamkeit bei. „Nicht das Fehlen von Information, sondern ihr Überschuss – gesteigerte Komplexität und Desintegration von Kommunikation – erweist sich also im World Wide Web als problematisch." (Brill /de Vries 1998)

Das bedeutet: Entweder muss Aufmerksamkeit in Form von Symbolen importiert werden – und das aus bereits bekannten Medien – oder die hypertextuelle Diffusion von Aufmerksamkeit muss anders organisiert werden, damit digital-originäre Symbole geschaffen werden können. Denn je stärker sich eine Gesellschaft (medial) ausdifferenziert, desto mehr steigt der soziale Bedarf an Symbolen (vgl. Luhmann 1984, 222).

Nur indem mediale Verknüpfungen und Anschlüsse geschaffen werden, kann der Möglichkeitsraum Dynamik bekommen und Thematisierungseffekte erzielen. Aufmerksamkeit und damit Themenhoheit zu gewinnen, bedeutet, den Raum zu bestimmen, als Akteur aktiv zu gestalten. Nicht nur Themen und Inhalte warten auf ihre Nutzung, sondern deren Organisationsraum wartet auf die Gestaltung durch Akteure. Vorgemacht hat uns das Napoleon in perfekter Beherrschung des Raumes mit entsprechender Dramatisierung, in diesem Falle in der physischen Welt: Mit seiner akribischen Vermessung und Nutzung des Schlachtfelds in der historischen Schlacht bei Austerlitz hat er durch genaueste Kenntnis des Terrains, durch präzises Ausrechnen der Marschgeschwindigkeit seiner Truppen und das geschickte kommunikative Spiel mit der Erwartungshaltung seiner Gegenspieler diese zur gewünschten Reaktion verleitet und errang – zahlenmäßig unterlegen – den Sieg.

Entscheidend für den Erfolg des Internets – ob als Vermarktungs- oder Protestplattform – ist neben der intramedialen Durchdringung und Vernetzung des Raumes, und damit seiner Beherrschung, vor allem die intermediale Anschlussfähigkeit. So wie in dem einen Fall die Zustellung der Pakete außerhalb des Internet letztlich entscheidend ist, gelingt auch der Protest nur über die Mobilisierung anderer Ereignisse. Wo Themen nicht im Internet gelöst werden, können sie im Internet eine Verstärkung erfahren, das legt eine Untersuchung des Medien Tenor anhand der CDU Spendenaffäre im Jahr 2000 nahe.

> „[Es] lässt sich mit einiger Gewissheit vermuten, dass Themen im Internet an Fahrt gewinnen, sich in eigenen Themenkarrieren fortsetzen und schließlich wieder auf die Wirklichkeit niederschlagen." (SCHATZ 2002, 120)

Der intermediale Effekt der Themenbeschleunigung, der besonders dem WWW zugeschrieben wird, geschieht in einer sehr hohen Dynamik und produziert immense

Daten-Volumina. Aus einem Informationsproblem ist längst ein Selektionsproblem geworden.

Aktuelle Methoden der Medienbeobachtung, wie z.b. elektronische Ausschnittsdienste, ermöglichen heutzutage, diese im Internet entstehenden, unglaublichen Mengen an Daten auf relevante Inhalte zu reduzieren. Womit sie sich bisher schwer tun, ist, einen qualitativen Überblick über die Struktur der elektronischen Öffentlichkeit zu bieten. Daher besteht eine dringende Forderung an die Beobachtung von Konflikt und Protest, den Überblick über Strukturen, Muster, Funktionsweisen und Indikatoren der Protestthemen und -akteure zu haben, damit für sie deutlich wird, welche Themen auf welche Umweltbereiche der Fokus gerichtet werden muss und welche Akteure welche Rolle dabei einnehmen.

Aus der Perspektive der Konfliktbeobachtung übernehmen Themen die Strukturierung der Öffentlichkeit: sie sind die Einheiten, nach denen gesucht wird. Über die Themen, die für das Unternehmen relevant sind und in den Umwelten herrschen, differenziert sich die Umwelt eines Unternehmens in relevant und nicht relevant, wird die Aufteilung des Möglichkeitsraumes Internet geprägt. Zunächst einmal unabhängig von den Akteuren, die sich dieser Themen bedienen. Die relevante Umwelt ist folgerichtig der Ort des Themas. Dabei kann man von ähnlichen Prinzipien wie bei der Identifikation von Stakeholdern ausgehen: Ein Stakeholder ist derjenige, der einen Anspruch thematisiert oder sich ein Thema zu Eigen macht. Potentiell also jeder (vgl. Liebl 2000, 26f.). So ist jeder Umweltbereich – unabhängig vom momentanen Zustand – ein potentiell relevanter, der virulent wird, sobald ein unternehmenskritisches Thema dort auftaucht.

Festzuhalten ist: Unternehmensumwelten definieren sich über Themenorte. Akteure und ihre Strategien der Protest- und Konfliktkommunikation dienen dabei als relevante Brille zur Identifikation möglicher, noch unbekannter Themenstränge und Akteure.

5. Strategien des Negierens

Kommen wir noch einmal zurück auf den Gedanken des Widerspruchs der Kommunikation gegen Kommunikation. Luhmanns (1995, 113) These, dass nicht die Menschen, sondern die Kommunikation kommuniziere, führt in letzter Konsequenz zur „Verselbständigung eines Widerspruchs durch Kommunikation" (Luhmann 1984, 530).

Zu solchen Verselbständigungen der Kommunikation kann man auch das von Düllo/Liebl (2005) propagierte „Cultural Hacking" zählen und „subversives Umdeuten", „Verfremden" und „Dekonstruieren" wären dann nichts anderes als konkrete Strategien des Negierens. Eine interessante Metapher für solche Strategien ist das Parasitäre (vgl. Serres 1987). Und das ist durchaus nicht abwertend zu verstehen, weil, wie sich leicht empirisch bestätigen lässt, in der Verselbständigung verbunden mit der gleichzeitigen Absorption des Ursprünglichen ein schöpferisches Potential steckt. Geht man nun solchen Phänomenen unvoreingenommen nach, so ergeben sich Möglichkeiten, um beispielsweise die Potentiale und Grenzen von Kampagnen, Produktkonzepten, politischen Entscheidungen, öffentlichen Agenden etc. auszuloten (vgl. Liebl et al. 2005, 31). Kurz gesagt: es entsteht etwas Neues.

Eine antiquierte Vorstellung von Kommunikation offenbart der Chef einer Werbeagentur im Rahmen der „Du bist Deutschland"-Kampagne im Herbst 2005. Offenbar erregt durch Kritik aus dem Internet auf die Werbesujets aus dem eigenen Haus kanzelt dieser Weblogs als „Klowände des Internets" ab. Die im Internet kolportierte Frage, was eigentlich jeden Computerbesitzer berechtige, ungefragt seine Meinung abzusondern, ist rhetorischer Art. Im Internet gibt es keine Berechtigungen und es gilt das, was Luhmann grundsätzlich über schriftliche Äußerungen festhält:

„[...] sie können freier, sozial unverpflichtender formuliert werden und heben sich stärker ab von den sozialen Situationen, in denen die Anwesenden körperlich agieren und damit auch wahrnehmen, dass sie wahrgenommen werden." (1999, 37 f.)

Hemmschwellen sind im Internet sehr gering. Zumindest haben die „Klowände" gereizt. Und genau das ist eine der Strategien des Widerspruchs im Internet, nämlich Reaktionen zu provozieren, die dann vielleicht ein Medienecho finden. Die Situation ist für Werber gewöhnungsbedürftig, hatte die Werbewirtschaft bisher doch vor allem damit zu tun, Wahrnehmungshürden zu überwinden. Nur in Ausnahmefällen (z.B. Oliviero Toscanis Schockwerbung für Benetton oder wenn sonst die Moralvorstellungen tangiert werden) kam es zu expressiven Ablehnungen gegenüber ihren Kommunikationsangeboten. Folgt man den Vorhersagen von Naomi Klein (2000), wird der Prozess der Globalisierung anhaltend von massiven Protesten begleitet werden, die auch vor der Werbung nicht Halt machen. Zunehmend geraten bekannte Marken in die Schusslinie der Aktivisten, weil der Markenwert das größte Potential für Imageschädigungen bietet. Aktivisten wie der New Yorker Brand Guerilla Artist Jorge Rodriguez de Gerada wecken mit ihren *Spoof Ads* (vgl. Abb. 1) die Aufmerksamkeit der Öffentlichkeit, indem sie die bekannte Marketing-Ästhetik geschickt verfremden. Ein weiteres Beispiel für „Cultural Hacking" und ein Indiz für Kommunikation, die kommuniziert.

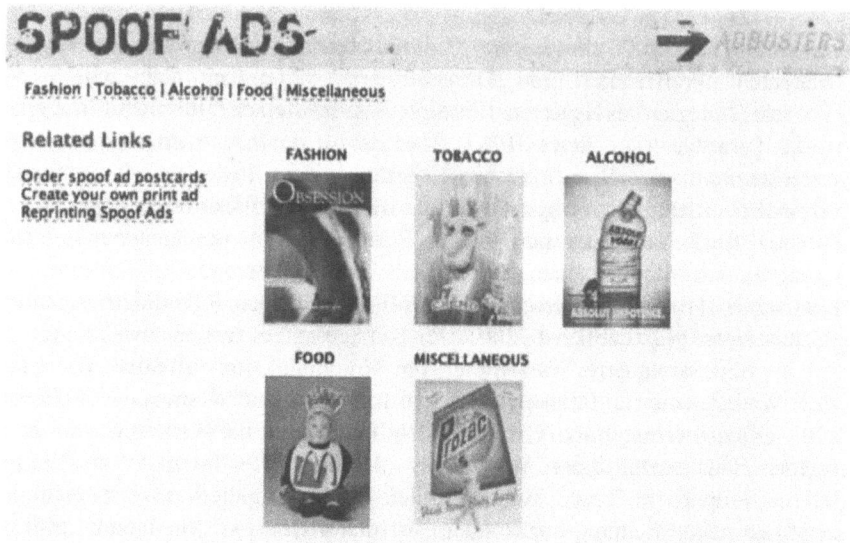

Abb. 1: Spoof Ads – Quelle: http://adbusters.org/spoofads/index.php

6. Guerilla-Strategien – „Verfremdung und Überidentifikation"

Hält man sich diese Techniken des Cultural Hacking als mögliche Grundlagenstrategien des *Nein* vor Augen, so kann man strategisches Konfliktpotential nach Liebl et al. (2005, 25) als „ein Reservoir der Guerilla-Methoden" begreifen, dem im Wesentlichen zwei Prinzipien zugrunde liegen. Zum einen das Prinzip der Verfremdung und zum anderen das Prinzip der Überidentifikation: Verfremdungen beruhen darauf, über mehr oder weniger subtile Veränderungen, das Gewohnte anders darzustellen und damit neue Aspekte eines Sachverhalts sichtbar zu machen. Der strategische Gedanke dabei ist, dem Konflikt den Weg zu ebnen, indem man Raum für „ungewohnte Lesarten gewöhnlicher Geschehnisse" schafft oder in der eigenen Darstellungsweise und Betrachtung Bedeutungen herstellt, die so nicht vorgesehen waren (vgl. Liebl et al. 2005, 25).

Überidentifikation dagegen bedeutet, allgemeine, allerdings vernachlässigte oder tabuisierte Aspekte des Gewohnten offen auszusprechen und in ihrem Wesen zu betonen. Das schafft die Möglichkeit, sich mit Thematiken auseinanderzusetzen, die einem allgemein verwehrt sind, oder von denen erwartet wird, sich mit ihnen nicht detailliert zu beschäftigen. In übersteigerter Form erleben wir das im Internet zur Zeit im Online-Spiel Second Life. Hier führen User im virtuellen Raum quasi ein Parallelleben, sie gestalten sich ihren Lebensraum selber bis ins letzte Detail, angefangen vom Gestalten des eigenen Alter Ego, dem eigenen Avatar, über die Gestaltung der virtuellen Wohnung und die Definition der entsprechenden Hobbys. Eingeschlossen sind soziales und ökonomisches System. Und einige der Rollenspieler, die hinter den Avataren stehen, verdienen in der realen Welt ihr Geld mit wirtschaftlichem Gebaren in Second Life, die BBC überträgt Festivals ins Virtuelle, und 4 Rollenspieler haben ihre Idole aus der realen Welt nachgebaut und formieren sich zu U2 in SL: Die Identifikation geht sogar soweit, dass sie Konzerte in Second Life geben, bei denen um eine Spende für One.org, der Charity-Organisation der echten U2 gebeten wird. So bildet das Internet seine Räume, gestaltet von Akteuren, die über importierte Symbole Aufmerksamkeit generieren, die sie wiederum für einen Eingriff in die reale Welt kanalisieren.[2] Verfremdung als strategische Konfliktthematisierung ist auf Distanz zum Bestehenden aus, während Überidentifikation die gesellschaftlich selbstverständlichen Selbstdistanzierungen auflösen will (vgl. Liebl et al. 2005, 25). Beide Strategien bilden das Dach für folgende Techniken, wie wir sie im Internet beobachten können:

Erfindung von Tatsachen zur Schaffung von Ereignissen
„Wirklich ist, was wirkt" ist der prägende Gedanke hinter diesem Prinzip, ähnlich wie der Einzelne individuelle Schemata auf Informationen von außen anwendet, wirken Protestthematisierungen als wirklichkeitskonstituierende Elemente, wie das Beispiel Greenpeace immer wieder zeigt. Nicht die wissenschaftlichen Belege einer minderen oder stärkeren Umweltbelastung zählen, sondern die Wirksamkeit kommunikativ verbreiteter Deutungsmuster, die auch die Funktion des Gerüchts übernehmen.

Camouflage
Oberflächlich unauffällig und harmlos täuscht *Camouflage*-Protest über seinen konfliktären oder kritischen Inhalt hinweg. Der zweite Blick erst gibt die Tiefgründigkeit und Brisanz der vordergründig verschlüsselten Botschaft preis.

---
2 http://www.u2insl.com;
http://www.naturalselectionstudios.com/videos/U2_In_SL_Concert.mov;
http://files.machinima.com/films/media/Conventional_Media/JavierPuff.mov

Fake

Die Kunst des Fälschens bei *Fake* besteht nicht lediglich darin, den Betrachter möglichst gut zu täuschen, sondern gleichzeitig das Kopieren bewusst zu machen und damit eine Protesthaltung auszudrücken. Der gewünschte Effekt besteht also genau darin, dass der *Fake* entdeckt wird, ohne dass der Ausdruck dieser Haltung dilettantisch wirkt (vgl. Junge 2006). Ein kampagnenartiger Ansatz des *Fakes* lässt sich am Beispiel „Tommy Hitler, Fashion Nazi" verdeutlichen (vgl. Abb. 2).

„Tommy Hitler, Fashion Nazi", a project of The WearMocked & OBJECTIVE:

Underscore the relationship between conformity and fashion; mock notions of „style" and „cool" marketed as conformist consumer commodities; play on similarities (sonic and otherwise) between the words and meanings of „fashion" and „fascism"; suggest mass-marketed fashion lines are in fact evolving into the official uniforms of an all-pervasive creeping corporate fascism worldwide.

PROCESS: A parody of the logo that identifies the popular Tommy Hilfiger line of clothing was created by changing the name in the distinctive red, white, and blue flag-style emblem from „Hilfiger" to „Hitler." Thus, the logo read „TOMMY HITLER." The overtly „patriotic" quality of the logo's colors and construct made this treatment of it further apropos, as did news accounts at that time regarding rumors of bigoted remarks attributed to designer Hilfiger himself and the disclosure that another popular contemporary fashion line, Hugo Boss, was descended from the designers of Nazi SS uniforms.

The Tommy Hitler logo was then silk-screened onto about 700 grey speckled t-shirts (the shirt color so chosen because it resembles some of those in the Hilfiger line).

The shirts were then placed among similar shirts on display at various department and clothing stores, one shirt per store, in a nationwide effort launched on July 9, 1997 and continuing still. Many of the shirts were also distributed among friends, associates and well-wishers.[3]

Abb. 2: *Fake* – *"Tommy Hitler, Fashion Nazi"*

3 http://www.rtmark.com/legacy/more/tommy/

Subversive Affirmation

Protest kann vordergründig unterstützende und bestätigende Bekundungen in übertriebener Weise nutzen, um eine kritische Perspektive auszudrücken, oder ähnliche positive Aussagen zu unpassenden Gelegenheiten abgeben. Eine gern genutzte Form, ist es z.b. Negativ-Preise zu verleihen, eine extreme Form des „Beifalls von der falschen Seite" (Liebl et al. 2005, 26). Seien es der schlechteste Schauspieler des Jahres, die Hitliste der Marketing-Fauxpas etc. Die Liste ließe sich beliebig fortführen. Einige konkrete Beispiele veranschaulichen das Prinzip:

Lidls WM 2006-Kampagne hat die Nogo-Auszeichnung erhalten (Abb. 3) Die Bedeutung: „nogos [nohgohs] (dengl.) für Ausdruck der geschmacklichen Ablehnung in seinem absolutesten Zustand. im: [folgenden], Bullshit Marketing zur Fußball WM" Jeder User der Nogo-Internetseite ist eingeladen, Vorschläge zu machen und die bestehenden Vorschläge zu bewerten und damit in die Top-Wertung zu bringen.

Abb. 3: Subversive Affirmation – „Lidl Team hat einen Härtegrad von 8.09 aufgrund von 336 Stimmen", Quelle: http://www.nogos.de/list.php?sort=winner

CCCebitPreis: Der Chaos Computer Club vergibt jedes Jahr auf der Cebit einen Negativpreis für negative Leistungen im IT Bereich. Ein Negativpreis für besonders Datenschutzresistente Maßnahmen, das ist der CCCeBIT-Award. Der Chaos Computer Club verleiht ihn jährlich zum

Abschluss der CeBIT. Im Jahr 2005 wurde die Bundesdruckerei honoriert – für ihr Engagement in Sachen Biometrie, die zahlreiche Datenschützer zu Reaktionen veranlasst hat.

Weltbank erhält Negativ-Preis „Hai des Jahres" 2006
Für ihre Doppelrolle als Gläubiger und Gutachter hat die Weltbank den Negativ-Preis „Hai des Jahres" erhalten. Der vom Entschuldungsbündnis erlassjahr.de vergebene Preis wird für besondere Verdienste um die Ausplünderung der armen Länder in Afrika, Asien und Lateinamerika verliehen, die unter der enormen Schuldenlast bei westlichen Banken und Regierungen leiden. Die mehr als 900 im Entschuldungsbündnis organisierten Gruppen werfen der Weltbank vor, sich einer neutralen Kontrolle bei Kreditvergabe und Entschuldungsverfahren zu entziehen.

Collage und Montage
Collage und Montage sind zwei Methoden, die Fragmente aus verschiedenen Kontexten entnehmen, um durch ihre (Re)Kombination neue Bedeutungszusammenhänge herzustellen. Durch geschicktes *Sampling* können so Dinge thematische Nähe erfahren, die ausreichen, Protest auszulösen und Aufmerksamkeit zu erlangen. Gute Beispiele liefert die *Adbust*-Bewegung[4].

Abb. 4: Entwendung bzw. Umdeutung – „Denn Du bist Deutschland"
Quelle: http://www.rebellminds.com/exhibitions.php?eid=19

---

4 vgl. www.adbusters.org

Entwendung bzw. Umdeutung
Das „détournement" umfasst alle möglichen Varianten des Zweckentfremdens, Umfunktionierens und Uminterpretierens. Ziel, ist es Produkte, Aussagen und Inhalte zu entstellen und in neue, konfliktäre Kontexte zu bringen. Ein deutliches Beispiel ist die Du-bist-Deutschland-Kampagne und der Umgang mit ihr auf rebellminds.com (Abb. 4).

Das Internet formuliert seinen Protest in einfach zugänglicher Weise: Protest und Konflikt nutzen oben genannte Strategien und Techniken, um ein Wechsel von Orientierung und Desorientierung zu produzieren. Es geht um das Selbernavigieren durch unbekanntes (Kommunikations)-Terrain, um auf dem Weg eigene Spuren der Konfliktthematisierungen in Form von Umcodierungen zu hinterlassen. In einem „Ineinanderaufgehen von Ernst und Spiel" (Liebl et al. 2005, 29) werden experimentelle Vorgehen genutzt: Der Umgang mit der neuen Technik erfordert gleichzeitig ein Spielen mit Technologien, um deren Grenzen genauso wie deren kommunikativen Schlagkraft auszuloten. Konsequent und professionell angewendet wird so Protest – im Verständnis des „Cultural Hacking" – zu einem weniger taktisch, denn strategischen Vorgehen mit einer entsprechenden Erwartung von Wirksamkeit auf die unternehmerischen Belange.

Die vormals einzelnen Kommunikationen und Events von Protest werden über die Kulturtechniken des Konflikts zu komplexen Kampagnen in komplexen Wirkungszusammenhängen, bei denen Konzeptarbeit und theoretische Vorarbeit eher Normalzustand denn Ausnahmen wären. (vgl. Liebl et al. 2005, 32)

7. Fazit - vom Topos der Verständigung zur Emergenz der Verselbständigung

Wer von Kommunikation Verständigung erwartet, wird über die mediatisierte Kommunikation des Internets ebenso bestürzt sein wie über das *Nein* von Kindern, die ihre Suppe nicht aufessen. Zwar sind alle Konflikte prinzipiell lösbar, doch Kommunikation zielt online wie offline faktisch weniger auf Verständigung ab als man zunächst annehmen möchte.

Konflikte entstehen durch die Ablehnung von Kommunikationsangeboten. Das *Nein* kann unabhängig vom Medium Internet viele Formen annehmen:

- die Ablehnung kann sich auf ein konkretes Kommunikationsangebot beziehen und dieses erwidern,

- oder noch Unausgesprochenes/Ungeschriebenes etwa als Gerücht vorwegnehmen, um die Gegenseite unter Zugzwang zu setzen.
- Die Ablehnung kann in stiller Form erfolgen, indem den Dingen eine andere Bedeutung und ein anderer Wert zugeschrieben wird. So wie es de Certeau beschreibt:

„Vor langer Zeit hat man zum Beispiel den zweideutigen Vorgang untersucht, der den „Erfolg" der spanischen Kolonisatoren bei den indianischen Völkern unterlaufen hatte: unterwürfig und sogar bereitwillig machten diese Indianer aus den rituellen Handlungen, Vorstellungen oder Gesetzen, die ihnen aufgezwungen worden waren, oft etwas ganz anderes als der Eroberer bei ihnen erreicht zu haben glaubte; sie unterwanderten sie nicht, indem sie sie ablehnten oder veränderten, sondern durch die Art und Weise, wie sie sie zu Zwecken und mit Bezugspunkten gebrauchten, die dem System, welchem sie nicht entfliehen konnten, fremd waren. Innerhalb des Kolonialsystems, das sie äußerlich „assimilierte", blieben sie Fremde; ihr Gebrauch der herrschenden Ordnung war ein Spiel mit deren Macht, welche sie nicht abweisen konnten; sie entflohen dieser Ordnung, ohne sie zu verlassen." (1988, 13)

- Die Ablehnung kann ostentativ durch „Guerilla-Methoden" erfolgen (vgl. Liebl et al. 2005, 25), indem die Position bzw. das Kommunikationsangebot der Gegenseite durch „Verfremdung" oder „Überidentifikation" thematisiert wird.

Bei der Ablehnung eines echten oder imaginären Kommunikationsangebots können zwei Zielsetzungen hinter dem *Nein* unterschieden werden. Beim *interessierten Nein* kann ein Interesse an der Lösung des Konflikts unterstellt werden.

Die aus Gründen der Bestandserhaltung häufig anzutreffende Form des Konflikts im Internet ist das *profilierende Nein*. Dabei geht es der Konfliktgruppe vor allem um die Existenzberechtigung als Organisation über geeignete Konfliktthemen. Im Verständnis der Systemtheorie gewinnt der Konflikt über das *profilierende Nein* eine System bildende Funktion. Eine Verständigung und Lösung des Konflikts würde zur Selbstauflösungsparadoxie führen. Das *Nein* des Protests ist also paradox, weil man letztlich der Gegenseite, dem *Ja*, die eigenen Motive verdankt. Protestgruppen müssten sich also eigentlich bei ihren Gegnern für die Gelegenheit des Protests bedanken. Im Sinne von Serres (1988) – und das ausdrücklich ganz wertfrei – kann der Konflikt daher auch als parasitäre Beziehung bzw. parasitäres System verstanden werden.

Der Widerspruch, das *Nein*, wird durch das Internet gefördert. Einerseits bleiben Kommunikate im Orkus des Internets lange verfügbar und verwendbar. Andererseits, das zeigt das Phänomen Weblog, wird das *Nein* durch die Schriftform im Internet erleichtert.

Eine weitere damit zusammenhängende Paradoxie des Kommunikationsraums Internet ist die „Bindung der Unverbindlichkeit" (vgl. Sander 1998). Ein Phänomen, das den Unterschied des Internets im Vergleich zu direkten Interaktionsformen von Mensch zu Mensch erklärt. Die Unverbindlichkeit ist ein verbindliches Substrat für das Entstehen von Kommunikation, indem es das Risiko der Kommunikation unter Abwesenden reduziert. Man traut sich mehr herauszunehmen als in direkter Kommunikation von Mensch zu Mensch. In dem Dokumentarfilm „Corporation" (2004) wird ein erfolgloser Protestfall geschildert, bei dem eine Aktivistengruppe das Privathaus des Shell CEO besetzt. Die Hausherren stellen sich dann aber nicht als kaltblütige Monster heraus, sondern überraschender Weise als gastfreundliches Ehepaar, das die Aktivisten zum Kaffee einlädt. Zu allem Überfluss entschuldigt sich die Ehefrau des CEO auch noch dafür, dass sie nur Sojamilch anbieten kann. Ein solches Risiko müssen Protestgruppen im digitalen Raum nicht befürchten, da die Unverbindlichkeit des Konflikts dort verbindlich bleibt.

Welche Lehren lassen sich aus Sicht der vom Protest betroffenen Organisationen aus dieser Perspektive ziehen? Zunächst ist der Aspekt der Zeitlichkeit für den Kommunikationsraum Internet bedeutsam. Das Internet bietet – das hat z.B. die „Du-bist-Deutschland"-Kampagne 2005 gezeigt – die nötigen Publizitätsmöglichkeiten für Widersprüche. Die Frage ist nur, ob diese auch zu den von den Protestgruppen aus Profilierungsgründen ersehnten Ergebnissen anhaltender Konfrontation führen. Wir gehen davon aus, dass über das Internet Dinge in die Welt gesetzt werden können, auch wenn es bisher kaum Forschungsbefunde darüber gibt, wie Proteste aus dem Internet in die konventionellen Medien gelangen und dort massenmediale Resonanz auslösen. Wir beobachten, dass Protestakteure sich zusammentun und das Prinzip des Widerspruchs abgekoppelt von bestimmten Themen generalisieren. Unter der APC[5] (The Association for Progressive Communications Internet and ICTs for Social Justice and Development) vereinigen sich verschiedene internationale Bewegungen, um für ihre Aktivitäten die geeignete technische Basis zu finden und um auf Konferenzen die besten medialen Techniken an andere weiterzugeben. Damit ist das Internet für Luhmanns Diktum vom Konflikt als soziales System besonderer Art ein ganz exzellentes Beispiel.

---

5 www.apc.org

Aus den schon erwähnten zeitlichen Gründen ist das Internet für die Früherkennung interessant. Mögliche Strategien des Widerspruchs können beobachtet und antizipiert werden. Solche Erfahrungen sind nicht nur für die Früherkennung von möglichen Friktionen hilfreich. Widerstände offenbaren ein strategisches Potential, dass sich von der Produktentwicklung bis zur Kommunikation vorteilhaft adaptieren lässt.

Emergenz gehört zu den schillernden Phänomenen, deren Entstehung ebenso unscharf erscheint wie die Definitionsversuche. Das mag daran liegen, dass „emergente Phänomene sich der Kontrolle durch das Subjekt entziehen, weil sie nicht in Gesetzen der Kausalität erfasst werden können" (Gumbrecht 2003, 38). Achim Kinter (2003, 126f) hebt mit Kreativität, Unvorhersagbarkeit und Vernetzungsqualität drei Attribute hervor, die emergente Kommunikation bestimmen. Diese Kriterien beschreiben auch den Modus widersprechender Kommunikation im Internet. Die Konflikte emergieren unvorhersehbar und verselbständigen sich mit ungeahnten Folgeproblemen. Sie sind gut vernetzt und damit auch sehr gut anschließbar an andere Themen, aber auch an die Kommunikation des Konfliktgegners, der häufig unter Zugzwang gerät und die Themenhoheit verliert. Und, das zeigen vor allem die Guerilla-Strategien der Verfremdung und Überidentifikation, sie sind allein durch die Abweichung von der Norm in hohem Maße kreativ.

Allerdings muss man einschränken, dass das Internet stets in wirtschaftlicher, gesellschaftlicher, politischer und kultureller Hinsicht überschätzt wurde. Die Akteure des neuen Marktes haben dies leidvoll erfahren müssen. Ebenso werden Wirkungen des Internets auf andere größer eingeschätzt als auf die eigene Person. Dieses, als „Andere-Leute-Effekt" (Third Person Effect) bezeichnete Phänomen, tritt verstärkt bei Protesten und Guerilla-Maßnahmen auf. Es mag an der Selbstüberschätzung großer Unternehmen und ihrer Kommunikatoren liegen, dass diese von den Erwartungen anderer zu viel erwarten und sich auf ein Spiel einlassen, für das sie die denkbar schlechtere Ausgangsposition als Goliath gegen David haben. Das endet auf der Bühne der Massenmedien spätestens in den klassischen Medien sehr leicht tragisch.

Die konfrontativen Kommunikationsofferten aus dem Internet sind für Organisationen dann nachträglich ein Baum bitterer Erkenntnis und damit eine Versuchung, die man vielleicht besser ausschlagen sollte. Damit die Odyssee des Unternehmens Kommunikation nicht misslingt, ist es ratsamer, die Sirenen nur anzuhören, ihnen aber nicht zu folgen, sich von den eigenen Leuten besser festbinden zu lassen, um keinen Konflikt entstehen zu lassen.

Hier schließt sich auch der Kreis mit den Überlegungen Kinters (2003). Aus der Notwendigkeit, sich mit emergierenden Kommunikationsereignissen zu beschäftigen, favorisiert er einen Mentalitätswandel im Management, die Auseinandersetzung mit antizipierenden Szenarien und einem Coach, der auch Odysseus den überlebenswichtigen Rat gab:

> „Freunde, nicht einem allein oder zweien gebührt es zu wissen,
> Welche Geschicke mir Kirke, die hehre Göttin, verkündete,
> Sondern ich will sie euch sagen, damit wir wissend entweder
> Sterben oder, den Tod vermeidend, dem Schicksal entrinnen.
> Erstens gebietet sie uns, der gotterfüllten Sirenen
> Tönenden Sang zu meiden sowie ihre blumigen Wiese.
> Mich allein hieß sie die Stimme zu hören; doch ihr sollt
> Dann mit schmerzender Fessel, damit ich dort unverrückt bleibe,
> Aufrecht mich an den Mastschuh binden, mit Tauen umwunden.
> Wenn ich dann flehe und euch befehle, ihr möchtet mich lösen,
> Alsdann sollt ihr mich fester mit noch mehr Banden umschnüren."
>
> Homer Odysee, zwölfter Gesang 154-164

Literatur

Arlt, Hans-Jürgen (2001). Zwischen Öffentlichkeiten und Geschlossenheiten. In: Röttger, Ulrike (Hrsg.) (2001), *Issues Management - Theoretische Konzepte und praktische Umsetzung. Eine Bestandsaufnahme*. Wiesbaden: Westdeutscher Verlag, 125-137.

Bittner, Johannes (2003). *Digitalität, Sprache, Kommunikation. Eine Untersuchung zur Medialität von digitalen Kommunikationsformen und Textsorten und deren varietätenlinguistischer Modellierung*. Berlin: Erich Schmidt.

Brill, Andreas & Michael de Vries (1998). *Consuming Claudia. Zwischen Netz-"Ästhetik" und Virtueller Produktion*. Manuskript eines Vortrags auf der Konferenz "Virtuelle Wirtschaft",. [Online-Dokument] URL http://www.telepolis.de/deutsch/special/auf/6338/1.html.

de Certeau, Michel (1988). *Kunst des Handelns*. Berlin: Merve 1980.

Düllo, Thomas, Liebl Franz (Hrsg.) (2005). *Cultural Hacking. Kunst des Strategischen Handelns*. Wien; New York: Springer.

Eichhorn, Wolfgang (1996). *Agenda-Setting-Prozesse: eine theoretische Analyse individueller und gesellschaftlicher Themenstrukturierung.* (Kommunikationswissenschaftliche Studien, Band 16), München: Fischer.

Gumbrecht, Hans Ulrich 2003. *Die Emergenz der Emergenz. Was sich von einer Theorie erfassen oder vorhersagen lässt: Klassische Grundannahmen über die Produktion von Wissen sind in Bewegung geraten.* Frankfurter Allgemeine Zeitung, 19.04.2003, Nr. 92, 38.

Hamdan, Fouad (2000). *Aufdecken und Konfrontieren. NGO-Kommunikation am Beispiel Greenpeace.* Forschungsjournal Neue Soziale Bewegung, Jg. 13, Heft 3, Stuttgart 2000, 69-74.

Imhof, Kurt (2002). Medienskandale als Indikatoren sozialen Wandels. Skandalisierungen in den Printmedien im 20. Jahrhundert. In: Kornelia Hahn (Hrsg.), *Öffentlichkeit und Offenbarung. Eine interdisziplinäre Mediendiskussion.* Konstanz: Uvk.

Junge, Matthias (2000). *Grimme Preis für Michael Born. Oder: Der Fake als immanentes Prinzip des Fernsehens.* Kursbuch Neue Medien 2000, 178-197.

Kinter, Achim (2003). „Alles kann. Du musst! Gedanken zu einer emergenten Kommunikation. In: Kinter, Achim / Kuhn Michael / Kalt Gero (Hrsg.) (2003), *Chefsache Issues Management; Königsdisziplin der Unternehmenskommunikation.* Frankfurt: F.A.Z.-Institut 2003, S. 113-129.

Klein, Naomi (2000). *No Logo.* London: Flamingo.

Liebl, Franz (2000). *Der Schock des Neuen: Entstehung und Management von Issues und Trends.* München: Gerling-Akad.-Verlag.

Liebl, Franz, Düllo, Thomas & Kiel, Martin (2005). Before and After Situationism – Before and After Cultural Studies: The Secret History of Cultural Hacking. In: Düllo, Thomas, Liebl Franz (Hrsg.) (2005), *Cultural Hacking. Kunst des Strategischen Handelns.* Wien; New York: Springer, 13-46.

Luhmann, Niklas (1984). *Soziale Systeme. Grundriß einer allgemeinen Theorie.* Frankfurt a. M.: Suhrkamp.

Luhmann, Niklas (1990). *Paradigm lost: Über die ethische Reflexion der Moral.* Rede von Niklas Luhmann anlässlich der Verleihung des Hegel-Preises 1989. Frankfurt a. M.: Suhrkamp.

Luhmann, Niklas (1991). *Soziologie des Risikos.* Berlin, New York: de Gruyter.

Luhmann, Niklas (1995). *Soziologische Aufklärung 6. Die Soziologie und der Mensch.* Wiesbaden: VS Verlag 2005.

Luhmann, Niklas (1996). *Die Realität der Massenmedien.* Opladen: Westdeutscher Verlag.

Luhmann, Niklas (1999). *Gesellschaftsstruktur und Semantik: Studien zur Wissenssoziologie der modernen Gesellschaft.* Band 4. Frankfurt a. M.: Suhrkamp.

Rolke, Lothar & Wolff Volker Hrsg. (2002). *Der Kampf um die Öffentlichkeit – Wie sich Medien, Unternehmen und Verbraucher mit dem Internet verändern.* Neuwied; Kriftel: Luchterhand.

Röttger, Ulrike Hrsg. (2001). *Issues Management - Theoretische Konzepte und praktische Umsetzung. Eine Bestandsaufnahme.* Wiesbaden: Westdeutscher Verlag.

Sander, Uwe (1998). *Die Bindung der Unverbindlichkeit: Mediatisierte Kommunikation in modernen Gesellschaften*. Frankfurt a. M.: Suhrkamp.

Schatz, Roland (2002). Das Internet als Eldorado für Recherche und Issues-Management. In: Rolke, Lothar, Wolff Volker Hrsg. (2002), *Der Kampf um die Öffentlichkeit – Wie sich Medien, Unternehmen und Verbraucher mit dem Internet verändern*. Neuwied; Kriftel: Luchterhand, 113-132.

Serres, Michel (1987). *Der Parasit*. Frankfurt a. M.: Suhrkamp.

Steger, Ulrich (2004). *Corporate Diplomacy. Gesellschaftsbewusste Unternehmensführung. Erfahrungen, Umsetzung, Erfolge*. München: Vahlen.

Stephan Cora (1994). *Der Betroffenheitskult: eine politische Sittengeschichte*. Reinbek b. Hamburg: Rowohlt Taschenbuch Verlag.

EMPIRISCHE ERGEBNISSE

Online-Akteure in Organisationen
‚Referenten-Analyse' als explorativer Zugang zu einem sich ausbildenden Berufsfeld

Stefan Balázs

1. Einleitung

Die erste Internet-Hype-Phase der 1990er Jahre konnte nicht nachhaltig in dem damals erwarteten Umfang zur Schaffung neuer Arbeitsplätze im Online-Sektor beitragen. Dennoch sind in Organisationen zusehends Aufgabenfelder entstanden, die die Steuerung und Betreuung der damit korrespondierenden Online-Aktivitäten umfassen. Auf der Mikroperspektive ist es interessant zu beobachten, wie Organisationen diese neuen Aufgaben verteilt und bewältigt haben, für die es einer gewissen Expertise bedarf. Makroperspektivisch stellt sich die Frage, ob diese Anteile online-bezogener Berufstätigkeit neue Tätigkeitsprofile hervorbringen, die sich durch Professionalisierung zu neuen Berufsbildern verdichten könnten.

Ein erster Schritt ist die Identifikation der Online-Akteure in Organisationen. Diese lassen sich dort am einfachsten identifizieren, wo sie sich versammeln: auf Fachkonferenzen und -seminaren. Die Teilnehmer solcher Veranstaltungen lassen sich häufig dichotom in zwei Gruppen einteilen: Auf der einen Seite trifft sich die wissenschaftliche Forschungsgemeinschaft und betrachtet die Entwicklungen aus der Metaperspektive, auf der anderen Seite tauschen sich die Berufspraktiker aus – die Schnittmenge zwischen beiden Polen ist meist überraschend klein.

Im ‚Multimedia'-Arbeitsmarkt gibt es eine weitere dichtome Differenzierung zwischen der ersten und zweiten Peripherie: Zum Kernbereich (‚erste Peripherie') gehören Internet- und Multimediafirmen als Produzenten und Dienstleister sowie Medienunternehmen als Inhalteproduzenten und -anbieter. Der ‚zweiten Peripherie' werden reine Anwenderunternehmen und -organisationen zugerechnet (vgl. Engels 2003, S. 56f). Die vorliegende Untersuchung konzentriert sich auf den berufspraktischen Anteil in der sogenannten ‚zweiten Peripherie'. Von daher werden im Folgenden die Begriffe ‚Organisation' und ‚Unternehmen' synonym verwendet.

Nach einem kurzen Überblick über Berufsfeldstudien im Online-Umfeld, wird versucht, Programmankündigungen von kommerziellen Konferenzen und Seminaren als mögliche Datenquelle der Berufsfeldforschung zu erschließen. Die Ergebnisse dieser ersten ‚Referentenanalyse' werden im Kontext anderer Studien beleuchtet, wodurch sich die Leistungsfähigkeit sowie die Grenzen dieses neuen Zugangs bewerten lassen.

2. Berufsfeldstudien im Online-Umfeld

Berufsfeldforschung orientiert sich häufig an existierenden Berufsbildern, untersucht die organisatorische Einbindung der Akteure und deren Handlungen. Besonders die Journalismusforschung hat sich in ihren jüngeren Kommunikatorstudien bereits intensivst dem Online-Journalismus angenommen.[1] Dieser wäre jedoch der ‚ersten Peripherie' zuzurechnen und müsste in der hier untersuchten ‚zweiten Peripherie' mit ‚Online-PR' korrespondieren. Trotz umfangreicher PR-Berufsfeldforschung[2], sind hier bzgl. online-fokussierter Tätigkeiten empirische Daten jedoch noch recht dünn gesät. Darüber hinaus würde die Einschränkung auf Kommunikationsberufe andere Online-Akteure in Organisationen systematisch ausblenden.

Einen ersten, wichtigen Türöffner in die Berufswelt der Online-Akteure in Unter-nehmen bildet die Dissertation von Kerstin Engels. Sie untersucht an Hand von 290 Stellenausschreibungen aus dem zweiten Quartal 2001 das Arbeitsfeld „redaktionelle Multimediaproduktion" (Engels 2003, S. 35) medienfremder Organisationen (vgl. ebd., S. 14). Dadurch erhält sie Zugang zu der Arbeitsorganisation (inkl. Aufgabenbeschreibung) sowie zu den erwarteten Qualifikationen in formaler, fachlicher und sozialer Hinsicht. Die Grenzen eines solchen Zugangs sind jedoch auch schnell aufgezeigt: Bei Stellenausschreibungen handelt es sich um Soll-Vorstellungen der Organisation. Ob und wie diese durch die spätere Besetzung (so fern diese überhaupt erfolgt) erfüllt werden, bleibt dabei völlig offen. Darüber hinaus gibt es häufig erhebliche Abweichungen zwischen der Stellenbeschreibung und der tatsächlichen Tätigkeit. Ferner erfolgen viele Stellenbesetzungen unternehmensintern, so dass diese Fälle bei dieser Datenerhebungsform gänzlich ausgeblendet bleiben.

---

1 Vgl. stellvertretend Quandt 2005, S. 43ff
2 Edith Wienand stellt in ihrer Dissertation neben der ausführlichen theoretischen Diskussion auch eine Vielzahl empirischer Studien vergleichend dar. Daher wird hier stellvertretend auf ihre Über-sicht (Wienand 2003, S. 223ff) verwiesen.

Es wurde daher ein weiterer explorativer Zugang zum Berufsfeld gesucht, der in der Lage ist, die Ist-Situation besser abzubilden, ohne das für Untersuchende und Untersuchte arbeitsintensive Instrumentarium der Befragung aktivieren zu müssen und trotzdem einen ersten Abgleich zwischen der Erwartung der Organisationen (Stellenanzeigen) und den tatsächlichen Akteuren (Stelleninhabern)[3] ermöglichen kann. Dieser Zugang – vom Autor ‚Referenten-Analyse' genannt – soll im Folgenden entwickelt und auf seine Leistungsfähigkeit getestet werden.

3. Vernachlässigte Datenquellen: Kommerzielle Konferenzen und Seminare

Eine Vielzahl kommerzieller Konferenz- und Seminar-Veranstalter bietet internationale und nationale Veranstaltungen für die verschiedensten Themenfelder der Wirtschaft und des organisatorischen Handelns an. Diese unterscheiden sich von anderen (Weiter-)Bildungsangeboten in erster Linie durch ihre verhältnismäßig hohen Teilnahmegebühren[4] und adressieren daher vorrangig Personen in leitenden Funktionen und Positionen größerer Organisationen. Online-Themen fanden schnell Eingang in die Angebotskataloge der Konferenz- und Seminarveranstalter. Die Veranstalter bemühen sich, aktuelle Praxisbeispiele namhafter Unternehmen als Branchenführer dem Kreis der interessierten Teilnehmer zugänglich zu machen. Somit versucht jede Veranstaltung den jeweils aktuellen ‚State of the Art' abzubilden. Damit werden die Programme solcher Veranstaltungen eine spannende, empirisch auszuschöpfende Quelle, die nicht nur die Identifikation der relevanten Themenfelder, sondern durch die namentlich Nennung der Referenten auch Rückschlüsse auf die verantwortlich handelnden Personen in den Organisationen zulassen. Diese Einblicke sind jedoch systematisch verzerrt: Die Veranstalter versuchen, ausschließlich die projektverantwortlichen Personen für Vorträge zu rekrutieren. Damit sind a priori Personen in (projekt-)leitenden Positionen überdurchschnittlich als Vortragende repräsentiert. Somit lässt sich mit der ‚Referenten-Analyse' von

---

3   Zur Förderung der Lesefreundlichkeit und aus arbeitsökonomischen Gründen wird im vorliegenden Text vorrangig die männliche Form verwendet. Diskriminierungen sind nicht beabsichtigt. Die Unterscheidung nach „Referenten" und „Referentinnen" liefert darüber hinaus aus der Perspektive der Gender-Forschung spannende und interessante Aspekte, die jedoch aus Platzgründen an einem anderen Ort behandelt werden müssen.
4   Der Besuch der in der Regel zweitägigen Veranstaltungen kostete zwischen 1.285 und 2.195 Euro – pro Tag je Teilnehmer als ca. 780 Euro. Ein Anstieg der Teilnehmerkosten lässt sich hier nicht nachweisen, da zu wenige Daten pro Jahr und diese darüber hinaus noch in einer großen Streuung vorliegen. Eine allgemeine Tendenz des kontinuierlichen Preisanstiegs kann aber sicher unterstellt werden.

vorn herein nur die Spitze des Eisberges beobachten.[5] Wie viel sich noch ‚unter der Wasseroberfläche' befindet, wie also der Aufbau der Gesamtorganisation in diesem Aufgabenfeld ist, lässt sich somit nicht erkennen.

4. Erste Ergebnisse der ‚Referenten-Analyse' im Bereich Online-Projekte

Die Darstellung der Ergebnisse erfolgt vorrangig deskriptiv, da sich zum einen auf Grund der geringen Fallzahlen und zum anderen auf Grund des Skalenniveaus – es konnten vorrangig nur nominale Merkmalsausprägungen kodiert werden – aussagefähige, analytische Verfahren nicht anbieten. Ferner folgt der explorative Zugang keinen im Vorfeld formulierten Hypothesen, die in der Auswertung hätten entsprechend operationalisiert werden können und müssen. So werden nun mehr interessante Auffälligkeiten hervorgehoben, die in weiteren Untersuchungen statistisch valider überprüft werden müssten.

4.1 Konferenzen und Seminare als Erhebungseinheiten

Im Sommer 2005 wurden vier in Deutschland aktive Konferenz- und Seminarveranstalter gebeten, ihre Ankündigungen von Konferenzen und Seminaren zu Themenschwerpunkten wie ‚Online', ‚Internet' und ‚Intranet' aus den vergangenen fünf Jahren zur Verfügung zu stellen. Es konnten so die Informationen zu 25 Veranstaltungen (16 Konferenzen und neun Seminare) aus den Jahren 2001 bis 2005 (1. Halbjahr) gewonnen werden.[6] Da die Unterlagen von den Veranstaltern zur Verfügung gestellt wurden[7], kann aus Forschungsperspektive nicht beurteilt werden, ob damit die Gesamtheit der entsprechenden Veranstaltungen ausschöpfend abgedeckt werden konnte.

Konferenzen und Seminare unterscheiden sich durch ihren Aufbau von einander: Seminare werden in der Regel von zwei Referenten gehalten und durch Praxisbeispiele eines oder zweier weiterer Referenten ergänzt. Darüber hin-

---

5 Zu den weiteren Faktoren, die zur verzerrten Darstellung der tatsächlichen Berufslandschaft beitragen könnten, zählt die Tatsache, dass die vortragenden Personen in der Regel nicht vergütet werden. Da jeder Vortrag jedoch zusätzlichen Arbeitsaufwand bedeutet, mag dies dazu führen, dass sich bestimmte Referenten nicht gewinnen lassen. Ferner gibt es sicher auch Unternehmen, zu deren Hauspolitik es gehört, Projekte nicht in einem öffentlichen Kreis vorzustellen.
6 Die Zahl der Veranstaltungen scheint über den Lauf der Jahre zu wachsen (von einer im Jahr 2001 bis zu elf im Jahr 2004), was aber wahrscheinlich daran liegen wird, dass über jüngere Veranstaltungen noch eher Materialien bei den Veranstaltern verfügbar waren.
7 An dieser Stelle gilt mein Dank den Konferenz- und Seminarveranstaltern, die mir gerne ihre Informationen zu den Veranstaltungen aus ihren Archiven herausgesucht und zur Verfügung gestellt haben: EUROFORUM Deutschland GmbH (Düsseldorf), IQPC Gesellschaft für Management Konferenzen mbH (Berlin), Management Circle AG (Eschborn/Taunus), marcus evans (Berlin Office).

aus bieten Seminare in der Regel auch praktische Übungen für die Teilnehmer. Konferenzen sind reine Plenarveranstaltungen, auf denen nach überblicksmäßigen Einführungen ‚Best-Practice'-Referate mit der Möglichkeit der anschließenden Diskussion vorgetragen werden. Die ausgewerteten Seminare hatten durchschnittlich 2,7 Vortragende und die ausgewerteten Konferenzen 15,3 Vortragende.

Die meisten Veranstaltungen (19 von 25) hatten das Intranet als Medienkanal im Fokus, fünf bezogen sich ausschließlich auf das Internet und lediglich eine Veranstaltung umfasst ausdrücklich beide Online-Kanäle. Auffallend dabei ist, dass die internet-fokussierten Veranstaltungen ausschließlich in der Seminar-Form angeboten wurden, wo hingegen bei den intranetbezogenen Veranstaltungen die Konferenz-Form deutlich im Vordergrund stand (16 Konferenzen und drei Seminare).

Mehr als ein Viertel aller untersuchten Veranstaltungen hatte die Erstellung, Betreuung und Verwaltung von Online-Inhalten (Content) als inhaltlichen Schwerpunkt. Knapp die Hälfte der Veranstaltungen konzentrierte sich auf ‚Prozesse', d.h. die Umsetzung oder Integration von Geschäftsprozessen mit Hilfe der Online-Medien. Drei Veranstaltungen waren auf Knowledge-Management-Prozesse in und mit den Online-Medien ausgerichtet.[8]

Entscheidender für die Analyse sind jedoch nicht die Erhebungs-, sondern die Kodiereinheiten, d.h. zum einen die einzelnen Referate und zum anderen die vortragenden Personen. Aus den 25 Veranstaltungen ließen sich insgesamt 270 einzelne Referate kodieren. Diese Menge kann zur detaillierten Betrachtung der inhaltlichen Schwerpunkte herangezogen werden. Hinter diesen 270 Beiträgen stehen 214 verschiedene Personen, da einige Referenten auf verschiedenen Veranstaltungen wiederholt auftraten. In der Analyse der personenbezogenen Daten (mit dem Fokus Organisation) werden die Vortragenden aber nur einmal berücksichtigt. Der absolute Großteil von ihnen (175 von 214, gut über 80 Prozent) tritt jedoch nur einmal als Referent in Erscheinung.[9]

---

8 Die drei verbleibenden Veranstaltungen hatten keinen erkennbaren inhaltlichen Schwerpunkt.
9 30 Referenten (14 Prozent) haben in den erfassten Veranstaltungen insgesamt zwei Vorträge gehalten, jeweils vier Personen hielten drei bzw. vier Vorträge und lediglich eine Person hielt in den untersuchten Veranstaltungen insgesamt sieben Referate.

	Jahr					
	2001	2002	2003	2004	2005	Gesamt
Veranstaltungen	1	3	6	11	4	25
- davon Konferenzen	1	3	4	6	2	16
- davon Seminare	0	0	2	5	2	9
Referenten (ohne Doppelnennung)	10	35	62	81	26	214
- davon mit Kurzvita	10	26	18	29	4	87
Vorträge	12	49	74	101	34	270

Tab. 1: Erhebungs- und Codiereinheiten nach Jahren (Quelle: eigene Erhebung)

Nicht in jeder Veranstaltungsankündigung finden sich auch Kurzlebensläufe der vortragenden Personen. Somit ist die Datenmenge der auswertbaren personen-bezogenen Daten (mit dem Fokus Qualifikation) noch mal zu reduzieren. Von den 214 Einzelreferenten ließ sich nur bei 87 Personen der Kurzlebenslauf kodieren. Tabelle 1 zeigt die Datengrundlage noch einmal in der Übersicht.

4.2 Verortung von online-bezogenen Tätigkeiten in Organisationen

Im Allgemeinen ist der ‚Job-Titel' ein Hinweis auf die organisatorische Einbettung von Berufstätigen: „Die *Tätigkeitsbezeichnungen* bieten als prägnante Kurzform eine Verständigungsgrundlage über die Tätigkeitsprofile" (Engels 2003, S. 37).[10] Einheitlichkeit der Verwendung von ‚Job-Titeln' sei ein Indikator der Konventionalisierung und somit ein Ansatzpunkt für weitere Standardisierungen (vgl. ebd.). Vielfalt ist im Umkehrschluss als Zeichen mangelnder Verfestigung des Berufsbildes zu bewerten.

Mit dem Blick auf die vorliegenden Daten lässt sich der Aggregatzustand der online-bezogenen Berufsfelder maximal als ‚gasförmig' umreißen[11]: Unter 214 Referenten lassen sich 177 verschiedene ‚Job-Titel' finden! Auch bei identischen Tätigkeitsbezeichnungen fällt eine große Varianz auf, so dass sich nur selten mehr als zwei gleich lautende Tätigkeitsbezeichnungen finden lassen.[12] Werner Dostal bezeichnete dieses Phänomen als ‚Verschmutzung' der Berufslandschaft (vgl. Dostal 1998, S. 45). In dieser bunten Sammlung vielfältigster Kreationen[13] fällt der

---

10 Hervorhebung im Original.
11 Lediglich auf der recht generischen Ebene der Berufsbezeichnungen finden sich identische Titel – insbesondere aus dem Bereich Forschung und Lehre sowie bei geschäftsführenden Funktionen.
12 Dazu gehören „Projektleiter Intranet" mit drei Nennungen und die Leitungsfunktion ‚Interne Kommunikation' mit sechs annähernd gleichlautenden Titeln.
13 Die Analyse von Tätigkeitsbezeichnungen verdient es in einer gesonderten Betrachtung vertiefend

hohe Anteil von Anglizismen auf: Mit 46 Prozent aller identifizierten Einzeltitel liegen fast die Hälfte aller Tätigkeitsbezeichnungen in Englisch vor – wobei jedoch 90 Prozent der Vortragenden aus Unternehmen mit Sitz in Deutschland kamen, von denen wiederum lediglich 15 Prozent Teil eines internationalen Konzerns waren. Bei Aufgaben mit Online-Bezug scheint es also eine gewisse Affinität zu englischen ‚Job-Titeln' zu geben.

Fokussiert man die Blickrichtung auf „inhaltlich-kreative Arbeitsfelder im Multimediabereich" (Engels 2003, S. 173) fällt die Varianz nicht so extrem wie im vorliegenden Fall aus: Engels fand in über 65 Prozent ihrer Stichprobe Übereinstimmungen in den Tätigkeitsbezeichnungen[14], den ‚Job-Titel' „Online-Redakteur/in" sogar in jedem fünften Fall (vgl. Engels 2003, S. 266). Auch in den vorliegenden Daten zeigt sich innerhalb der Gruppe von Vertretern aus Kommunikationsabteilungen bzgl. der ‚Job-Titel' weniger Varianz – also mehr Mehrfachnennungen – als in der Gesamtheit aller in der Erhebung vertretener Berufsfelder mit Online-Bezug. Eine mögliche Interpretation könnte sein, dass die Kommunikation mit der Einordnung der online-bezogenen Aufgaben in ihrem Berufsfeld bereits einen höheren Reifegrad erreicht habe.

Zur Untersuchung der Einordnung online-bezogener Arbeitsaufgaben in Unternehmen bietet sich bei den vorliegenden Daten zunächst die Branchenzugehörigkeit der 214 identifizierten Referenten als ein erster Filter an (vgl. Abb. 1A). 14 Vortragende kamen von Universitäten, (Fach-) Hochschulen und Berufsakademien bzw. von Forschungseinrichtungen des Bundes und der Länder. Diese Referenten befassten sich eher aus der theoriegeleiteten Forscherperspektive mit Fragen zu Online-Projekten und hielten häufig die Überblicks- bzw. Impulsreferate oder moderierten die Gesamtveranstaltung. Da jedoch in dieser Untersuchung die berufliche Praxis im Vordergrund steht, wurden diese Datensätze für die weiteren Betrachtungen nicht berücksichtigt.

Mit 61 Vertretern stellte die Beratungsbranche 29 Prozent der Referenten. Berater verfügen im großen Umfang über Projekterfahrung mit verschiedensten (Referenz-) Kunden und können so den Teilnehmern verschiedene oder vergleichbare Problemstellungen und Lösungsansätze vorstellen. Der hohe Anteil an Beratern bzw. Beratungsunternehmen kann aber auch ein Indikator dafür sein, dass Unternehmen sich derzeit eher auf externe Expertise verlassen, als eigene Organisationsformen bzw. Abteilungen für Online-Fragestellungen aufzubauen.

untersucht zu werden. Aus Platzgründen muss dies an einem anderen Ort geschehen.
14 Engels Codebuch wies 59 verschiedene Ausprägungen der Variablen „Tätigkeitsbezeichnung" auf (Engels 2003, S. 257f). In dieser großen Spannweite, konnte die Autorin – im Gegensatz zu den vorliegenden Daten – jedoch signifikante Häufigkeiten identifizieren.

Der Organisationsaufbau von Beratungsunternehmen stand jedoch nicht im Fokus der vorliegenden Fragestellung, so dass lediglich 134 Datensätze für nähere Betrachtungen der organisationsinternen Einbindung von online-verantwortlichen Mitarbeitern relevant waren.

Als entscheidende Variable der organisationsinternen Struktur wurde die erkennbare Zugehörigkeit zu einer Organisationseinheit kodiert (vgl. Abb. 1B). Dieser war beim größten Teil (39 weiteren Personen, also fast einem Drittel) nicht zu erkennen. Die größte Gruppe, die eindeutig zugeordnet werden konnte, waren mit 32 Nennungen (knapp ein Viertel) die Vertreter aus den ‚Personal'-Bereichen (HR). Die zweitgrößte Gruppe stammte aus Kommunikations-Abteilungen: Mit 27 Nennungen kamen gut ein Fünftel der Referenten aus diesem Bereich. 18 Referenten kamen aus IT-Abteilungen und immerhin acht Vertreter aus eigenständigen ‚Online-Abteilungen'.[15] Diese Häufigkeitsrangfolge soll im Folgenden näher betrachtet und bewertet werden. Aufschlussreich ist hierbei aber insbesondere auch die Berücksichtigung der Referatsthemen (vgl. 4.3).

4.2.1 HR / Personalabteilungen

In der Teilmenge zur Untersuchung der organisatorischen Zuordnung der Referenten dominiert – wie bereits bei der Mehrzahl der Veranstaltungen – der Medienkanal Intranet.[16] Personalinformationen und -prozesse gelten als zentraler Bestandteil von Intranet-Angeboten, so dass der hohe Anteil an Referenten aus dem Bereich Personal daher nicht unbedingt überrascht. Aus der Abteilungszugehörigkeit der Referenten darf aber nicht zwangsläufig auf die Projekthoheit im Unternehmen geschlossen werden. Diese mag im Bereich Intranet tatsächlich vormals bei den Personalabteilungen als treibende Kraft gelegen haben, da auch lange Zeit die Mitarbeiterkommunikation als Domäne der ‚Personaler' galt[17]. Hingegen spielen diese in jüngeren Befragungen bei der Zuständigkeit gar keine Rolle mehr: Nach einer Erhebung der add-all AG im zweiten Quartal 2005 lag bei 66 Prozent der befragten Unternehmen die Intranet-Zuständigkeit in der Unternehmenskom-

---

15 Fünf weitere Referenten kamen aus Abteilungen, die sich auf Marketing/Vertrieb spezialisiert haben, vier aus KM-Abteilungen (Knowledge-Management), sowie ein Vertreter aus einer Abteilung mit organisationsinterner Beratungsfunktion.
16 Lediglich drei Referenten in dieser Teilmenge bezogen sich auf das Internet, 128 hingegen auf das Intranet als Medienkanal.
17 Vgl. Verweise bei Hoffmann 2001, S. 48

munikation[18] und bei weiteren 26 Prozent in speziellen Online-Abteilungen – die Personalabteilungen wurden in keinem der 430 befragten Unternehmen als zuständiger Ansprechpartner für das Intranet genannt (vgl. add-all AG 2005, o.S.). Auch bei jüngeren Projekten mit dem Fokus der Portal-Einführung in Unternehmen bilden die Personalabteilungen mit zwei von 32 untersuchten Fällen die kleinste Gruppe der Fachabteilungen mit Projekt-Verantwortung (vgl. Binder/Ulrich 2004, S. 21).

4.2.2 Kommunikationsabteilungen

Die Kommunikationsabteilungen spielen bei Online-Projekten in Unternehmen die Schlüsselrolle (vgl. add-all AG 2005, o.S., vgl. Westermann 2004, S. 511ff). Wenn also bei ihnen vermeintlich die Koordination und Leitung dieser Projekte liegt, so überrascht es, dass die Unternehmenskommunikationen in der vorliegenden Untersuchung lediglich in der ‚zweiten Reihe' zu sitzen scheinen. Die Methode der Referenten-Analyse könnte in diesem Punkt den Blick auf tatsächliche Gesamtverteilung im Berufsfeld systematisch verzerren. Das mag daran liegen, dass entweder die Kernkompetenzen von Kommunikations-Experten in Unternehmen (Redaktion und Gestaltung) oder deren Gesamtverantwortung für Online-Projekte als Themenfeld für Konferenzen und Seminare weniger relevant sind als spezifische Einzelthemen aus dem Online-Umfeld, die in der Hoheit anderer Fachabteilungen liegen.

---

18 Die Verantwortlichkeit der Unternehmenskommunikations-Abteilungen gilt nach Westermann auch für die Konzeption, Planung und kontinuierliche Pflege der Corporate Websites im Internet (vgl. Westermann 2004, S. 511ff).

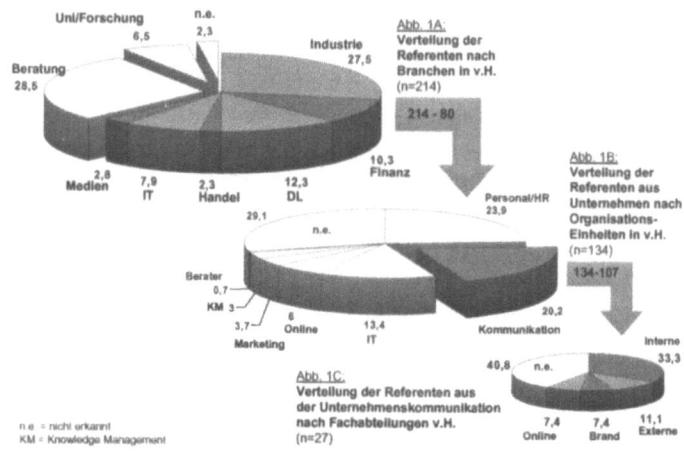

Abb. 1: *Verteilung der Referenten nach Branchen (Abb. 1A), Organisationseinheiten (Abb. 1B) und innerhalb der Unternehmenskommunikation (Abb. 1C) (Quelle: eigene Darstellung)*

Es wurde versucht, die organisatorische Zuordnung innerhalb der Kommunikationsabteilungen detaillierter zu differenzieren (vg. Abb. 1C). Dies war in elf Fällen nicht möglich. Mit neun Nennungen stellten jedoch Vertreter der Internen Kommunikation den größten Anteil innerhalb der Gruppe der Mitarbeiter von Ko mmunikationsabteilungen. Dies würde die Trendaussage aus der PR-Gehaltsstudie 2004 im PR-Report unterstützen: „Kaum Bedarf an Mitarbeitern gibt es dagegen in dem Teilbereich Online-PR, da diese Aufgaben oft von der Abteilung für Interne Kommunikation miterledigt werden." (Hinsch 2005, S. 39). Dennoch kamen zwei Vortragende explizit aus einer eigenen Abteilung für Online-Kommunikation innerhalb der Unternehmenskommunikation. Drei weitere Referenten ließen sich der externen Kommunikation (Presseabteilungen) zuschlagen und zwei kamen aus der Fachabteilung ‚PR/Brand Kommunikation'.

4.2.3 IT-Abteilungen

In der Frühphase der Online-Aktivitäten von Unternehmen gehörten die IT-Abteilungen zu den ‚first movers': „60 Prozent der Internet-Auftritte werden von der Geschäftsleitung oder den Technikern des Hauses beschlossen" (Eichmeier

1996, S. 28) – oftmals ohne Kommunikationsstrategie oder Einbindung der Presseabteilungen (vgl. Steiner 1996, S. 13).[19] Die anfängliche Führungsrolle innerhalb der Unternehmen beim Thema ‚Online' scheinen die IT- an die Kommunikationsabteilungen abgetreten zu haben. Da Online-Projekte aber immer unzertrennlich mit IT verbunden sind, werden die IT-Experten in Unternehmen – insbesondere als Realisierungspartner – nie ganz in den Hintergrund treten. Lediglich wenn es im Intranet um Portaleinführung geht, scheint die IT weiterhin die Schlüsselrolle einzunehmen: Bei der Hälfte von 32 untersuchten Unternehmen waren die IT-Abteilungen klar in der Projektverantwortung (vgl. Binder/Ulrich 2004, S. 21).

4.2.4 Online-Abteilungen

Besonders interessant sind die acht Organisationen, die eigene ‚Online-Abteilungen' aufgebaut haben. Dabei handelt es sich ausschließlich um international agierende Konzerne bzw. Teilkonzerne – fünf aus der produzierenden Industrie, sowie drei Medien-Konzerne. Auch bei den zwei Organisationen, die innerhalb ihrer Unternehmenskommunikation eine eigene Abteilung für ‚Online-Kommunikation' aufgebaut haben, handelt es sich um international agierende Teilkonzerne der produzierenden Industrie. Unternehmensgröße und internationale Ausrichtung scheinen zwei Faktoren zu sein, die den Aufbau von eigenen Strukturen für Online-Aufgaben im Unternehmen fördern.

---

19 Eichmeier (1996) und Steiner (1996) beziehen sich beide auf eine Studie der Philipps-Universität Marburg.

Organisationseinheit	Branche						
	Ind.	Fin.	DL	Han.	IT	Med.	Gesamt
	abs. (v.H.)	abs. (v.H.)	abs. (v.H.)	abs. (v.H.)	abs. (v.H.)	abs. (v.H.)	abs. (v.H.)
Kommunikation	15 (25,8)	4 (18,2)	3 (11,5)	1 (20)	3 (17,5)	1 (16,7)	27 (20,1)
Marketing/Vertrieb	1 (1,7)	1 (4,5)		1 (20)	2 (11,7)		5 (3,7)
IT	8 (13,8)	2 (9,1)	6 (23,2)		1 (5,7)	1 (16,7)	18 (13,4)
Personal/HR	11 (18,9)	10 (45,5)	5 (19,2)	1 (20)	4 (23,4)	1 (16,7)	32 (23,8)
Online-Abteilung	5 (8,7)		1 (3,8)			2 (33,3)	8 (5,9)
Unternehmensint. Berater			1 (3,8)				1 (0,7)
Knowledge Management	2 (3,5)	1 (4,5)	1 (3,8)				4 (2,9)
nicht erkannt	16 (27,6)	4 (18,2)	9 (34,7)	2 (40)	7 (41,7)	1 (16,7)	39 (29,1)
Gesamt	58 (43,3)	22 (16,4)	26 (19,4)	5 (3,7)	17 (12,7)	6 (4,5)	134 (100)

Tab. 2: *Verteilung der Referenten in Branchen (Ind.=Industrie, Fin.=Finanzwirschaft, DL=Dienstleistungsbranche, Han.=Handel, IT=IT, Med.=Medien-Unternehmen) und Organisationseinheiten (n=134) (Quelle: eigene Erhebung)*

4.2.5 Branche und Organisationsgröße als mögliche Determinanten

Die drei meist aufgefundenen Organisationseinheiten (in Rangfolge ihrer Häufigkeit: Personal, Kommunikation und IT) gehören sowohl in den einzelnen, untersuchten Jahren als auch über die Branchensegmente hinweg stets zu den größten Gruppen, aus denen sich die Referenten rekrutierten. Die Rangfolge in den Teilmengen entspricht jedoch nicht immer der Rangfolge in der Gesamtmenge. Dabei lässt sich aber in der Verteilung der Organisationseinheiten in den einzelnen Jahren kein Muster erkennen. Bei den Branchensegmenten hingegen gibt es gewisse Auffälligkeiten[20]: Im Industriesegment kamen die Referenten verstärkt aus Kommunikationsabteilungen und weniger aus den Personalbereichen als in der Gesamtmenge. Bei Unternehmen aus dem Finanzsektor dominieren ganz deutlich die Personalabteilungen (45 Prozent im Teilsegment im Vergleich zu 23 Prozent in der Gesamtmenge)[21] und die IT-Abteilungen sind deutlich unterrepräsentiert. Diese bilden hingegen bei Organisationen des Dienstleistungssektors mit 23 Prozent Anteil die größte Gruppe (im Vergleich zu 13 Prozent in der Gesamtmenge). In diesem Segment sind die Kommunikations- und die Personalabteilungen entsprechend deutlich unterrepräsentiert.

Die Unternehmensgröße hingegen scheint ab einer gewissen Größenordnung keinen Effekt auf Verteilung der Organisationseinheiten zu haben. In den beiden Segmenten der Großkonzerne und der größeren Mittelständler ist sowohl die Rangfolge als auch der prozentuale Anteil der vertretenen Abteilungen mit denen der Gesamtmenge absolut vergleichbar. Das mag daraus resultieren, dass die Strukturen von Großkonzernen und großen mittelständischen Unternehmen recht vergleichbar sind. Kleine und Mittelständische Unternehmen (KMU) waren nicht mit Referenten in den untersuchten Veranstaltungen vertreten: Über 70 Prozent der Referenten kamen aus Großkonzernen, 15 Prozent aus großen mittelständischen Unternehmen und lediglich fünf Prozent aus tatsächlich dem KMU-Segment zuzurechnenden Unternehmen.

Der Entwicklungsabstand der KMUs in Bezug auf Online-Aktivitäten kann auf die griffige Formel gebracht werden, dass mittelständische Firmen in Sachen IT-Know-how um den Faktor 3,5 gegenüber Großkonzernen benachtei-

---

20 Für aussagefähige statistische Verfahren konnte nicht die ausreichende Zellenbelegung erreicht werden.
21 Die Aktivitäten der Finanzdienstleister bilden laut einiger Usability-Fachleute schon seit Jahren die Speerspitze im Intranet-Bereich, Industrieunternehmen hingegen seien weiterhin bei den Rankings untervertreten (o.A. 2006, S. 1). Dies lässt aber nicht zwangsläufig den Rückschluss zu, dass die Personalabteilungen Intranet-Aktivitäten erfolgreicher steuern könnten als die Kommunikationsabteilungen.

ligt seien (vgl. o.A. 2002, S. 1), „weil größere Untenehmen Skaleneffekte nicht teilbarer Investitionen besser nutzen können" (Jessen o.J., S. 1). Insbesondere die Verbreitung des Intranet hängt stark von der Betriebsgröße ab (vgl. BMWi 2001, S. 27). Der Medienschwerpunkt der hier ausgewerteten Veranstaltungen lag jedoch sehr deutlich auf Intranet-Themen, so dass es nicht verwunderlich war, dass sich unter den Referenten keine Vertreter von KMUs identifizieren ließen.

4.3 Themenschwerpunkte der Referate

Die Dominanz des Themenfeldes Intranet tritt bei der Untersuchung der Einzelreferate noch deutlicher in den Vordergrund. Von den insgesamt 270 kodierten Vorträgen bezogen sich 254 (94 Prozent) auf den internen Online-Kanal. An Hand des Vortragstitels und der in den Ankündigungen häufig aufgeführten inhaltlichen Schlagwortes wurden die Themenschwerpunkte der Einzelvorträge erfasst. In Anbetracht der Dominanz des Medienkanals Intranet überrascht es wenig, dass sich das Gros der Referate auf Prozesse (115 Referate bzw. 42 Prozent) bezog. Inhalte und Redaktion waren bei gut einem Viertel der Vorträge (69 Referate) der Themenschwerpunkt und Knowledge Management bildete bei gut 15 Prozent der Vorträge (42 Referate) das zentrale inhaltliche Moment. Erwartungsgemäß waren Vertriebsthemen entsprechend abgeschlagen (lediglich drei Referate).[22]

In den beobachteten Jahren 2001 bis 2005 lässt sich keine unterschiedliche Verteilung der Themenschwerpunkte erkennen. Auch bzgl. der Branchenzugehörigkeit der Vortragenden zeigen sich bei der Häufigkeitsrangfolge (Prozesse, Content, Knowledge Management) keine Unterschiede. Bei Vertretern der Finanzbranche und aus IT-Unternehmen fielen die Anteile der prozessorientierten Vorträge jedoch deutlich höher als in der Gesamtverteilung aus. Die Themenrangfolge der Referate von Vortragenden aus Großkonzernen und großen mittelständischen Unternehmen ist vergleichbar, wobei die Vorträge der großen Mittelständler tendenziell eher auf Prozesse als Inhalte ausgerichtet zu sein scheinen. Die Vortragenden aus Beratungsunternehmen widmeten sich den inhaltlichen und prozessualen Fragestellungen fast in gleichem Umfang (jeweils rund 40 Prozent).

Etwas interessanter wird die Datenlage, wenn man untersucht, welche Organisationseinheit welche Themenhoheit innehat. Erwartungsgemäß kommen

---

22 Bei 40 Referaten konnte kein eindeutiger Schwerpunkt erfasst werden, bei einem Vortrag konnte überhaupt kein Schwerpunkt kodiert werden. Diese 41 Fälle werden bei den nachfolgenden Betrachtungen vernachlässigt.

die meisten Referate mit Themenschwerpunkt ‚Content' von Vertretern der Unter nehmenskommunikation und die meisten Vorträge mit dem Fokus auf Prozessen von Vertretern aus Personalabteilungen. Dennoch beträgt der Anteil der beiden Organisationsbereiche in den Themenfeldern ihrer jeweiligen Kernkompetenzen nur jeweils ein Drittel. Das heißt, dass auch andere Organisationseinheiten bzw. hier vorrangig Beratungsunternehmen die Kompetenzfelder anderer Abteilungen mitbesetzen. Die Abgrenzung zwischen Unternehmenskommunikation und Personal fällt hingegen recht deutlich aus: Lediglich ein Vortrag eines Personalers fokussiert auf das Thema Content und nur drei Vorträge von Kommunikatoren adressieren das Themenfeld (Personal-) Prozesse. Vergleicht man die Verteilung der Themenschwerpunkte in diesen beiden Organisationseinheiten mit der Verteilung der Themenschwerpunkte insgesamt, so wird die fachliche Ausrichtung ganz deutlich sichtbar: Über 80 Prozent der Referate von Vertretern aus der Unt ernehmenskommunikation widmen sich dem Themenschwerpunkt ‚Content' (in der Gesamtverteilung sind es nur 30 Prozent aller Vorträge) und 90 Prozent der Referate von Personalern fokussieren sich auf Prozesse (in der Gesamtverteilung sind es lediglich die Hälfte aller Vorträge). Die IT-Abteilungen liegen eher im Rahmen der Gesamtverteilung, haben keinen überdurchschnittlich größeren Fokus auf die Prozessthemen, halten sich jedoch deutlich bei inhaltlichen Themen zurück (vgl. Tab. 3).

4.4 Qualifikationen der Online-Experten in Organisationen

Bei 87 Vortragenden konnte deren Kurzlebenslauf zur Auswertung herangezogen werden. Bei 31 von ihnen lässt sich jedoch trotzdem nicht erkennen, welche Ausbildung sie genossen haben. Die große Mehrheit der Referenten (51 Vortragende) hat einen Universitätsabschluss, 22 von ihnen haben zusätzlich promoviert. Lediglich fünf Referenten haben eine Lehre in einem Ausbildungsberuf als höchste Ausbildung abgeschlossen – davon drei in einem kaufmännischen und zwei in einem technischen Lehrberuf. Der hohe Anteil an akademischen Abschlüssen deckt sich auch mit der Erwartungshaltung der Arbeitgeber, die Engels in ihrer Analyse von Stellenanzeigen nachgewiesen hat: Über 80 Prozent der von ihr untersuchten Anzeigen verlangen formale Qualifikationen (vgl. Engels 2003, S. 295), wobei es sich „hauptsächlich um das Erfordernis eines Hochschulabschlusses" (Engels 2003, S. 71) handelt.

Organisationseinheit	Thema				
	Content abs. (v.H.)	Prozesse abs. (v.H.)	KM* abs. (v.H.)	Vertrieb abs. (v.H.)	Gesamt abs. (v.H.)
Kommunikation	23 (33,3)	3 (2,6)	2 (4,8)		28 (12,2)
Marketing/Vertrieb	2 (2,9)	8 (6,9)	1 (2,4)		11 (4,8)
IT	5 (7,2)	11 (9,6)	5 (11,8)	1 (33,3)	22 (9,6)
Personal/HR	1 (1,4)	29 (25,2)	2 (4,8)		32 (14)
Online-Abteilung	2 (2,9)	4 (3,5)	1 (2,4)		7 (3,1)
Beratungsunternehmen	21 (30,5)	26 (22,7)	13 (30,9)	1 (33,3)	61 (26,6)
Knowledge Management	1 (1,4)	3 (2,6)	6 (14,3)		10 (4,4)
nicht erkannt	14 (20,4)	31 (26,9)	12 (28,6)	1 (33,3)	58 (25,3)
Gesamt	69 (30,1)	115 (50,2)	42 (18,3)	3 (1,3)	229 (100)

* = Knowlegde-Management

Tab. 3: Verteilung der Themenschwerpunkte nach Organisationseinheiten (n=229) (Quelle: eigene Erhebung)

Die online-bezogenen Berufstätigkeiten sind noch zu jung, um den in anderen Berufsfeldern beobachtete Akademisierungsschub nachzeichnen zu können. Im Bereich der PR stieg die Akademikerquote von gut 30 Prozent in den 1970er

Jahren[23] auf konstant über 80 Prozent seit Beginn der 1990er Jahre (vgl. Wienand 2003, S. 372f). Die Online-Experten in Organisationen scheinen dem Trend der Zeit folgend gleich auf höherem Ausbildungsniveau gestartet zu sein. Interessanter wird es sein, sich die Studien-Abschlüsse bzgl. des Fächerkanons näher zu betrachten. Die onlinefokussierten Ausbildungs- und Studiengänge existieren noch nicht lange genug, als dass ihre Absolventen in den untersuchten Jahren hätten auftauchen können. Stattdessen werden vergleichbare Abschlüsse wie z.b. im Kommunikationsumfeld erwartet.

Tatsächlich dominieren bei den 51 Hochschulabschlüssen mit 18 Nennungen ganz deutlich die wirtschaftswissenschaftlichen Studiengänge. Es folgen mit acht Nennungen technische bzw. Ingenieurs-Studiengänge, sieben Abschlüsse in Geistes- und Sozialwissenschaften, fünf Abschlüsse in kommunikationswissenschaftlichen Studiengängen, sowie zwei Abschlüsse in Informatik. Die Wirtschaftswissenschaftler finden sich in allen Fachabteilungen und unter den Beratern (jeweils sechs bei Personal und sechs bei Beratungsunternehmen). Drei der fünf Absolventen kommunikationswissenschaftlicher Studiengänge arbeiten in Unternehmenskommunikationen. Darüber hinaus lassen sich keine interessanten Häufungen erkennen, weil bei einem Viertel der Referenten mit Kurzlebenslauf die Abteilungszugehörigkeit nicht zu erkennen war.

Es zeichnet sich zumindest ab, dass in den vergangenen Jahren auch bzgl. Online-Projektarbeit in Unternehmen ein wirtschaftswissenschaftliches Studium die ideale Eingangsvoraussetzung war. Ob es im Berufsfeld Online einen ähnlichen Trend wie im Berufsfeld PR geben wird, wird sich zeigen, wenn die Absolventen der online-bezogenen Studiengänge auf den Arbeitsmarkt drängen. Im Berufsfeld PR reduzierte sich seit Mitte der 1980er Jahre der Anteil PR-fremder Fächer (vor allem Wirtschaftswissenschaften von 50 auf 30 Prozent), während sich der Anteil PR-verwandter Fächer (vor allem Kommunikationswissenschaften, Geistes- und Sozialwissenschaften) gleichzeitig erhöhte (vgl. Wienand 2003, S. 296). Dies gilt besonders für die jüngeren Jahrgänge (vgl. ebd.).

Interessant ist, dass viele der Referenten als Fachkräfte aus dem eigenen Unternehmen rekrutiert wurden: 16 Vortragende hatten vor ihrer jetzigen Tätigkeit andere Aufgaben im selben Unternehmen, 12 sogar vergleichbare Tätigkeiten in dem Unternehmen, für das sie auch zum Zeitpunkt der Erhebung noch tätig waren. Im Vergleich zu den 28 Personen, die aus den eigenen Reihen der Organisation

---

23 Es wurden aber auch auf Arbeitgeberseite keine akademischen Abschlüsse erwartet. In Stellenanzeigen aus den Jahren 1986 und 1987 wurde nur in 22 bzw. 38 Prozent der Ausschreibungen ein Studium erwartet (vgl. Szyszka 1990, S. 29). Auffällig ist, dass die Stellensuchenden im selben Zeitraum bereits zu 50 bzw. 75 Prozent über Studienabschlüsse verfügten (vgl. ebd., S. 35).

stammen, wurden lediglich 18 Personen aus anderen Organisationen angeworben – darunter zehn, die vorher vergleichbare Tätigkeiten ausübten und acht, die zuvor in anderen Tätigkeitsfeldern für eine andere Organisation gearbeitet haben. Der vermeintlich klassische Weg von einer Beratertätigkeit in die (beratene) Organisation zeigt sich in den vorliegenden Daten zumindest nicht. Die absolute Mehrzahl der Personen, die zuvor als Berater tätig waren, war noch immer in der Beratungsbranche beschäftigt.

Auffallend ist auch die relativ kurze Tätigkeitsdauer im derzeitigen Arbeitsgebiet. 32 Vortragende waren zum Zeitpunkt ihres Vortrages noch kein Jahr in der derzeitigen Position, weitere 14 lediglich ein Jahr. 23 Vortragende (und damit gut ein Viertel) waren fünf oder mehr Jahre in der derzeitigen Position tätig. Die geringe Anzahl der Berufsjahre in der derzeitigen Position korrespondiert zum einen mit dem Alter der zu betreuenden Medien, zum anderen versuchen sich vielleicht Anfänger durch Vorträge in ihrer neuen Position zu profilieren.

5. Bewertung der Ergebnisse

Ziel der vorliegenden Untersuchung war es zum einen die bisher vernachlässigte Datenquelle der Vortragenden auf kommerziellen Weiterbildungsverans taltungen zu erschließen, zum anderen sollten diese Daten weitere Einblicke in die online-bezogene Berufstätigkeit liefern.

5.1 ‚Referenten-Analyse' als Instrument der Berufsfeldforschung

Mit der ‚Referenten-Analyse' konnte eine weitere, nonreaktive, inhaltsanalytische Datenerhebungsmethode in die Berufsfeldforschung eingeführt werden, die interessante, analytisch verwertbare Daten liefern kann. Im vorliegenden Fall wären dafür aber deutlich höhere Fallzahlen notwendig gewesen.

Um eine statistisch auswertbare Basis zu bekommen, hätte mindestens die doppelte Datenmenge erhoben werden müssen.[24]

---

[24] Im vorliegenden Fall konnte aber zunächst nur mit dem Material gearbeitet werden, das zur Verfügung gestellt wurde. Vielleicht hätte der Kreis der Anbieter erweitert oder der Untersuchungszeitraum verlängert werden müssen. Auch bei der Analyse der Stellenanzeigen von Engels musste die doppelte Menge (624 Ausschreibungen) erhoben werden, um 290 auswertbare Datensätze zu bekommen (vgl. Engels 2003, S. 46).

Durch den Anspruch und die Zielgruppen der Konferenz- und Seminarveranstalter liefert die ‚Referenten-Analyse' eher Informationen über die organisatorischen Strukturen in Großkonzernen und großen Mittelständlern. Darüber hinaus erfasst sie als Referenten eher die Führungsebene in diesen Organisationen. Aber dort, wo es eine Führungskraft gibt, wird es in der Regel auch Mitarbeiter geben. Somit können mit der ‚Referenten-Analyse' Einheiten für weitergehende Untersuchungen identifiziert werden.

Der entscheidende Vorteil gegenüber der Analyse von Stellenanzeigen liegt darin, dass die hier erschlossenen Datenquellen nicht den Soll-, sondern den Ist-Zustand abbilden. Die formale Qualifikation kann in beiden Verfahren erhoben werden. Die Analyse der Stellenanzeigen bietet aber zusätzlich Einblicke in die erwartete fachliche Qualifikation, den geforderten Schlüsselqualifikationen, sowie den gewünschten persönlichen Interessen und Persönlichkeitsmerkmalen.

Die Analyse von Vortragsthemen liefert aber darüber hinaus einen Spiegel der jeweils aktuellen Fragestellungen und Themenfelder: So scheint im Zeitraum 2001 bis 2005 ganz deutlich das Intranet und insbesondere die darin zu realisierenden Prozesse im Fokus der Online-Aktivitäten von Unternehmen gestanden zu haben.

5.2 Online-Expertise in Organisationen: Ein wenig ausgeprägtes Berufsbild

Der hohe Anteil an Beratern bzw. Beratungsunternehmen in den vorliegenden Daten kann ein Indikator dafür sein, dass sich die Unternehmen derzeit eher auf externe Expertise verlassen, als eigene Strukturen für Online-Aufgaben aufzubauen.[25] Aber gerade vor dem Hintergrund des Themenfeldes Intranet finden sich die unternehmensinternen Akteure immer in den drei Organisationseinheiten Kommunikation, Personal und IT. Dieser Dreiklang der Fachabteilungen, bei dem jede ihre jeweilige Expertise einbringt, wird sicher für erfolgreiche Intranet-Lösungen benötigt. Bzgl. der Außendarstellung im Internet wird die Rolle der Personalabteilungen sicher reduziert sein. Diese Vermutung wird in der vorliegenden Untersuchung durch die deutliche, thematische Abgrenzung zwischen Unternehmenskommunikation und Personal unterstrichen. Bei der Gesamtbetrachtung der Steuerung der Online-Themen in Unternehmen wird daher den Kommunikationsabteilungen eher die zentrale Rolle einzuräumen sein. Eher seltener scheint zur Zeit die Verantwortung in eigenen Online-Abteilungen gebündelt zu sein. Die Unternehmensgröße und

---

25 Die Gründe können mannigfaltig sein und lassen sich mit dieser Methode nicht erkennen. So kann es u.a. aus betriebswirtschaftlicher Sicht interessanter sein, Kosten zu externalisieren. Darüber hinaus lässt sich u.U. mit externen Partnern häufig flexibler arbeiten.

eine internationale Ausrichtung könnten zwei Faktoren sein, die den Aufbau von eigenen Organisationsstrukturen für Online-Aufgaben im Unternehmen fördern.

Die Online-Experten in den Organisationen weisen hohe formale Bildungsabschlüsse auf – bevorzugt aus dem wirtschaftswissenschaftlichen Umfeld. Viele von ihnen wurden für ihre aktuelle Tätigkeiten organisationsintern rekrutiert. Ihre ‚Job-Titel' sind mannigfach und weisen eine gewisse Affinität zu Anglizismen auf. Insbesondere die Heterogenität der Tätigkeitsbezeichnungen ist ein starker Indikator für die mangelnde Ausbildung eines eigenständigen Berufsbildes.

6. Ausblick: ‚Referenten-Analyse' als Ausgangspunkt weiterer Berufsfeldforschung

Neben der Analyse von Stellenanzeigen bietet die ‚Referenten-Analyse' einen weiteren Einblick in ein sich formierendes Berufsfeld und dessen Akteure. Die gewonnenen Daten können als Grundlage zur Hypothesenbildung für weitere Untersuchungen dienen. Tätigkeitsstudien (durch Beobachtung oder Befragung) könnten klären, ob bei Online-Aktivitäten von Organisationen sich wiederholende, typische Arbeitshandlungen es rechtfertigten, von einem sich entwickelnden, eigenen Berufsbild zu sprechen.[26]

Durch die ‚Referenten-Analyse' ließen sich potenzielle Teilnehmer solch weiterführender Studien identifizieren. Methodisch wäre es sicher auch sehr interessant, dass gleiche Analyseraster nicht nur an die Referenten, sondern auch an den Teilnehmern[27] anzulegen. Dann ließe sich u.U. erkennen, ob in den Unternehmen der Vortragenden die Online-Aktivitäten anders verteilt und ihre Experten anders qualifiziert sind als in den Unternehmen der Teilnehmer. Dies würde zeigen, das Unternehmen, die Lösungen gefunden haben, vermeintlich effizienter bei der Aufgabenbewältigung sind als die Unternehmen, die Lösungen noch suchen. Es könnte also beobachtet werden, ob aus vormaligen Zuhörern die Vortragenden der kommenden Veranstaltungen werden. Dies bzgl. gibt es auch Erfolgsmeldungen in Bezug auf kleine und mittelständische Unternehmen: „Die Teilnahme des IT-Verantwortlichen an einer Fortbildung steigert signifikant die

---

[26] Vorausgesetzt, dass sich diese Arbeitshandlungen von denen bisheriger Berufsbilder in Art oder Abfolge unterscheiden sollten.
[27] Teilnehmerdateien bilden das Kapital von Konferenz- und Seminarveranstaltern und werden da sicher nicht so leicht zugänglich gemacht werden.

Wahrscheinlichkeit, dass das Unternehmen über eine eigene Website verfügt" (Jessen o.J., S. 4).

Literatur

o.A. (2002): *eco fürchtet um den Mittelstand.* [Online-Dokument] URL http://www.heise.de/newsticker/meldung/25622

o.A. (2006): *Die zehn besten Intranets des Jahres 2006.* [Online-Dokument] URL http://www.usability.ch/Alt_nav/Alertbox/NJ_20060123.htm – Deutsche Übersetzung von Jakob Nielsen's Alertbox, January 23, 2006: *Ten Best Intranets of 2006.* [Online-Dokument] URL http://www.useit.com/alertbox/intranet_design.html

add all AG (2005): *Intranet-Umfrage 2005 auf dem www.intranetberater.de.* Friedrichsdorf (im Typoskript vervielfältigt)

Binder, Lutz & Ulrich, David H. (2004): *Unternehmensportale in der Praxis. Erfahrungen, Perspektiven, Empfehlungen.* Hamburg (im Typoskript vervielfältigt)

BMWi (Hrsg.) (2001): *Stand und Entwicklungsperspektiven des elektronischen Geschäftsverkehrs in Deutschland, Europa und den USA. Unter besonderer Berücksichtigung der Nutzung in KMU in 1999 und 2001. Abschlussbericht. Projektnummer 38/01* [Online-Dokument] URL http://bmwi.de/Navigation/Service/bestellservice,did=73860,render=renderPrint.html

Dostal, Werner (1998): *Multimedia: Entwicklung der Kommunikationsberufe und ihrer Märkte.* In: Dernbach, Beatrice & Rühl, Manfred & Theis-Berglmeier, Anna Maria (Hrsg.): *Publizistik im vernetzten Zeitalter. Berufe – Formen – Strukturen.* Opladen, S. 43-51

Eichmeier, Doris (1996): *Sturm im Schlaraffenland.* In: Pl@net, 8/96, S. 24-30

Engels, Kerstin (2003): *Kommunikationsarbeit in Online-Medien. Zur beruflichen Entwicklung kommunikativer Erwerbstätigkeiten. Eine explorative Studie aus institutionentheoretischer Sicht.* Wiesbaden

Hinsch, Anja (2005): *Mehr leisten bei stagnierenden Gehältern.* In: PR-Report, Februar 2005, S. 38-41

Hoffmann, Claus (2001): *Das Intranet. Ein Medium der Mitarbeiterkommunikation.* Konstanz

Jessen, Sönke (o.J.): *Determinanten der Übernahme von Informationstechnologien in den Klein und Mittelständischen Unternehmen des norddeutschen Agribusiness* [Online-Dokument] URL http://www.agric-econ.uni-kiel.de/Abteilungen/II/PDFs/Jessen_Paper.pdf

Quandt, Thorsten (2005): *Journalisten im Netz. Eine Untersuchung journalistischen Handelns in Online-Redaktionen.* Wiesbaden

Steiner, Michael (1996): *Versuchsballon im Internet.* In: PR-Magazin, 9/96, S. 12-16

Szyszka, Peter (1990): *Der Mythos vom „anderen" Journalisten. Ein Berufsbild zwischen Schein und Sein.* In: PR-Magazin, 4/90, S. 27-38

Westermann, Arne (2004): *Unternehmenskommunikation im Internet. Bestandsaufnahme und Analyse am Beispiel nationaler und internationaler Unternehmen.* Berlin

Wienand, Edith (2003): *Public Relations als Beruf. Kritische Analyse eines aufstrebenden Kommunikationsberufes.* Wiesbaden

Digitalisierung betrieblicher Kommunikation*

Christiane Funken

Einleitung

In den Debatten um die Informations- und Wissensgesellschaft, die seit den 1960er Jahren geführt werden[1], wird immer wieder auf die Bedeutung von Technik – speziell Informations- und Kommunikationstechnologien (IuK-Technologien) – verwiesen. Deren rasante Entwicklung und ihr sich stetig ausweitender Einsatz verändern Kommunikations- und Wissensgenerierungsprozesse, wobei die kommunikativen Praktiken der Gegenwartsgesellschaft durch das Zusammenwirken mehrerer, zumeist digitaler Kommunikationsmedien geprägt sind.

Hierbei erweist sich die Grenze zwischen menschlichem Handeln und digitalisierten Abläufen, also zwischen Sozialem und Medialem sehr viel unschärfer und sehr viel mehr durch wechselseitige Grenzüberschreitungen bestimmt, als wir im Alltag wahrnehmen. Menschliches Handeln bewegt sich zunehmend zwischen „realer" Welt und informatorischer Doppelung; in vielen Fällen vollzieht sich der Bezug zur Realwelt sogar nur noch vermittelt über die Informationswelt.

Besonders eindrücklich zeigt sich diese sozio-mediale Konstellation bei der fortschreitenden Digitalisierung der Arbeits- und Kommunikationsprozesse in Organisationen, die sich vor dem Hintergrund ökonomischen und organisationalen Wandels sowie technischer Entwicklung vollzieht. Veränderte Produktionsformen („just-in-time"), neue Anforderungen an Produktentwicklung und Marketing (Marktbeobachtung, Kundenkommunikation) sowie sich ver-

---

* Ich danke meiner Mitarbeiterin Aline Oloff, M.A. für die wertvolle Mitarbeit beim Verfassen dieses Aufsatzes.
1 Ausgangspunkte der Debatte waren zum einen Arbeiten von japanischen und us-amerikanischen Ökonomen, in denen Produktion, Distribution und Konsum von Informationen als volkswirtschaftlich relevante Größen gekennzeichnet und der Wert von Wissen als primärer Wertschöpfungsfaktor betont werden. Zum anderen gingen von Daniel Bells Entwurf einer postindustriellen Gesellschaft (1973), in dem ebenfalls die Bedeutung theoretischen Wissens hervorgehoben wird, wichtige Impulse aus. Weiterführend zum Begriff der Informationsgesellschaft siehe bspw. Degele 2000, 19ff.

ändernde Unternehmensstrukturen („Dezentralisierung") verlangen schnelle und effiziente Kommunikation, die – gerade auch unter Bedingungen von Raum- und Zeitverschiebungen – durch den Einsatz von IuK-Technologien gewährleistet werden soll.

Bei der Betrachtung betrieblicher Kommunikation in Zeiten von Medienpluralismus und Digitalisierung sind allerdings zwei Aspekte ein und desselben Transformationsprozesses zu unterscheiden: Zum einen ist ein genereller Bedeutungswandel von Kommunikation in Arbeitsorganisationen zu konstatieren, zum anderen vollziehen sich Kommunikationsvorgänge in zunehmend digitalisierter Form.

Organisatorische Neugestaltung aufgrund ökonomischer Anpassungszwänge (Hierarchieabbau, Einführung neuer Arbeitsformen) und der sich gegenwärtig vollziehende Wandel der Wertschöpfungsprozesse (Ablösung materieller durch immaterielle Wertschöpfung) lassen Arbeit kommunikationsintensiver bzw. Kommunikation zu Arbeit werden. So verlieren angesichts der zunehmenden Automatisierung von Produktionsprozessen die rein auf Herstellung ausgerichteten, arbeitsteilig organisierten Arbeitsfunktionen an Bedeutung gegenüber reflexiven und kommunikativen Arbeitsfunktionen wie Planen, Steuern und Kontrolle („Gewährleistungsarbeit"), die für einen störungsfreien Ablauf der automatisierten Produktion sorgen. Darüber hinaus werden die Sektoren, in denen Arbeit ohnehin kommunikativ verrichtet wird (Dienstleistung, Forschung, „Informationsarbeit"), volkswirtschaftlich immer bedeutender.

In beiden Bereichen, in der zunehmend automatisierten Produktion sowie im rasant wachsenden Feld der Informationsarbeit eröffnen sich mit fortschreitender Digitalisierung beständig neue Möglichkeiten der Generierung, Verwaltung und Vermittlung von Informationen und organisationsrelevantem Wissen, die ihrerseits wiederum verstärkte kommunikative Koordination erfordern.

Wie wird jedoch in Unternehmen mit der Anforderung an zusätzliche Kommunikation, die der Einsatz neuer Technologien mit sich bringt, umgegangen? Am Beispiel konkreter Nutzungsstile von *Electronic Mail* (Email) in zwei Konzernniederlassungen sowie einer öffentlichen Verwaltung wird im Folgenden gezeigt, wie wenig in der Praxis sowohl die gewandelte Bedeutung von Kommunikation als auch die sich mit den neuen Technologien verändernden Kommunikationsbedingungen wahrgenommen werden und beim Einsatz neuer Technologien Berücksichtigung finden.

Doch auch in der Forschung scheint die Verschiebung des organisationalen Gefüges, der organisationalen (Kommunikations-)Strukturen, die mit dem Einsatz neuer Technologien einhergeht, bislang wenig Beachtung gefunden zu haben.

1. Forschung zu neuen Kommunikationstechnologien

Angesichts des mittlerweile weit verbreiteten Einsatzes von meist computerbasierten informations- und kommunikationstechnischen Lösungen in Unternehmen[2] mag es erstaunen, dass die Medienwissenschaft den Einsatz des Computers in Organisationen nur zögerlich zur Kenntnis nahm und lange in der Trennung zwischen Massen- und Individualkommunikation verharrte. Die sozialwissenschaftliche Technikforschung tat sich wiederum mit den Medien schwer, auch wenn sie sich mit der Genese von kommunikationstechnischen Systemen wie etwa dem Telefon, der Telekommunikation oder Bildschirmtextsystemen beschäftigte. Unberücksichtigt blieb jedoch der permanente Wandel von pragmatischen Anwendungs- und Nutzungsmustern samt technischen Elementen, der häufig durch unkalkulierte Umnutzung der medialen Technik und entsprechende Reaktion der Hersteller hervorgerufen wurde.[3]

Das komplexe Wechselspiel zwischen Technik und Anwendung[4] ist besonders bei Medien, also der Technisierung bzw. Digitalisierung von symbolischen Prozessen zu beobachten und zeigt, dass technisierte Organisiertheit nicht primär an regulativen Grundmechanismen, sondern an den Interpretations- und Verständigungsleistungen unterschiedlicher Akteure festzumachen ist (vgl. u.a. Brosziewski 2002, Funken 1997, 2001).

Zahlreiche Studien zu IuK-Technologien in Unternehmen beschreiben zwar die Grenzen und Möglichkeiten der Standardisierbarkeit und Steuerbarkeit von organisatorischem Handeln (wie z.B. Planungssysteme, Experten- oder Informationssysteme). Stillschweigend wird jedoch unterstellt, dass (auch)

---

2 Im Jahr 2005 setzten in Deutschland knapp 84% der Unternehmen Computer im Geschäftsablauf und bei der Unternehmenskommunikation ein, 78% nutzen dabei das Internet (Statistisches Bundesamt 2006), und nahezu alle MitarbeiterInnen kommunizieren intern wie extern per Email.
3 Nutzerinnen und Nutzer verändern den Charakter der computertechnischen Innovationen durch neue, z.T. gar nicht vorgesehene Anwendungen oder Umdeutungen, wie die Entstehung der Newsgroups zu Zwecken interpersonalen Austauschs zeigen, wo die Angebote durch die NutzerInnen selbst bereitgestellt werden oder die Email, die als neues Leitmedium der Kommunikation in den Unternehmen gehandelt wird oder aber das viel zitierte Beispiel der SMS, die ursprünglich als *short message* für Funklücken entwickelt wurde.
4 Die Anerkennung der sozialen Konstruiertheit von Technik bedeutet auch die Anerkennung einer unvermeidbaren Durchmischung von (scheinbar) objektiven, d.h. technisch-wissenschaftlichen und subjektiven, d.h. lebensweltlichen Bezugssystemen. Technologische Entwicklung ist Produkt vielfältiger Interessen, Strategien und Politiken unterschiedlicher Gruppen innerhalb spezifischer Arbeitskulturen. Entsprechend variieren auch die sozialen Anwendungspraktiken und werden in den Arbeitsergebnissen sichtbar. Individuelle Vorstellungs- und Handlungsweisen müssen somit als konstitutiv für die Technikgenese und -nutzung gedacht werden (Funken 2001).

die Komplexität des Sozialen mittels Technik optimierbar sei, bzw. dass die Kommunikationsprozesse der Organisationsmitglieder durch die Bereitstellung technischer Infrastrukturen einem reibungslosen Informationsfluss zugeführt werden können.[5]
Erstaunlicherweise aber versäumt es die Techniksoziologie genauso wie die Mediensoziologie, den Einfluss der Kommunikationsmedien in all jenen Bereichen zu beobachten, die nicht standardisierbar sind. Insbesondere bei der Untersuchung der betrieblichen Kommunikation per Computer – so die Ergebnisse der eigenen empirischen Studien – kommt es jedoch darauf an, den Eigensinn der jeweiligen Anwendermilieus im Umgang mit neuen informations- und kommunikationstechnologischen Angeboten abzuschätzen.

Erst Erkenntnisse über die Stile der Kultivierung einer Medientechnik, also die verschiedenen Anwendungs- und Nutzungsformen, lassen Aussagen über die Reichweite medialer Neuerungen in Arbeitsorganisationen zu.

2. Kommunikation in Unternehmen

Kommunikation in Arbeitsorganisationen unterscheidet sich von Kommunikation in anderen gesellschaftlichen Teilbereichen dadurch, dass sie in einem Umfeld stattfindet, das durch eine hohe Regeldichte bestimmt ist und sich an besonderen Zielvorgaben ausrichtet. Formale Regelungen wie beispielsweise die Festlegung bestimmter einzuhaltender Kommunikationswege oder -formen stehen im Dienst der Unsicherheitsreduktion, denn sie machen Kommunikation berechenbar indem sie die Organisationsmitglieder von Interpretationsleistungen entbinden.

Über spezifische, formalisierte Kommunikationskanäle erhalten Mitarbeiterinnen und Mitarbeiter ausgewählte Informationen, die das arbeitsteilige Handeln koordinieren sollen. Es fließen mündliche Anweisungen und schriftliche Vorgaben von oben nach unten und Informationen in Form von Berichten, Statistiken oder Protokollen von unten nach oben. Die geplanten und eindeutig festgelegten Ko mmunikationssituationen, -wege und -formen erfüllen den permanent steigenden Bedarf an Koordination, Verständigung und Wissensverarbeitung und -transfer im

---

5 Beispielsweise lässt sich die Entwicklung des Wissensmanagement historisch mit dem *Knowledge Engineering* der 70er Jahre verknüpfen, also der Entwicklung von informationstechnologisch gestützten Expertensystemen, Dokumentationssystemen, Kompetenzportalen und z.B. lernenden Organisationen (vgl. Knoblauch 2004, 277).

Arbeitshandeln jedoch nur zu einem sehr geringen Teil. In der Praxis, im betrieblichen Alltag findet daher auch nur ein Bruchteil der Kommunikation in diesen eindeutig geregelten Bahnen und Formen statt. Der hohe Koordinations- und der gesteigerte Kommunikationsbedarf in modernen Unternehmen werden in erster Linie durch ungeplante und spontane Kommunikation abgedeckt. Diese Tatsache findet von Seiten der Unternehmensleitungen mehr und mehr Berücksichtigung und schlägt sich in neuen Arbeits- und Organisationsformen nieder (Gruppenarbeit, Projektförmigkeit), welche die horizontale Kommunikation und Vernetzung der Mitarbeiter und Mitarbeiterinnen untereinander geradezu voraussetzen.

Mit der Einführung von Gruppenarbeit und dem Abbau von Hierarchiestufen, insbesondere im mittleren Management, wird die tayloristische Trennung zwischen planenden und ausführenden Tätigkeiten im Prinzip aufgehoben. Indem Arbeitsprozesse produktbezogen (oder in der Informations- und Wissensarbeit auch „projektbezogen") und prozessorientiert gestaltet werden, findet nicht nur eine Verkürzung der Kommunikationswege statt, sondern steuernde und operative Kommunikation fallen häufig sogar gänzlich zusammen. Die interne Kommunikation erweist sich somit zunehmend als integraler Bestandteil von Arbeit und zwar sowohl in formalisierter als auch spontaner, ungesteuerter Form.

In organisationstheoretischer Perspektive wird Kommunikation als Existenzgrundlage von Organisationen überhaupt angesehen. Diese werden als offene Systeme begriffen, die in ständigem Austausch mit ihrer Umwelt stehen.[6] Dieser Austausch sowie die „Verwertung" von Umweltinformationen innerhalb der Organisation vollziehen sich kommunikativ. Kommunikation gilt hier als verbindendes Element – sowohl nach außen als auch innerhalb der Organisation, wobei sie zur Koordination und Integration der einzelnen Subsysteme sowie der Komplexitätsbewältigung und Unsicherheitsreduktion dient. Dabei spielt die Vermittlungsleistung der einzelnen Organisationsmitglieder eine besondere Rolle, denn Informationen werden nicht unübersetzt, quasi „eins-zu-eins", aus der Umwelt in relevantes Wissen übertragen (vgl. Kieser 2001, Ahrens 2004, Probst et al. 1997), sondern werden von den Akteuren im Lichte persönlicher und subsystemspezifischer Interessen gefiltert, verdichtet und kommuniziert.

Crozier/Friedberg (1993) spitzen diesen Erkenntniszusammenhang im Kontext ihrer „strategischen Organisationsanalyse" zu, indem sie betonen, dass dem

---

6 Organisationen werden in der neueren Forschung weder als geschlossene Systeme noch als rein zweckrational agierende Gebilde aufgefasst, sondern als offen und prozesshaft beschrieben (vgl. Crozier/Friedberg 1993, Bardmann 1994, Kieserling 1994, Tacke 1997).

Unternehmen relevantes Wissen (z.B. über Verfahren, Produkte, Kompetenzen, Markt oder Umwelt) nicht durch deren Mitglieder einfach zukommt, sondern dass solches Wissen innerhalb des Unternehmens durch Interaktionen und durch Aktualisierung im Vollzug kommunikativ erzeugt werden muss. Wissen ist also weder für alle Unternehmenssegmente gleichermaßen relevant, noch ist – ausgehend von der Komplexität der Organisation und ihrer Umwelt – der Grad seiner Bedeutung schlicht „ablesbar". Vielmehr müssen Organisationsmitglieder zum einen eine aktive Filterleistung erbringen, indem sie relevantes Wissen von irrelevantem trennen und Komplexität reduzieren. Zum anderen übersetzen bzw. transformieren sie auf diese Weise Wissen in „Sinn" für das Unternehmen und führen das Wissen einer rationalen sowie effektiven Verarbeitung zu, stellen es also kommunikativ als Entscheidungsgrundlage bereit. Die Verarbeitung von Informationen zu unternehmensrelevantem Wissen und ihre gezielte Kommunikation vollzieht sich aus dieser Perspektive folglich nur im Rahmen einer interessengeleiteten Interaktion, und die Wissenskommunikation kann nur dann Wirkung zeitigen, wenn es in die Strategien von Führungskräften oder von dominierenden Koalitionen integriert wird.

Im betrieblichen Alltag wird die besondere Kommunikationsleistung der Mitarbeiterinnen und Mitarbeiter für das Bestehen und den Erfolg des jeweiligen Unternehmens kaum oder erst sehr zögerlich wahrgenommen. Doch nicht nur die Kommunikationskomplexität wird in ihrer Bedeutung unterschätzt, sondern es wird ebenfalls kaum berücksichtigt, dass diese kommunikative Arbeit zunehmend in digitalisierter Form ausgeführt wird.

3. Digitalisierte Kommunikation

IuK-Technologien verändern das Spektrum bzw. die Bedeutung der in den Unternehmen zur Verfügung stehenden Medien und stellen Beschäftigte mehr denn je vor die Qual der Wahl des jeweils adäquaten Kommunikationsmittels.[7] Die von den neuen Technologien ermöglichte Beschleunigung der Informationsflüsse sowie das daraus resultierende rapide Anwachsen der zu verwaltenden Datenmengen

---

7 Heute verwenden Beschäftigte bis zu neun verschiedene Kommunikationsmittel (wie z.B. Brief, Fax, Email, Festnetz, Handy, Videokonferenz, Computerkonferenz, Chats, Plattformen und weitere Dienste im Intra- und Internet) wobei vor allem die Email mittlerweile zum Arbeitsalltag gehört und sogar das Telefon in seiner Bedeutung verdrängt hat (Bungard, von Bismarck, Held 1999, 42).

stellen zudem eine große Herausforderung für jede/n einzelne/n Beschäftigte/n sowie für das Unternehmen als Ganzes dar.

Darüber hinaus verschiebt die Einführung neuer Technologien den organisationalen Handlungsrahmen, der die innerbetriebliche Kommunikation (mit)steuert, indem er Kommunikationscodizes und -regeln bereitstellt und so Handlungskalküle gewährleistet. Es verändert sich beispielsweise das Gefüge formeller und informeller (Kommunikations-)Strukturen[8], denn Dienstwege können mit den neuen kommunikativen Möglichkeiten unbemerkt umgangen werden, und auch die sprachliche Form der Mitteilung wird flexibler handhabbar.

Da sich noch keine (neuen) Regeln[9] für technisch vermittelte Kommunikationsvorgänge entwickelt haben, die beispielsweise die Wahl des Mediums oder den Umgang mit der Daten- und Informationsflut leiten könnten, verläuft der Digitalisierungsprozess bislang weitgehend ungesteuert, was erhebliche Kommunikationspannen zur Folge haben kann bzw. hat.

Im Folgenden wird diese Problematik anhand konkreter Nutzungsstile von *Electronic Mail* (Email) in Arbeitsorganisationen erläutert.[10] Dabei beziehe ich mich auf Ergebnisse von empirischen Studien, die zwischen 2001 und 2003 in den deutschen Niederlassungen von zwei internationalen Konzernen (ca. 1000 + 2000 Mitarbeiterinnen und Mitarbeiter in Deutschland) und einer öffentlichen Verwaltung (ca. 2400 Mitarbeiterinnen und Mitarbeiter) stattfanden. Es wurden schriftliche Befragungen (n=100), Gruppendiskussionen (n=30) und Experteninterviews (n=30) durchgeführt.

Nutzungsmuster

Die Kommunikationsdichte hat – wenig überraschend – in den Konzernniederlassungen bzw. der öffentlichen Verwaltung erheblich zugenommen, computerbasierte Kommunikationssysteme wie Intranet und Email gehören selbstverständlich zum Arbeitsalltag.

Kommunikation wird von den Befragten übereinstimmend als „sehr wichtig" sowohl für die lose Zusammenarbeit mit Kollegen (93%), als auch für Teamarbeit (93%), Führungsarbeit (94%) und Einzelarbeit (73%) angesehen.

---

8 Damit sind sowohl Kommunikationswege als auch -formen gemeint.
9 Unter „Regeln" werden hier Vorgaben verstanden, die sowohl in Form kodifizierter Bestimmungen als auch als alltägliche Gepflogenheiten oder aber habitualisierte Verhaltensweisen handlungsleitend wirken und – bei gemeinsamer Kenntnis und Befolgen der Regeln – Handlungen berechenbar machen.
10 Verschiedene Studien in Unternehmen weisen nach, dass die organisationsinterne Emailkorrespondenz mittlerweile zu einer der wichtigsten Formen der innerbetrieblichen Kommunikation geworden ist (siehe bspw. Bungard, von Bismarck, Held 1999; Kleinberger Günther, Thimm 2000).

Allerdings beklagen die meisten Mitarbeiterinnen und Mitarbeiter (80%) im selben Moment, dass sie „zu viele" Informationen erhalten – gestehen aber gleichermaßen ein, dass sie persönlich ebenfalls „sehr viel mehr" Informationen verbreiten als früher. Der häufig kritisierte *Information-Overflow* ist folglich nicht (nur) fremd verschuldet, sondern wird in erheblichem Maße in den Unternehmen selbst produziert.

Nur wenige Mitarbeiterinnen und Mitarbeiter nutzen technische Organisationshilfen (in adäquater Weise) und versuchen so, Informationsflut oder Kommunikationspannen zu entgehen. So werden beispielsweise Email-Filter kaum angewandt, oder aber das Terminmanagement wird unreflektiert einem (zu) komplexen elektronischen Tool wie dem Outlook-Kalender überantwortet.

Neben dem individuellen Umgang mit den neuen Technologien trägt der ungeregelte Empfang- und Sendeverkehr von Emails zu Informationsflut und Überlastung bei. In den Unternehmen existieren (bislang) keinerlei Konventionen über die Nutzung der neuen Kommunikationsmedien: Während sich die Einen nur unregelmäßig mit ihren Emails befassen (26%), reagieren andere dagegen alle ein bis zwei Stunden (26%) und wiederum andere bei jedem Signal (29%). Weit mehr als die Hälfte (70%) aller Befragten öffnet eine Mail mit „dringlichem Betreff" jedoch sofort. Auch die Emails von Vorgesetzten oder Geschäftspartnern werden eher „regelmäßig" geöffnet (57%) und im Verlauf von 24 Stunden beantwortet. Bei den Emails von Kollegen wiederum, die zwar ebenfalls mehrheitlich (88%) „regelmäßig" geöffnet werden, sind lange Antwortzeiten üblich. So antwortet nahezu ein Drittel der Befragten (28%) erst nach einem Tag oder später. Obgleich die hausinterne elektronische Post sehr regelmäßig abgerufen wird, liest erstaunlicherweise nur knapp die Hälfte der Belegschaft (44%) die Emails ihrer Kunden unmittelbar, um dann in „regelmäßigen Abständen" darauf zu reagieren. Insgesamt variieren die Antwortzeiten auf externe Emails weitgehend. Es wird eher unsystematisch und nach je eigenem Rhythmus gelesen und geantwortet: Lediglich 20% werden sofort beantwortet, 39% noch am gleichen Tag, 23% innerhalb von 24 Stunden und 17% erst nach Tagen.

Innerbetriebliche Rundmails werden fast nie „sofort" geöffnet (86%) und häufig auch gar nicht (30%). Da viele Verteiler in den Unternehmen zum Selbstläufer werden, sie weder moderiert, noch aktualisiert sind, empfangen Mitarbeiterinnen und Mitarbeiter für sie unrelevante Daten und Informationen, wenn sie beispielsweise schon lange mit anderen Themen und Projekten betraut sind. Und sie erwarten von Nachrichten, die eindeutig über Listen versandt worden sind, auch keinen für sie wichtigen Informationsgehalt. Somit erzielt die technische Möglichkeit, mit einer Nachricht viele verschiedene Personen zu erreichen, oftmals kontraproduktive Wirkung und trägt zum Informations- und Datenstau sowie zur Überflutung der elektronischen Briefkästen bei. Das Fehlen von Regeln im Umgang mit der elektronischen Post wirkt sich direkt auf die Arbeitsprozesse aus, denn permanente Unterbrechungen wirken Zeit verzögernd und Konzentration hemmend, die fehlende Übersicht über den Informationsgehalt und die Relevanz von Informationen erschwert Prioritätensetzung und persönliche Arbeitsorganisation. So konstatiert mehr als die Hälfte aller Befragten einen negativen Einfluss auf das persönliche Zeitmanagement (65%) und ebenfalls 50% räumen ein, die Übersicht über wichtige und unwichtige Informationen verloren zu haben. Darüber hinaus können die externen Geschäftsbeziehungen negativ beeinflusst werden. Wenn Kunden oder Geschäftspartner nicht einschätzen können, wann sie mit einer Antwort rechnen dürfen, und diese obendrein in sehr unterschiedlichen Zeitintervallen erhalten, dann sind Irritationen und häufig schwerwiegende Koordinationsprobleme die Folge.

Doch nicht nur das unkontrollierte Versenden und Empfangen der Emails schafft Probleme, sondern die anschließende Weiterverarbeitung der eingegangenen Nachrichten verläuft in den Unternehmen ebenso ungeregelt und produziert damit erhebliche Speicher- und Verwaltungsprobleme. So bleiben beispielsweise von durchschnittlich 22 eingehenden Emails, die zum größten Teil unternehmensintern sind, 13 im System und werden nicht gelöscht, häufig noch nicht einmal geöffnet.

Darüber hinaus ist sowohl bei individueller als auch bei Team- oder aber Gremienarbeit eine „doppelte Ablage" von Dateien – im elektronischen Speicher auf dem PC und zusätzlich als Ausdruck im Aktenordner – zu beobachten. Gemeinsame Ablagen im Intranet werden nicht durchgängig gepflegt und anstelle dieser kostengünstigen und funktionalen Möglichkeit eines digitalen Zentralarchivs, mit dem erhebliche Speicherkapazität eingespart werden könnte, werden durchgängig persönliche Archive auf den PCs angelegt. Nicht zu Unrecht klagt daher die Hälfte der Befragten, dass ihr Ablagesystem überbelastet sei.

Die Kommunikation per Email hat hauptsächlich „Terminabsprachen" (100%), die „Verbreitung von Informationen" (93%) oder „formelle und informelle Verlautbarungen" (95%) zum Inhalt. In der „Projektorganisation" wird dieses Kommunikationsmittel ebenfalls häufig (85%) benutzt. Dabei werden Mitteilungen sehr oft per *Carbon Copy* (CC) an Vorgesetzte weitergeleitet und von vielen (71%) mit der Umgehung von Dienstwegen, also dem „Überspringen von Hierarchien" bzw. „flachen Hierarchien" begründet. Das Umgehen von Dienstwegen mit dem Medium Email wird allerdings sehr unterschiedlich bewertet, denn 22% der Befragten äußern sich positiv, 29% neutral, und 16% lehnen das direkte Adressieren der Vorgesetzten per Email ab. In den Interviews wurde dieser Aspekt vertieft, wobei eher die Skepsis gegenüber einer ungeregelten Hierarchieverflachung zum Ausdruck kam: „In Ordnung ist, wenn die Barrieren geringer werden...nicht in Ordnung ist, wenn Leute keinen Konflikt mehr austragen, ohne die Geschäftsführung unter CC reinzunehmen" (HM 78).

Die Email wird weiterhin gerne in heiklen, unsicheren Situationen als Kommunikationsmittel gewählt. So vermeiden viele Mitarbeiterinnen und Mitarbeiter instinktiv das persönliche Gespräch bei solchen KollegInnen oder GeschäftspartnerInnen, die ihnen „unsympathisch" (85%) oder „nicht vertraut" (78%) sind. Sie ziehen die Email vor; lediglich die Hälfte der Mitarbeiterinnen und Mitarbeiter ist bereit, bei nicht vorhandener Sympathie auch das Telefon zu nutzen (65%). Dabei wären gerade in diesem Fall „zwischenmenschliche" Informationen und nonverbale Signale notwendig, um sensibel und zielgenau zu kommunizieren. Es macht nämlich einen großen Unterschied, ob über ein „armes" oder „reiches" Medium kommuniziert wird (vgl. Rice 1992, Daft/Lengel 1984). Trotz gleicher Inhalte erzielt das persönliche Gespräch andere Effekte als das Telefonat oder die Email, weil nonverbale Signale wie Stimme, Mimik und Gestik die Interpretation der Sendung maßgeblich beeinflussen. So heißt es immer wieder: „Ob etwas nett gemeint ist oder ob jemand mir eine reinwürgen will, kann ich in der Mail nicht erkennen".

Während eines Kommunikationsvorganges werden oft mehrere verschiedene Kommunikationsmedien eingesetzt. So wechseln die meisten Befragten nach persönlicher Einschätzung im Verlauf eines Kommunikationsprozesses intuitiv das Medium. Vor allem bei der Aufgabenverteilung werden Emails (85%), das persönliche Gespräch (78%) und/oder das Telefon (70%) fast gleichrangig und oft sogar parallel eingesetzt. Dabei kann es vorkommen, dass insbesondere die Email im Verlauf des Kommunikationsvorganges unmerklich von einem schriftlichen zu einem mündlichen Medium – oder vice versa – mutiert. Anders formuliert: Was wie ein Telefonat begonnen hat, weil eine „lockere Umgangssprache" durchaus angemessen erschien, endet plötzlich in einem schriftlichen Dokument, das eine „gewähltere, förmlichere Ausdrucksweise" voraussetzt.[11]

Das Vertrauen, das in die einzelnen Kommunikationsmittel gesetzt wird, ist davon abhängig, ob die jeweiligen Medien als zuverlässig oder glaubwürdig gelten. Seltsamerweise wird dieser Intuition im Arbeitsalltag keine Bedeutung beigemessen. Obschon nämlich die Hälfte aller Befragten den Brief und auch das Telefonat ernster

---

11 Zum Oszillieren zwischen Mündlichkeit und Schriftlichkeit in der Emailkommunikation siehe auch Kleinberger Günther, Thimm 2000.

nehmen als die elektronische Post, ist die Email zum meistgenutzten Medium avanciert.[12] Dieser deutliche Widerspruch zwischen Medien*bedeutung* und Medien*nutzung* weist auf die fatalen Folgen hin, die das Fehlen verbindlicher Nutzungsvorgaben nach sich zieht: Da keine Einigkeit darüber herrscht, wann welche Botschaft wie zu deuten ist und ob z.B. eine Aufgabe, die in einem direkten Gespräch oder per Telefon erteilt wurde, schneller zu erledigen ist als die per Email empfangene Anweisung, kommt es vermehrt zu schwerwiegenden Kommunikationspannen. So überrascht es nicht, dass viele Befragte eine deutliche Zunahme an Missverständnissen wahrnehmen (77%). Wenn aus der erhaltenen Nachricht nicht eindeutig hervorgeht, für wen der Inhalt unmittelbar bedeutsam ist und ob bzw. wenn ja, wie darauf reagiert werden soll, dann werden Arbeiten doppelt oder gar nicht ausgeführt. Dadurch führt die „ungerichtete" Mediennutzung zur Vergeudung personeller sowie technischer Kapazitäten. Zudem steigt das Konfliktpotential erheblich, wenn zum falschen Zeitpunkt die falschen Kollegen oder Vorgesetzten in einen Arbeitsprozess einbezogen werden: Mehr als zwei Drittel der Befragten stellen einen direkten Zusammenhang zwischen „Email-Nutzung" (67%) sowie der „Schnelligkeit der Informationsverbreitung" (72%) und einer Verschlechterung in der Zusammenarbeit her.

Kommunikationsprobleme aufgrund fehlender Antworten oder verschleppter Reaktionszeiten sowie Informationsflut, Massenspeicher und Wissensinseln gehören heute somit zum Unternehmensalltag und wirken sich direkt auf die Koordination der Zusammenarbeit und die Motivation der Mitarbeiterinnen und Mitarbeiter aus.

Fazit

Die digitalisierte Kommunikation, so wie wir sie in verschiedenen Arbeitsorganisationen beobachtet haben, lässt sich als typisches Frühphasen-Phänomen beschreiben, wie es für die Durchsetzung von „radikalen Innovationen" bekannt ist (Wittemann 1996; Wittke 1996 in Werle 1997). Je stärker die Nutzung der digitalen Medien den Rahmen etablierter Anwendungskontexte sprengt und je weniger auf eine angemessene Nutzungsinfrastruktur und sinnvolle Nutzungspraktiken zurückgegriffen werden kann, desto mehr müssen die Pioniere „Bastler" sein und mit (kommunikativen) Unsicherheiten produktiv umgehen.

---

12 Vgl. Fußnote 10.

Die kommunikative Unsicherheit, die aufgrund fehlender bzw. unangemessener, veralteter handlungsleitender (Kommunikations-)Regeln entsteht, wird allein schon durch die Tatsache, dass der jeweilige Kommunikationsinhalt technisch vermittelt bzw. digitalisiert wird, verstärkt. Denn durch die Medienvermittlung verliert eine Mitteilung ihren sinnstiftenden Kontext („De-Kontextualisierung"), der (in direkter Kommunikation) über situative und extralinguistische Signale und Anhaltspunkte vermittelt und jedem Inhalt als Interpretationsfolie mitgegeben wird.[13] Es findet eine Reduzierung auf den Transfer reiner Information[14] statt, bei der die Mitteilungsabsicht verborgen bleibt.

Aufgrund dieser Vermittlungslücke werden Informationsselektion wie Interpretation zu einem prekären Verstehensakt, der ausschließlich durch den Rezipienten geleistet werden muss („Re-Kontextualisierung"). Ähnlich wie „Lükken in der Technisierung durch physische Arbeitsleistungen ausgeglichen werden mussten" (Mechanisierungslücke) (Böhle 1997, 128) müssen Vermittlungslücken nunmehr durch menschliches Kommunikationsvermögen ausgeglichen werden, „Sinn, Wissenserzeugungs- und Vermittlungskompetenzen" werden wichtig (vgl. Bardmann/Franzpötter 1990, 428). Solange also Vereinbarungen, gemeinsame Regeln und geteilte Deutungsmuster fehlen, bleibt das Gelingen von Kommunikationsvorgängen allein den individuellen Kompetenzen der jeweiligen Mitarbeiterin/des jeweiligen Mitarbeiters überantwortet.

Da in den Unternehmen die Mitarbeiterkommunikation immer noch als vornehmlich arbeitsbegleitend wahrgenommen wird, gilt sie auch nicht als besonders steuerungswürdig. Ihre wichtigen arbeitsbezogenen wie auch sozialen Funktionen werden vom Management bislang eher verkannt. Die nicht oder zu wenig stattfindende Auseinandersetzung mit dem Phänomen der innerbetrieblichen Kommunikation (womit alle innerhalb eines Unternehmens ablaufenden Kommunikationsprozesse gemeint sind) hat zur Folge, dass die Existenz von kollektiven Deutungs- und Kommunikationsmustern ebenfalls nicht wahrgenommen und bedacht wird.

---

[13] Jüngere medientheoretische und wissenssoziologische Ansätze verweisen zudem darauf, dass durch den Einsatz neuer Medien Inhalte nicht nur unabhängig von raumzeitlichen Bedingungen sekundenschnell transferiert werden können, sondern dabei immer auch als mediale Inhalte konfiguriert werden (z.B. Ahrens 2004, Degele 2000, Braczyk 1994).

[14] Die Form einer „aufgeklärten Kommunikation" wäre nach Fuchs (1993, 104-133) daran zu erkennen, dass sie die Information (die Fremdreferenz der Kommunikation) zu maximieren und die selbstreferentielle Komponente der Mitteilung zu minimieren versucht. „Der Computer kann als nahezu kongeniales Gerät dieser Intention angesehen werden. Niemand kann und will dem Computer unterstellen, er wolle etwas mitteilen" (Brosziewsky 2002, 31). Alle Fehler und Verzerrungen sind entsprechend auf technisches Versagen beschränkt und können über technische Optimierung unter Kontrolle gebracht werden.

Diese kollektiven Deutungs-, Handlungs- und damit auch Kommunikationsmuster eignen sich Akteure während ihrer „organisationalen" Sozialisation an. Sie „lernen", sich in den organisatorischen Strukturen regelkonform zu bewegen und damit „sinnvoll" zu agieren. Als organisatorische Strukturen sind sowohl kodifizierte Handlungsanweisungen und offizielle Regeln als auch tradierte Handlungsmuster, das organisationsspezifische Wissen darüber „Wie man etwas tut", zu verstehen. Offizielle wie implizite, tradierte Regeln bilden gemeinsam den organisationalen Handlungsrahmen. Dieser Handlungs- oder auch Ordnungsrahmen bietet den Akteuren aufgrund des geteilten Wissens eine gewisse Handlungssicherheit.

Der Einsatz neuer Medien in den Unternehmen kann als ein massiver Eingriff in das etablierte organisationale Gefüge verstanden werden, der den Handlungsrahmen erschüttert und die Akteure mit veränderten Handlungsbedingungen konfrontiert. Diese greifen jedoch – solange sich noch keine neuen, Handlungssicherheit ermöglichenden Kommunikationsregeln und Nutzungsmuster herausgebildet haben – auf die etablierten, den neuen Bedingungen allerdings nicht mehr angemessenen, Handlungsmuster zurück. Die kollektiven Deutungs- und Kommunikationsmuster werden als eingespielte Handlungsroutinen („Erinnerungsspuren")[15] unreflektiert auf die neue mediale Infrastruktur übertragen – mit unbeabsichtigten Folgen[16]. Diese Folgen stellen nun in Rückkopplungseffekten die unerkannten Bedingungen des weiteren Handelns dar.[17]

Diese Situation ist um so dramatischer, da in Zeiten zunehmend immaterieller Wertschöpfung (automatisierte Produktion; Dienstleistung, „Informationsarbeit") Arbeit und Kommunikation zusammenfallen.

Für das Management in modernen Unternehmen ist es daher unerlässlich, Kommunikation – vor allem die der Mitarbeiterinnen und Mitarbeiter – in ihrer Bedeutung anzuerkennen und den fundamentalen Einfluss der etablierten formellen wie informellen Kommunikationswege, -formen und -regeln beim Einsatz neuer, computerbasierter Kommunikationslösungen zu berücksichtigen.

---

15 Giddens 1992, 68.
16 Als eine Folge kann die Steigerung von Komplexität und Unsicherheit gelten, die in den Unternehmen mit der Einführung neuer Medien zunächst zu verzeichnen ist. In der Literatur wird in diesem Zusammenhang auch von einer Komplexitätsparadoxie gesprochen, „die sich aus dem mit jeder Komplexitätssteigerung verbundenen Transparenzverlust ergibt, welcher dann Komplexitätsreduktion erfordert, die ihrerseits in anderen Bereichen zu neuerlicher Komplexitätssteigerung und Intransparenzen führen" (Debatin 1998, 3).
17 In Anschluss an die Strukturationstheorie Anthony Giddens wird hier von einer wechselseitigen Beziehung ausgegangen: In und durch ihre Handlungen (re-)produzieren die Handelnden die Bedingungen, die ihr Handeln ermöglichen; (Organisationale) Strukturen sind folglich als das Ergebnis von Handlungen, die ihrerseits strukturgebunden sind, zu verstehen. Vgl. Giddens 1992.

Literatur

Ahrens, Daniela (2004). Vom Management zur Gestaltung von Wissen durch neue Medien. In: Wyssusek, Boris (Hrsg.), *Wissensmanagement komplex. Perspektiven und soziale Praxis.* Berlin: Erich Schmidt, 159-175.

Bardmann, Theodor M. & Franzpötter, Reiner (1990). Unternehmenskultur. Ein postmodernes Organisationskonzept? In: *Soziale Welt, 41* (4), 424-440.

Bardmann, Theodor M. (1994). *Wenn aus Arbeit Abfall wird.* Frankfurt: Suhrkamp.

Böhle, Fritz (1997). Subjektivierendes Arbeitshandeln - Zur Überwindung einer gespaltenen Subjektivität. In: Schachtner, Christina (Hrsg.), *Technik und Subjektivität.* Frankfurt: Suhrkamp, 26-46.

Braczyk, Hans-Joachim (1994). Die möglichen Folgen technisierter Kommunikation in Arbeitsorganisationen. In: Bullinger, Hans-Jörg (Hrsg.), *Technikfolgenabschätzung.* Stuttgart: Teubner, 211- 244.

Brosziewski, Achim (2002). *Computer, Kommunikation und Kontrolle.* Konstanz: Uvk.

Bungard, Walter & v. Bismarck, Wolf-Bertram & Held, Markus (1998). Befragung zur Anwendung innovativer Kommunikationstechnologien. In: *Mannheimer Beiträge zur Wirtschafts- und Organisationspsychologie, Themenheft 1/99.*

Crozier, Michel & Friedberg, Erhard (Hrsg.) (1993 [1977]): *Die Zwänge kollektiven Handelns. Über Macht und Organisation?* Frankfurt: Anton Hain.

Daft, Richard L. & Lengel, Robert H. (1984). Information Richness - A New Approach to Managerial Behavior and Organizational Design. In: Staw, Barry. M. & Cummings, Larry L. (Hrsg.), *Research in Organizational Behavior, Band 6,* Greenwich, CT: JAI, 191-233.

Debatin, Bernard (1998). Allwissenheit und Grenzenlosigkeit: Mythen um Computernetze. Vortrag gehalten auf der Jahrestagung der DGPuK in Mainz 1998. http://www.uni-leipzig.de/~debatin/ German/CompMyth.htm [31.08.2006],.

Degele, Nina (2000). *Informiertes Wissen. Eine Wissenssoziologie der computerisierten Gesellschaft.* Frankfurt, New York: Campus.

Fuchs, Peter (1993). *Moderne Kommunikation. Zur Theorie des operativen Displacements.* Frankfurt: Suhrkamp.

Funken, Christiane (1997). Kultivierte Interessen: Rationalisierung statt interpretieren. Problemskizze zum professionellen Handeln von Software-Entwicklern. In: Pfadenhauer, Michaela (Hrsg.), *Explorationen zum Begriff des professionellen Handelns. Dokumentation des 1. Workshops des Arbeitskreises „Professionellen Handeln" vom 28.2. bis 1.3.1997 in München.* München: Universitäts-Druck, 21-24.

Funken, Christiane (2001). *Modellierung der Welt. Wissenssoziologische Studien zur Software-Entwicklung.* Opladen: Leske + Budrich.

Giddens, Anthony (1992). *Die Konstitution der Gesellschaft.* Frankfurt: Campus.

Kieser, Alfred (Hrsg.) (4. Aufl. 2001). *Organisationstheorien.* Stuttgart, Berlin, Köln: Kohlhammer.

Kieserling, André (1994). Interaktion in Organisationen. In: Dammann, Klaus & Grunow, Dieter & Japp, Klaus P. (Hrsg.), *Die Verwaltung des politischen Systems.* Opladen: Westdeutscher Verlag, 168-182.

Kleinberger Günther, Ulla & Thimm, Caja (2000). Soziale Beziehungen und innerbetriebliche Kommunikation: Formen und Funktionen elektronischer Schriftlichkeit in Unternehmen. In: Thimm, Caja (Hrsg.), *Soziales im Netz, Sprache, Beziehungen und Kommunikationskulturen im Internet.* Wiesbaden: Westdeutscher Verlag, 270-287.

Knoblauch, Hubert (2004). Kritik des Wissens. Wissensmanagement, Wissenssoziologie und die Kommunikation. In: Wyssusek, Boris (Hrsg.), *Wissensmanagement komplex. Perspektiven und soziale Praxis.* Berlin: Erich Schmidt, 275-289.

Probst, Gilbert J.B. & Raub, Steffen P. & Romhardt, Kai (1997). *Wissen managen: Wie Unternehmen ihre wertvollste Ressource optimal nutzen.* Frankfurt, Wiesbaden: Gabler.

Rice, Ronald E. (1992). Task Analyzability, use of new media, and effectiveness: A multi-site exploration of media richness. In: *Organization Science,3* (4), 475-500.

Tacke, Veronika (1997). *Rationalitätsverlust im Organisationswandel. Von den Waschküchen der Farbenfabriken zur informatisierten Chemieindustrie.* Frankfurt, New York: Campus.

Werle, Raymund (1997) *Modell Internet?: Entwicklungsperspektiven neuer Kommunikationsnetze.* Frankfurt, New York: Campus.

Wittemann, Klaus Peter (1996). Warum sollte sich die Industriesoziologie mit der Veränderung von Konsumformen beschäftigen? Plädoyer für einen anderen Zugriff auf **industrielle** Restrukturierung. In: *SOFI-Mitteilungen, 23,* Göttingen: Soziologisches Forschungsinstitut Göttingen.

Kommunikationsmanagement im Cyberspace: Der Einsatz von Corporate Blogs und Blog-Monitoring in der Unternehmenskommunikation

Diana Ingenhoff

Die Organisation im Spannungsfeld der neuen Kommunikationstechnologien*

Während einer aktuellen Untersuchung zufolge die durchschnittliche Mediennutzungsdauer von Tageszeitungen von 1980 bis 2000 um 20% zurückging (Glotz 2004, 13), hat sich laut Allensbacher Computer- und Technikanalyse (ACTA 2001 bis 2006) die Zahl der täglichen Besucher von Newssites in Deutschland in den letzten fünf Jahren nahezu vervierfacht. Insgesamt geben über 6 Mio. Bundesbürger an, sich täglich über das aktuelle Geschehen im Netz zu informieren. Zwar liegen Tageszeitungen (und auch das Fernsehen) bei der Informationsbeschaffung immer noch vorn, aber ein Trend in Richtung Online-Medien ist erkennbar. Gleichzeitig prognostiziert eine Delphi-Studie zum Thema „Zeitung und Zeitschrift in der digitalen Ökonomie" (Glotz & Meyer-Lucht 2004), dass sich dieser Trend in der Zukunft weiter fortsetzen wird: Nach Einschätzung von über 200 Experten aus Deutschland, Österreich und der Schweiz wird die durchschnittliche Nutzungsdauer von (regionalen und überregionalen) Tageszeitungen bis 2010 um 15% Prozent zurückgehen (Glotz 2004, 17). Für die journalistischen Online-Angebote hingegen sagen die Experten bis 2010 eine Steigerung der individuellen Nutzungsdauer von 40% gegenüber dem Niveau von 2002 voraus, wobei bis 2010 rund 60% aller Bundesbürger zwischen 14 und 49 Jahren journalistische Online-Angebote mindestens einmal pro Woche nutzen würden (Meyer-Lucht 2004, 32). Mit steigender Digitalisierung und den damit verbundenen Möglichkeiten der neuen Technologien vergößert sich auch die Quantität der potenziell zur Verfügung stehenden Informationen. Die Nutzung öffentlicher Medien bei der Informationssuche und bei der Veröffentlichung der eigenen Meinung verlagert sich dabei zunehmend in Richtung Internet. In der Zwischenzeit greifen auch die Leitmedien Diskussionen und Themen, die im World Wide Web geführt und prozessiert werden, immer öfter auf.

---
* Für die wertvollen Inputs und die Unterstützung vor allem zum Teilkapitel 2 der „Corporate Blogs" danke ich ganz herzlich Dominik Schneider und Mathias Tanner.

Auch für (Wirtschafts-)Organisationen wird es immer wichtiger, organisationsrelevante Themen nicht nur in den Printmedien, sondern auch in den Online-Medien zu beobachten und aktiv zu beeinflussen. Dabei geht es einerseits darum, aufkommende Issues auch in den neu entstehenden Arenen verschiedener Teilöffentlichkeiten frühzeitig antizipieren und bearbeiten zu können, andererseits bieten die neuen Kommunikationstechnologien Möglichkeiten, zusätzlich zu den klassischen PR-Instrumenten einen direkten Kontakt zu den Anspruchsgruppen aufzubauen. Medialisierung und Digitalisierung erzeugen somit eine zunehmende Komplexität der informationalen Umwelt von Organisationen. Reaktionszeiten verkürzen sich, während die Interpretation der verfügbaren Informationen mit einem höheren Aufwand verbunden ist.

Vor allem die Meinungsbildung durch Online-Kommunikation im virtuellen Raum gewinnt an Bedeutung. Online-Kommunikation wird nach Rössler (2003, 504) definiert als „[...] die Gesamtheit der netzbasierten Kommunikationsdienste, die den einzelnen Kommunikationspartner via Datenleitung potenziell an weitere Partner rückkoppeln und ein ausdifferenziertes Spektrum verschiedenartiger Anwendungen erlaubt". Die Online-Medien, insbesondere das Internet, unterstützen die Konstitution und Vernetzung neuer und bereits etablierter Teilöffentlichkeiten. Sie stellen verschiedenartige netzbasierte Kommunikationsdienste wie Weblogs, Social Networks, Media and Information Sharing Plattforms, Wikis und andere P2P-Dienste bereit. Mit dieser Weiterentwicklung zum sogenannten „Web 2.0" entstehen auch neue Meinungsmacher, offene und extrovertierte Benutzer vernetzen sich, bewerten und tauschen Informationen und Daten aus und Netzwerkeffekte sorgen für eine bisher nicht gekannte Dynamik der Kommunikation.

Aus Sicht der Öffentlichkeitsarbeit gewinnt insbesondere Online-Relations als „Verfahren, das unterschiedliche Typen öffentlicher Kommunikation sowie einzelne Instrumente der Public Relations auf einer strategischen Kommunikationsplattform integriert, heterogene Teilöffentlichkeiten avisiert und miteinander vernetzt sowie schnell und dialogfähig kommuniziert" (Wehmeier 2002, 12 f.), für Organisationen an Bedeutung. In diesem Zusammenhang dominiert im deutschsprachigen Raum zurzeit eine euphorische Auseinandersetzung mit dem Thema Weblogs. Mit den so genannten „Weblogs" und P2P-Nachrichtenplattformen lassen sich bereits neue Muster der Berichterstattung identifizieren. Weblogs bezeichnen dabei „private oder technische Nachrichtendienste, die als Website publiziert und ähnlich wie ein Tagebuch (daher der Name „Web-Logbuch") in regelmäßigen Abständen ergänzt werden", die sich im

Allgemeinen durch eine große Authentizität und Originalität ausweisen (Zerfaß 2004b, 5 f.). Sie verbreiten aktiv Meinungen, Erfahrungen und aktuelle Erlebnisse der Verfasser zu verschiedenen Themen und schaffen hierdurch einen neuen, subjektiv geprägten „Individual-Journalismus", der die klassische Gatekeeper-Funktion zumindest teilweise zu umgehen vermag. Auch Unternehmen steht die Kommunikation über sogenannte „Corporate Blogs" offen.

In zahlreichen Artikeln werden die Vor- und Nachteile von Blogs sowie deren Einsetzbarkeit als Instrument für die Organisationskommunikation breit diskutiert (z.B. Lohmüller 2005; Möller 2005; Picot/Fischer 2006; Przepiorka 2006; Röttger/Zielmann 2006; Zerfaß 2005; Zerfaß/Boelter 2005). Trotzdem ist im deutschsprachigen Raum - ganz im Gegensatz zum US-amerikanischen Raum - der Übergang von einer theoretischen Diskussion zum effektiv praktischen Verwenden des neuen Instruments bislang kaum vollzogen worden. Dieser Beitrag untersucht daher zum einen das Einbeziehen von Blogs und News-Foren in die frühzeitige Suche zur Identifizierung von Issues innerhalb des Issues Management. Zum anderen untersucht eine explorative Studie den aktiven Einsatz von unternehmenseigenen Corporate Blogs als Instrument der Online-Relations innerhalb des Kommunikationsmanagements.

Die skizzierten Herausforderungen erfordern eine erhöhte und beschleunigte Komplexitätsbewältigung durch die Organisationskommunikation (Thimm 2002; Krzeminski, & Zerfaß 1999; Westermann 2004). Die Organisationskommunikation hat dabei die zentrale Aufgabe, die Anschlusskommunikation in der jeweiligen Teilöffentlichkeit sicherzustellen und zu gestalten (vgl. auch Herger 2004, 102). Dies kann nur gelingen, wenn genau bekannt ist, *was* (also welche Issues/Themen) *wen* (d.h. welche Teilöffentlichkeiten) bewegt und welche Themen, Werte und Normen als soziale Konstrukte sich *wie* in der Zeit verändern.

Der vorliegende Beitrag verfolgt zwei Ziele: Erstens wird am Beispiel von schweizerischen börsenkotierten Unternehmen untersucht, inwieweit Organisationen bereits die Online-Medien bei der Identifizierung von Issues und Teilöffentlichkeiten einbeziehen. Zweitens werden Aufbau und Inhalte von US-Blogs explorativ untersucht, um zu analysieren, wie diese bereits eingesetzt werden und welche Chancen und Risiken sich dabei feststellen lassen.

1. Issues Management und der Einsatz der neuen Kommunikationstechnologien

Vor dem beschriebenen Kontext, in dem sich Organisationen heute bewegen, wird in diesem Zusammenhang zweierlei deutlich: Erstens wird das Handeln von Organisationen von den Medien beobachtet und interpretiert, auf deren Grundlage ihnen öffentliches Vertrauen zugesprochen oder entzogen und ihr Handeln damit legitimiert oder skandalisiert wird (Eisenegger 2005). Zweitens können Organisationen durch Agenda Building auch einen Einfluss auf die öffentliche Meinungs- und Themenbildung ausüben und so das Bild in den Medien zumindest in Teilen wesentlich mitprägen (Ingenhoff/Röttger 2006).

Durch ein systematisches Issues Management Verfahren kann beiden Aspekten begegnet werden. Issues Management zielt darauf ab, potenzielle und konfliktäre Themen, die Einfluss auf den Handlungsspielraum und die Reputation einer Organisation haben und öffentlich diskutiert werden, frühzeitig durch systematische Beobachtung der relevanten Umweltbereiche zu erkennen und zu bearbeiten. Eine proaktive Auseinandersetzung mit den Erwartungen und Ansprüchen sich immer stärker vernetzender Teilöffentlichkeiten ermöglicht, Chancen zu erkennen und Risiken abzuwenden. Issues Management bezeichnet dabei ein systematisches Verfahren, das durch koordiniertes Zusammenwirken von strategischen Planungs- und Kommunikationsfunktionen interne und externe Sachverhalte, die eine Begrenzung strategischer Handlungsspielräume erwarten lassen oder ein Reputationsrisiko darstellen (=Issues), frühzeitig lokalisiert, analysiert, priorisiert und aktiv durch Massnahmen zu beeinflussen versucht sowie diese hinsichtlich ihrer Wirksamkeit evaluiert (vgl. Ingenhoff 2004; Ingenhoff/Röttger 2006).

Dabei gilt, je früher ein Issue identifiziert wird, umso grösser ist der Handlungsspielraum für die betroffene Organisation, da in der frühen Phase nur wenige Akteure an der öffentlichen Diskussion beteiligt sind und diese direkt adressiert werden können. Insbesondere für die Früherkennung von Issues kann es daher relevant sein, die in Kommunikationsnetzwerken wie Blogs, News- und Chat-Foren entstehenden Themen und Teilöffentlichkeiten in die Suche mit einzubeziehen. Wie bereits einige prominente Fallstudien zeigen,[1] können Aktivisten, die ein Issue in der „Blogosphäre" publizieren, großen Einfluss erlangen. Dabei zeigt sich, dass Unternehmensverantwortliche häufig erst dann handeln, wenn das Issue in seinem „Lebenszyklus" bereits weiter fortgeschritten ist und die Aufmerksamkeit verschiedener weiterer Anspruchsgruppen, der Leitmedien und in der Folge häufig auch der Politik gefunden hat.

Welche Medien nutzen Organisationen, um Issues zu identifizieren? Wird die Möglichkeit, durch die neuen Technologien bereits frühzeitig auf Issues aufmerksam zu werden, gegenwärtig bereits genutzt? Wie notwendig ist es, Weblogs bei der Suche nach Issues mit einzubeziehen?

1.1 Suchstrategien bei der Identifizierung von Issues
Innerhalb einer Online-Befragung im Oktober und November 2005 wurden börsenkotierte Großunternehmen mit Hauptsitz in der Schweiz zu ihren Suchstrategien im Bereich des Issues Management befragt. Dabei wurden 252 Unternehmen per Email gebeten, einem Online-Link zu folgen und einen Online-Fragebogen auszufüllen. Die Rücklaufquote betrug mit 92 ausgefüllten Fragebögen 36%. Von den 92 teilnehmenden Unternehmen verfügten lediglich 37 Unternehmen über ein systematisches Issues Management Verfahren, die anderen gaben an, Issues Management nicht einzusetzen. Dieses erste Ergebnis zeigt, dass Issues Management in der Schweiz noch nicht zu den Standardverfahren von Großunternehmen gehört. Für unsere Fragestellung wurden nun diejenigen Unternehmen nach dem Einbezug von verschiedenen Medien bei der Identifizierung von Issues weiter befragt, die angaben, Issues Management aktiv umzusetzen. Auch wenn die Untersuchung nicht repräsentativ ist, so lassen sich doch einige Tendenzaussagen ableiten, die die aktuellen Suchstrategien von Schweizer Unternehmen widerspiegeln.

Anhand von Aussagen (z.B. „Wir untersuchen führende Leitmedien nach potenziellen Issues") konnten Einschätzungen auf einer 4er Skala von "1 = stimmt vollständig", "2 = stimmt eher" bis "3 = stimmt eher nicht" und "4 = stimmt nicht" vorgenommen werden. Dabei zeigte sich (vgl. Abb. 1), dass in Schweizer Unternehmen die Suche in den Leitmedien (Tageszeitungen) mit einem Mittelwert (MW) von 1,49 dominiert, dicht gefolgt von Fachzeitschriften (MW = 1,59) und Online-Ausgaben der Printmedien (MW = 1,70). Kumuliert über die Skalenwerte 1 bis 2 nutzen nahezu 90% die genannten Medien, dicht gefolgt von fachspezifischen Zeitschriften (MW = 1,84) und lokalen Zeitungen (MW = 1,92). Das Ergebnis zeigt, dass neben den klassischen Leitmedien und Fachzeitschriften zumindest die Online-Ausgaben der Leitmedien in der Zwischenzeit bei der Suche nach Issues berücksichtigt werden.

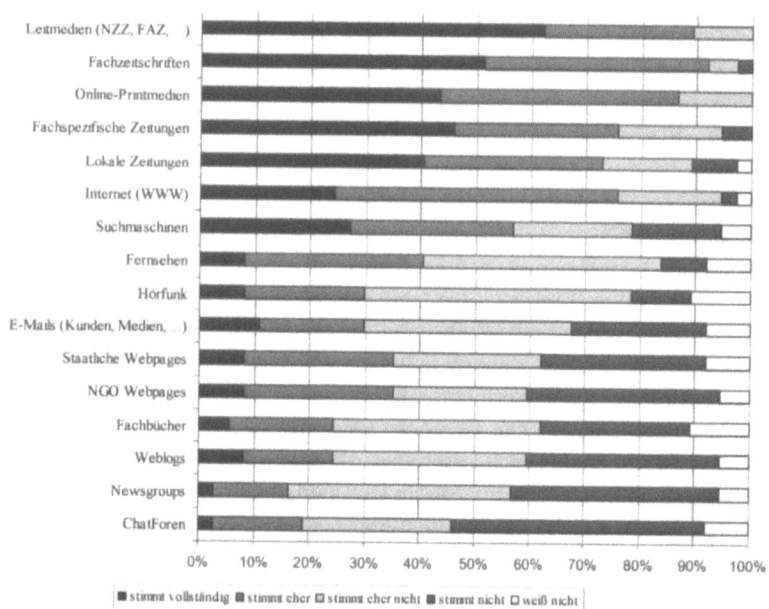

Abb. 1: Welche Medien werden zur Identifizierung potenzieller Issues analysiert? (N=37)

Obwohl der Einbezug des Internets (MW = 2,0) kumuliert noch bei über 70% liegt, fällt auf, dass die im Internet zur Verfügung stehenden Kommunikationstechnologien und Webpages offensichtlich kaum genutzt werden. Eine Erklärung könnte darin liegen, dass sich die Nutzer des Internets in diesem Bereich hauptsächlich auf die Online-Ausgaben der Printmedien stützen. Viele Möglichkeiten der frühzeitigen Beobachtung aufkommender Issues mittels der neuen Kommunikationstechnologien bleiben bislang ungenutzt und liegen noch hinter dem Einsatz von Fernsehen (MW = 2,56) und Hörfunk (MW = 2,70). So werden die für die frühzeitige Identifikation von Issues proklamierten Weblogs (MW = 3,03), Newsgroups (MW = 3,20) und Chat-Foren (MW = 3,26) in dieser Befragung nur von einigen wenigen Firmen aktiv in die Suche mit einbezogen und liegen damit am Ende der Skala.

1.2 Internet-Monitoring als Frühwarnsystem?
Die Untersuchung zeigt, dass nur wenige Unternehmen der Empfehlung, neue Bezugsgruppen und Themen im Netz frühzeitig durch ein Internet-Monitoring zu identifizieren (Zerfaß 2004a, 424), nachkommen. Die neuen Technologien, insbesondere die Weblogs, werden bislang kaum in die aktive Suche nach Issues mit einbezogen. Was könnten mögliche Ursachen für die mangelnde Berücksichtigung sein? Zunächst könnten finanzielle Aspekte eine Rolle spielen. In der Untersuchung gaben 32% der Unternehmen an, die Suche nach Issues an Externe (z.B. eine Agentur) zu vergeben. Jedes weitere Medium, welches in die Analyse einbezogen werden soll, ist mit Kosten verbunden, insbesondere die Suche im „unstrukturierten" Internet. Der Nutzen ist hingegen nicht immer direkt sichtbar, wenn in der Vielzahl der existierenden Blogs die tatsächlich relevanten Seiten bzw. Weblogs nicht direkt gefunden werden. Aber genau hier könnte ein weiteres Hauptproblem liegen: Die in den verschiedenen Kommunikationsnetzwerken entstehenden Themen, die von wenig involvierten Privatpersonen bis hin zu gut vernetzten Meinungsführern und Aktivisten diskutiert und distribuiert werden, sind angesichts der Vielfalt und Quantität nur schwer identifizier- und bewertbar.

Theoretische Konzepte und empirische Untersuchungen, die Aufschluss darüber geben, wie und wann im Internet diskutierte Issues in andere Medien und Teilöffentlichkeiten gelangen und dort weiter thematisiert werden, sind bislang kaum vorhanden. Erste Hinweise zur Priorisierung von Issues im Internet finden sich bei Coombs (2001). Er argumentiert, dass sich die Wahrscheinlichkeit zur Verbreitung von Online-Issues ableiten lässt aus der *Legitimität des Issue*, d.h. dem Ausmass, in welchem das Issue als öffentliches Anliegen wahrgenommen wird, und der *Macht der Issue-Aktivisten*, andere Stakeholder im Netz zu erreichen und mit diesen auf vielfältige Art und Weise verlinkt zu sein. Röttger/Zielmann (2006, 35 f.) zeigen, dass es darüber hinaus wichtig ist, ob ein Issue bereits bestehenden Themen zugeordnet werden kann, und ob ein vergleichbarer Kontext vorhanden ist. Des Weiteren erhöht sich die Wahrscheinlichkeit einer Verbreitung, wenn das Issue von Meinungsführern wiederholt thematisiert wird. Schliesslich kann auch die *Nachrichtenwerttheorie* (vgl. z.B. Maier/Ruhrmann/Klietsch 2006) auf Weblogs übertragen werden. Je mehr Nachrichtenfaktoren (z.B. Betroffenheit, Überraschung, Emotionalisierung, Negativität) bei einem in Weblogs aufkommenden Issue vorhanden sind, desto eher wird es beachtet, verbreitet und weiter verlinkt. Dies hat Einfluss auf den Lebenszyklus: Sowohl die Emergenzphase kann durch die schnelle Verlinkung innerhalb der neuen Kommunikationstechnologien verkürzt werden, als auch die Abschwungphase kann durch das

"E-memory" verlängert werden, da alte Pages und Issues (z.B. via Internet Archive Wayback Machine) jederzeit wieder auffindbar sind.

Zusammenfassend kann als erstes Teilergebnis festgehalten werden, dass Blogs zwar als sensible Barometer für das Issues Management fungieren können und frühzeitig auf zukünftig relevante Themen verweisen, die aktive Integration in die Suchstrategien von Unternehmen allerdings noch nicht vollzogen wurde. Vor dem Hintergrund des weiter steigenden Online-Aktivismus (Illia 2002) ergibt sich hieraus weiterer Forschungsbedarf a) über die Regularitäten der Entstehung von Issues als auch b) über den professionellen Umgang mit und der richtigen Bewertung von aufkommenden Issues im Internet und insbesondere in der „Blogosphäre".

2. Corporate Blogs als Instrument der Organisationskommunikation

Nach einem ersten explorativen Einblick in die Issue-Suchstrategien von Schweizer Unternehmen unter Einbezug der Online-Medien intressiert nun, ob und wie Unternehmen selbst die neuen Medien, insbesondere das Corporate Blogging, für sich nutzen können bzw. dies bereits tun.

Zu Beginn des World Wide Webs war es ohne Fachwissen nicht möglich, eigene Informationen zu publizieren. Dies hatte zur Folge, dass die Anzahl der Besucher von Webseiten stetig zunahm, die Anzahl an publizierenden Internetnutzern aber infolge der technischen Hürden begrenzt blieb. Dies änderte sich Ende der 90er Jahre mit dem Aufkommen der sog. „Social Software", d.h. derjenigen neuen Technologien, die eine weltweite, digitale Vernetzung von Personen und Gruppen mit Hilfe von Webseiten erlauben (Przepiorka 2006). Dem Begriff lassen sich Formen der Internetkommunikation wie Kontaktbörsen, Weblogs, Tools zur Zusammenarbeit im Internet wie etwa Wikis oder Instant Messengers zuordnen.

Corporate Blogs bezeichnen Weblogs, die durch das Unternehmen, seine Mitarbeiter oder seiner Führungskräfte zur direkten, ungefilterten und dialogorientierten Kommunikation mit zentralen Anspruchsgruppen innerhalb der internen Kommunikation, der Marktkommunikation oder der Public Relations eingesetzt werden (vgl. Zerfaß 2005, 28). Sie erfüllen innerhalb der Organisationskommunikation vor allem Image-, Thematisierungs- und Informationsfunktionen.

Auf der Suche nach Corporate Blogs in der Schweiz zeigt sich, dass zum Zeitpunkt der Untersuchung zu Jahresbeginn 2006 lediglich *ein* börsenkotiertes

Schweizer Unternehmen über einen Corporate Blog verfügt, allerdings kommt dieser in der internen Kommunikation zum Einsatz.[2] Darüber hinaus nutzen offenbar nur einige wenige kleinere Firmen und vor allem Agenturen Corporate Blogs (ebd.). In Deutschland sieht es nicht viel anders aus: Ein Grossteil der DAX-Konzerne prüft gerade den Einsatz der Internet-Tagebücher, bislang haben aber nur Siemens, SAP, BMW und die Allianz bereits erste Erfahrungen gesammelt, dies ebenfalls vorwiegend im Rahmen der internen Kommunikation (Rosenberger 2005, 11).

In den USA sind externe Corporate Blogs nicht bloss Gesprächsstoff, sondern bereits Realität. Zahlreiche Unternehmen nutzen Corporate Blogs als Instrument für die Organisationskommunikation. Um einen ersten Schritt zum Einsatz und zur Analyse von Corporate Blogs zu vollziehen, haben wir in einer zweiten explorativen Studie US-amerikanische Corporate Blogs inhaltsanalytisch untersucht.

2.1 Inhaltsanalytische Untersuchung von US Corporate Blogs

2.1.1 Datenbeschreibung und -erhebung

Bei der Untersuchung von Blogs steht man vor dem Problem, dass die Grundgesamtheit i.d.R. nicht bekannt ist und somit aus der ausgewählten Stichprobe kein Inferenzschluss gezogen werden kann. Für die Auswahl der Untersuchungsobjekte der Studie wurde daher hilfsweise eine Liste aus dem Internet herangezogen, welche die bloggenden Fortune 500 US-Unternehmungen auflistet.[3] Um eine für die Untersuchung sinnvolle Auswahl zu treffen, sind folgende Aufgreifkriterien definiert worden:

- Der Corporate Blog muss klar *einer* Unternehmung zugeordnet werden können und einen offiziellen Corporate Blog darstellen
- Betreibt eine Unternehmung mehrere Corporate Blogs, fliesst keiner in die Untersuchung ein.
- Der letzte Eintrag im Corporate Blog darf nicht mehr als einen Monat zurück liegen.

---

2 http://www.corporate-blog.ch/index.php (13.2.2006); http://www.corporateblogging.info/europe (14.2.2006)
3 http://www.socialtext.net/bizblogs/index.cgi. Bei dieser Liste handelt es sich um ein Wiki, weshalb sie jederzeit von den Besuchern geändert bzw. ergänzt werden kann. Für die Untersuchung wurde die Liste vom 19.2.2006 verwendet.

Nach Anwendung dieser Kriterien verbleiben insgesamt zehn Corporate Blogs, welche inhaltsanalytisch untersucht werden (s. Tab. 1).[4] Die in der Inhaltsanalyse untersuchten Corporate Blogs unterscheiden sich z.T. stark. Während viele Unternehmen den Corporate Blog hauptsächlich für die Marktkommunikation nutzen, durch die einzelne Produktlinien vorgestellt und Hinweise für Kunden in Bezug auf mögliche Fehler und Entwicklungspotenziale gegeben wird (sog. Service Blogs oder Customer Relationship Blogs), handelt es sich beispielsweise beim Sun-Blog um einen sog. CEO-Blog, der durch den in der Zwischenzeit schon fast berühmt gewordenen CEO Jonathan Schwarz unterhalten wird (vgl. zu den verschiedenen Arten von Corporate Blogs Zerfaß 2005, 30 f.).

Unternehmung	Blog Adresse	Branche
Amazon.com Inc	http://aws.typepad.com	E- Commerce
The Boeing Company	http://boeing.com/randy	Maschinenindustrie
Cisco Sytems Inc.	http://blogs.cisco.com/gov	IT
CoxCommunications Inc.	http://www.digitalstraighttalk.com	TV Tele Cable
Electronic Data Systems	http://www.eds.com/	IT
General Motors Corporation	http://fastlane.gmblogs.com	Autoindustrie
Mc Donalds	http://csr.blogs.mcdonalds.com	Gastronomie
Sprint	http://businessblog.sprint.com/1/1/	Telekommunikation
Sun Microsystems	http://blogs.sun.com/roller/page/jonathan	IT
Texas Instruments	http://blog.ti.com	IT

Tab. 1: In die Untersuchung eingegangene US-Corporate Blogs

Als Untersuchungseinheit gilt ein einzelner Weblog-Eintrag (welcher zumindest mit Datum und Uhrzeit gekennzeichnet ist) eines Corporate Blogs (Internetseite). Pro Tag und Corporate Blog können damit theoretisch mehrere Untersuchungseinheiten vorhanden sein. Zur Untersuchungseinheit gehören auch die jeweiligen

---

4 So existieren mehrere Corporate Blogs von IBM, Microsoft, Hewlett Packard und Honeywell, bei den Blogs von Oracle, Time Warner, Xerox und Viacom handelt es sich nicht um offizielle Corporate Blogs und der Ford Mustang 2005 Weblog wurde seit über einem Jahr nicht mehr aktualisiert.

Kommentare der Weblog-Rezipienten. Der Untersuchungszeitraum umfasste einen Monat vom 20.01.2006 bis zum 20.02.2006, insgesamt wurden N=82 Blog-Einträge untersucht.

2.2.2 Entwicklung eines Kategoriensystems zur Analyse von Corporate Blogs

Das entwickelte Kategoriensystem wurde einem Pretest unterzogen und in seiner angepassten Form auf seine Reliabilität mittels eines Intercoder-Reliabilitätstests der inhaltlichen Variablen getestet. Nach Anpassung bzw. Spezifizierung der Codierregeln wurde ein Reliabilitätskoeffizient von .89 zwischen beiden Kodierern erreicht. Die Entwicklung der inhaltlichen Kategorien erfolgte aufgrund der typischen kennzeichnenden Merkmale von Corporate Blogs (1) und den darin möglichen Themen (2) und resultierte in folgenden Kategorien:

1.1 Dialogizität

Ein Corporate Blog zeichnet sich durch Dialogizität aus, die anhand der *Anzahl der Kommentare,* dem *Vorhandensein einer Feedbackfunktion* und anhand der dem *Vorhandensein einer Trackbackfunktion* bzw. der *Anzahl der Einträge im Trackback* gemessen wurde (vgl. auch Schmidt 2006).

1.2 Glaubwürdigkeit, Vertrauen und Authentizität

Zum Aufbau von Vertrauen im Internet gehört die *Identität der Autorenschaft* der jeweiligen Weblog-Einträge (Zerfaß 2005). Hier wurde analysiert, ob der Autor komplett anonym blieb, lediglich der Name ohne Position bekannt gemacht wurde, oder ob sich die Angestellten der Kommunikationsabteilungen oder sonstige Angestellte oder Mitglieder des Managements für den Eintrag verantwortlich zeichneten. Schön (2004, 74) verweist auf die Wichtigkeit, dass die Einträge mit einer persönlichen Stimme geschrieben werden sollten. Dieser Tatbestand wird anhand der Unterscheidung zwischen einer *subjektiven Ich-Perspektive,* einer *Unternehmungsperspektive* (Wir) und einer *neutralen Perspektive* untersucht, in welcher der Text verfasst worden ist. Ein Corporate Blog sollte zudem mehr bieten als blosse Produktwerbung oder Firmen-PR. Um den *Grad der Werbeabsichten* zu untersuchen, wurde quantifiziert, wie oft der Name der Unternehmung oder der Name des Produktes bzw. der Marke im Weblog-Text vorkommt.[5]

---
5 O. A. (23.10.2005): http://www.ewerx.com/2005/10/23/rankings-und-das-corporate-blogging-in-deutschland/).

1.3 Aktualität

Corporate Blogs müssen in regelmässigen Abständen in umgekehrt chronologischer Reihenfolge ergänzt werden, hier wurden die *Anzahl der Einträge pro Woche, die Anzahl der verschiedenen Autoren* durch deren mindestens einmaliges Publizieren und das Vorhandensein einer *Chronologie* gemessen (vgl. Schmidt 2006).

1.4 Benutzerfreundlichkeit

Dazu gehört zum einen eine *Suchfunktion*, mit deren Hilfe archivierte Blog-Einträge aufgespürt werden können (Herring/Scheidt/Bonus/Wright, o.J.). Zum anderen sollte das Lesen für den interessierten Rezipienten durch das Vorhandensein der *RSS-Funktion* erleichtert werden, so dass der Rezipient stets über neue Weblog-Einträge auf dem Laufenden gehalten wird. Dank eines *Archivs* können auch ältere Beiträge gefunden und gelesen werden. *Tags* helfen in einem thematisch gegliederten Inhaltsverzeichnis, Beiträge nach Kategorien zu durchforsten bzw. einzuordnen. Weiter wird an dieser Stelle untersucht, ob der Weblog-Eintrag *Bilder, Audio- oder Videomaterial* oder *Links* beinhaltet, die die Attraktivität von Weblogs erheblich erhöhen können.

2. Blog-Inhalte

2.1 Hauptthemen

Grundsätzlich sind den Corporate Blogs inhaltlich bzw. thematisch keine Grenzen gesetzt. In der Literatur finden sich Angaben darüber, welche thematischen Inhalte in einem Corporate Blog vorkommen können (z.B. Pleil, Zerfass 2005).[6] Kodiert wurden in unserer Untersuchung die folgenden Kategorien:

2.1.1 Über die Unternehmung

- *Produktspezifika*: Vorstellung neuer Produkte bzw. Dienstleistungen, Markteinführungen, neue Produktideen, produktspezifische Informationen, Hinweise auf eigene Homepageangebote, um so auch die Markenbildung zu unterstützen und Themen und Ideen zu platzieren (Thommen 2005, 53).

---

6 Vgl. auch http://www.neuegegenwart.de/ausgabe40/corporateblogs.htm; www.zerfass.de/CorporateBlogs-AZ-270105.pdf

- *Firmenstrategien*: Interne Veränderungsprozesse und Entwicklungen, neue Produktionstechnologien, strukturelle Veränderungen, Zukunftsvisionen, Stellenangebote, Image
- *Finanzielle Aspekte:* Budget, Bilanzen, Preise, Lage der Unternehmung, Bestellungen und Aufträge
- *Firmenkultur (Corporate Culture)*: Umgang unter Mitarbeitern, soziales Engagement, Unternehmenswerte
- *Metakommunikation*: Einträge, die sich auf den eigenen Blog beziehen
- *Links auf eigene Seiten*: Aufforderung bzw. Hinweis, ein Dokument auf der Firmenhomepage anzuschauen
- *Arbeitsalltag*: Selbst- bzw. Fremdschilderungen über Sitzungen, Geschäftsreisen, Konferenzen etc.

2.1.2 Über das Unternehmensumfeld

- *Branche allgemein*: Entwicklungen, Konkurrenz, Wettbewerber und Konkurrenzprodukte, Rahmenbedingungen, Marktentwicklung, Verhalten von Konkurrenten aus derselben Branche, neue Technologien
- *Wirtschaft*: Konjunkturlage, Rohstoffpreise, Währungen, Wertschriften, Umbrüche
- *Politik*: Gesetze, Gerichte, Regierung, Parteien, Parlament, Abstimmungen, Weltpolitik
- *Customer Relationship Management (CRM)*: Kundenbindung, Kundenbetreuung, Service Point, Markt- und Trendforschung, Reagieren auf Reklamationen, Krisenkommunikation, Auforderung zum Handeln.
- *Bezug auf andere Weblogs und Webseiten*: Corporate Blogs, Private Weblogs, explizite Aufforderung, eine andere Adresse zu besuchen, Hinweise auf Inhalte (Link als Motivation für den Weblog-Eintrag).

2.1.3 Über Privates

- Berichte über Freizeit, Familie, Hobbies etc.

2.2 Nebenthemen

Für die Nebenthemen werden dieselben Einteilungen verwendet wie für die Hauptthemen. Ein Nebenthema kommt grundsätzlich nur bei Einträgen in Frage, welche mehr als 500 Zeichen Umfang aufweisen, und muss ausserdem mindestens einem Viertel des Textumfanges des Hauptthemas entsprechen und damit genügend prominent zur Sprache kommen, damit es als Nebenthema gilt.

2.2.3 Was kennzeichnen Corporate Blogs? Untersuchungsergebnisse der Inhaltsanalyse

Die meisten der untersuchten Corporate Blogs erfüllen die durch die beschriebenen Merkmale (1.1 bis 1.4) geforderten Bedingungen. Die Blogeinträge sind in umgekehrt chronologischer Reihenfolge aufgelistet, werden archiviert und können in sieben von zehn Fällen mit Hilfe einer Suchfunktion, und in acht von zehn Fällen mit Hilfe von Tags (Schlagwörtern) gefunden werden. Alte Weblog-Einträge sind deshalb jederzeit schnell auffindbar. Die RSS-Technologie ist bei allen Corporate Blogs verfügbar und alle Corporate Blogs ermöglichen dem Leser, ein Feedback zu den einzelnen Einträgen abzugeben. Eine Besonderheit ist unter dieser Optik der Boeing Blog (Randy's Journal). Eine Kommentarfunktion ist vorhanden, aber die Kommentare können nicht einem spezifischen Beitrag zugeordnet werden. Der Feedbackkanal bezieht sich folglich auf den gesamten Corporate Blog und nicht auf jeden einzelnen Weblog-Eintrag.

Durchschnittlich werden nur 1,8 Weblog-Einträge pro Woche publiziert. Betrachtet man die einzelnen Untersuchungsobjekte im Untersuchungszeitraum von einem Monat, so stellt man fest, dass zwischen den Corporate Blogs erhebliche Unterschiede bestehen. So waren im Untersuchungszeitraum auf dem Texas Instruments Weblog lediglich zwei Einträge veröffentlicht worden, während in derselben Zeitspanne auf dem EDS Corporate Blog 21 Einträge zu finden sind (vgl. Abb. 3). Die meisten Corporate Blogs erfüllen somit die wichtigsten kennzeichnenden Merkmale, zeigen aber deutlich einen unterschiedlichen Aktivitätsgrad.

Corporate Blogs und Blog-Monitoring in der Unternehmenskommunikation 137

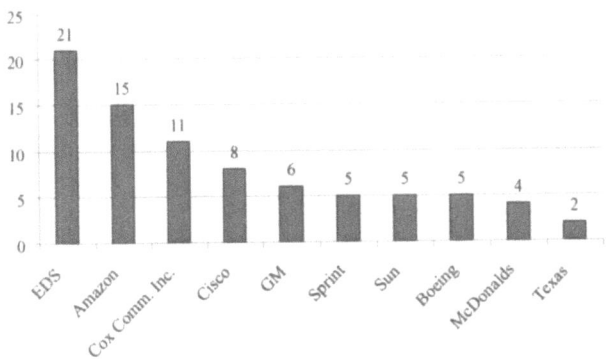

Abb. 2: Anzahl der durchschnittlichen Blog-Einträge pro Woche

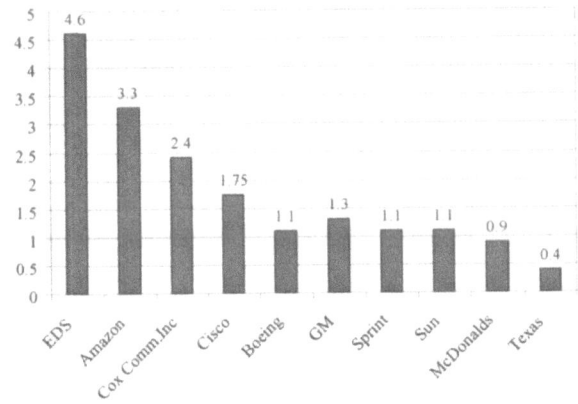

Abb. 3: Anzahl der Blog-Einträge im Untersuchungszeitraum (32 Tage)

Bei einer Analyse der einzelnen Einträge kann festgestellt werden, dass die Umfänge und Themen stark variieren. Durchschnittlich umfasst ein Corporate Blog-Eintrag 1546 Zeichen, dies entspricht ca. 270 Wörtern. Der kürzeste Eintrag, gefunden im Sunblog, ist 196 Zeichen lang, während der längste Eintrag, gefunden im McDonalds Corporate Blog, 5565 Zeichen, d.h. 28 mal länger ist.

Bei den angesprochenen Themen überwiegen Themen über das Unternehmensumfeld (56%) (N=46) gegenüber den Themen über die Unternehmung (37%) (N=30). Nur in 7% (N=6) der Fälle handelt es sich um Selbstschilderungen über den Arbeitsalltag.

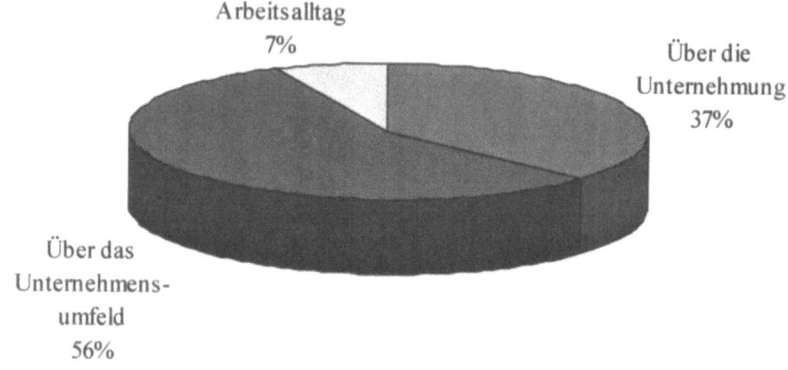

Abb. 4: Inhaltliche Aspekte der Corporate Blogs

Werden Hauptthemen aus dem *Unternehmensumfeld* angesprochen, so dominieren in 43% der Fälle branchenspezifische Themen, gefolgt von Aufforderungen, eine bestimmte Seite im World Wide Web bzw. einen anderen Weblog zu besuchen (28%).

Branche	20
Produktspezifisch	13
andere Weblogs/Webpages	15
Eigener Arbeitsalltag	6
Firmenkultur	5
Metakommunikation	5
Links auf eigene Seite	5
Customer Relationship Management	5
Wirtschaft	3
Politik	3
Firmenstrategien	2

Tab. 2: Themen der Weblog-Einträge

Bei den Themen *über die Unternehmung* werden in rund 40% der Fälle produktspezifische Informationen, in je 17% der Fälle Informationen über die Unternehmenskultur, Metakommunikation und Links auf eigenen Seiten, vermittelt. Über den eigenen Arbeitsalltag wird nur in 7% der Einträge berichtet. Auffallend ist, dass bei den untersuchten Corporate Blogs nie über ausschliesslich private Themen berichtet wurde.

Corporate Blog	Durchschnittl. Anzahl Produktnamensnennungen
Amazon	0.40
Boeing	9.20
Cisco	0.00
Cox	0.73
EDS	0.14
GM	2.83
McDonalds	0.00
Sprint	0.00
Sun	2.00
Texas Instr.	0.00

Tabelle 3: Durchschnittliche Anzahl der Produktnamensnennungen

Keinem der untersuchten Corporate Blogs kann man unterstellen, dass sie reine Werbekanäle sind. Berechnet man den Anteil produktspezifischer Einträge im Verhältnis zu allen Untersuchungseinheiten (N=82), so ergibt sich ein Wert 16%. Dies bestätigt auch die durchschnittliche Anzahl Namensnennungen der Firma (rund 2 pro Corporate Blog), sowie die durchschnittliche Anzahl Produktnennungen (rund 1,5 pro Corporate Blog) (vgl. Tab. 3 und 4).

Um eine dialogorientierte und transparente Kommunikation zu ermöglichen, ist es wichtig zu wissen, wer eigentlich kommuniziert. Diesem Ideal entsprechen die untersuchten Blogs nur annäherungsweise. Wenn man bei der Analyse die Digital Straight Talk Blog-Site von Cox Communication, dessen Autoren nicht bekannt sind, ausser Acht lässt, beträgt die Anzahl der genannten Namen 97%. Gleichzeitig findet man nur in 49% der Fälle auch die Bezeichnung der Position des Autors innerhalb der Firma.

Ein Weblog ist umso authentischer und glaubwürdiger, je mehr der Leser möglichst persönlich angesprochen wird. Rund die Hälfte der Beiträge ist in der „ich"-Perspektive verfasst. Auf den ersten Blick erstaunt es, dass die „wir"-Perspektive mit einem Wert von 20% unter der neutralen „man"-Perspektive liegt.

Dies hängt möglicherweise damit zusammen, dass viel über neue Technologien und Rahmenbedingungen aus der direkten Erfahrungsperspektive berichtet wird.

Corporate Blog	Durchschnittl. Anzahl Firmennamensnennungen
Amazon	1.00
Boeing	2.00
Cisco	1.25
Cox	0.45
EDS	2.52
GM	2.83
McDonalds	5.25
Sprint	2.20
Sun	3.40
Texas Instr.	0.00

Tabelle 4: Durchschnittl. Anzahl Firmennamensnennungen

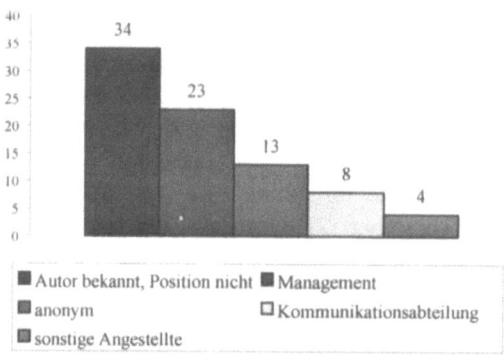

Abb. 5: Autoren der Corporate Blogs

Durchschnittlich finden sich 2,7 Links pro Blogeintrag, in einigen Fällen über zehn Links. Dieser Wert wurde errechnet ohne Berücksichtigung der Kommentare auf dem GM Fast Lane Blog, da dessen hoher Wert das Durchschnittsergebnis verfälscht hätte. Während Links oft in die Beiträge integriert werden, ist dies bei

Bildern und vor allem bei Videos nicht der Fall. In nur 23% der Einträge werden Bilder integriert. Auf Videos wird lediglich in Form von Links verwiesen, direkt in die Einträge eingebunden wurden sie nicht.

In der Untersuchung wird weiterhin deutlich, dass die Dialogizität noch nicht vollumfänglich ausgeprägt ist. In der Theorie beschrieben als eine der Kernfunktionen, wird sie in der Praxis nicht immer genutzt. Nur die Hälfte der Einträge wird überhaupt kommentiert, weshalb der Wert der durchschnittlich abgegebenen Kommentare lediglich 1,7 beträgt. Gründe könnten möglicherweise im bisher fehlenden allgemeinen Interesse an Corporate Blogs vermutet werden. Darüber hinaus scheitert das Anbringen von Kommentaren ggf. auch an Restriktionen wie der Angabe der E-Mail Adresse, was zur Folge hat, dass Kommentare nicht anonym abgegeben werden können. Zudem behalten sich einige Unternehmen vor, Kommentare vor der Veröffentlichung zu kontrollieren. Dies widerspricht der grundsätzlichen Philosophie und schadet direkt der Authentizität und der Glaubwürdigkeit des Weblogs. Ohne freie Kommentarmöglichkeit wird aus jedem Corporate Blog ein Verlautbarungsmedium, wodurch die Motivation zur aktiven Teilnahme sinkt.

Eine Ausnahme bildet der GM Fast Lane Blog, der dieses Problem offensichtlich nicht kennt. Durchschnittlich werden über 140 Kommentare pro Beitrag eingetragen. Dies kann zum einen beeinflusst sein durch die verstärkt emotionale Komponente beim Produkt und Thema "Auto", zum anderen kann das Ergebnis aber auch auf die sehr offene und glaubwürdige Handhabung des Weblogs zurückgeführt werden. So werden sogar Konkurrenzprodukte erwähnt und abgebildet, wenn dies das Thema erfordert. Zudem werden die Leser immer wieder aufgefordert, ihre Meinung abzugeben.

Evaluiert man, welche Themen am meisten Kommentare evozieren, dann fällt auf, dass die Leser besonders motiviert Kommentare abgeben, wenn der Corporate Blog selbst zur Thematik wird oder Fragen bezüglich des Corporate Blogs an die Leser gestellt werden. Grundsätzlich werden Themen über die Unternehmung pro Eintrag durchschnittlich häufiger kommentiert als Beiträge mit Themen über das Unternehmensumfeld.

Zusammenfassend kann als zweites Teilergebnis der Untersuchung festgehalten werden, dass in der Schweiz (ebenso wie auch in Österreich und Deutschland) Corporate Blogs als Instrument der externen Organisationskommunikation in börsenkotierten Unternehmen noch kaum verwendet werden. Eine ganz andere Situation findet man in den USA vor. Bei der inhaltsanalytischen Untersuchung der Corporate Blogs der Fortune 500 Unternehmen hat sich klar herausgestellt, dass bereits ein grosses Spektrum an externen Firmen-Blogs existiert. Die in der Theorie beschriebene Kernfunktion der Dialogizität ist aber nur teilweise gewährleistet. Schliesslich kann festgehalten werden, dass die Blog-Einträge hauptsächlich Themen aus dem Unternehmensumfeld aufgreifen, auch wenn Themen über die Unternehmung die meisten Kommentare hervorrufen.

3. Zusammenfassung: neue Herausforderungen für die Organisationskommunikation?

Die beiden dargestellten explorativen Studien geben einen ersten Einblick in ein neues, von Unternehmen bislang wenig genutztes Feld der Issue-Identifizierung und der Online-Relations innerhalb der sich neu entwickelnden Technologien.

Die Blog-Euphorie und den sich damit eröffnenden Chancen und Risiken für Corporate Blogs ist nur insofern berechtigt, als Organisationen bereit sein müssen, dem Blog Authentizität zu verleihen und eine offene Kommunikation zuzulassen. Nur dann wird i.d.R. überhaupt ein Dialog in Gang kommen und die Möglichkeit bestehen, in Teilen Beziehungen zu den bloggenden Bezugsgruppen aufzubauen. Weiterhin stellen Corporate Blogs zwar ein kostengünstiges, schnell aktualisierbares und leicht zu bedienendes Medium dar, welches vor allem mittelständischen Unternehmen eine gute Möglichkeit bietet, ein schnelles Feedback im Internet zu etablieren (Fischer 2004, 3). Aber aus den Vorteilen von Aktualität und Feedbackmöglichkeiten entstehen hohe Anforderungen an die Unternehmenskommunikation. Um einen positiven Effekt zu bewirken, muss ein Corporate Blog eine hohe Frequenz an neuen, inhaltlich interessanten und authentischen Einträgen vorweisen können, und zwar im Kommunikationsstil der jeweiligen Blogosphäre. Darüber hinaus muss der Feedbackkanal ständig gepflegt werden, indem auf aktuelle Kommentare schnell eingegangen wird (Zerfaß & Sandhu 2006, 62). Voraussetzung hierzu ist, dass das Unternehmen eine klare Zielsetzung für die Kommunikation in der Blogosphäre definiert, eindeutige Issue-Positionen formuliert und den Einsatz auf die übrigen Kommunikationsinstrumente abgestimmt hat.

Corporate Blogs beinhalten sämtliche Vor- und Nachteile, die in der Internetkommunikation diskutiert werden. Einerseits ermöglichen sie es, ortsungebunden 24 Stunden am Tag und sieben Tage in der Woche „[...] Zielgruppen schnell, direkt, dialogorientiert, authentisch und reichweitenstark anzusprechen [...]" (Zerfaß & Sandhu 2006, 59). Aber auch hier sind enge Grenzen gesetzt, denn eine zielgruppenspezifische Optimierung von Corporate Blogs ist fast unmöglich (Röttger & Zielmann 2006, 42f.; Zerfaß & Sandhu 2006, 60; Lohmöller 2005, 226). Auf Grund der geringen Beteiligung der potenziellen Leserschaft von Corporate Blogs in Form von Kommentaren, was u.a. auf den noch geringen Bekanntheitsgrad von Weblogs zurückzuführen ist, kann insgesamt momentan noch nicht von einer Revolution in der Organisationskommunikation gesprochen werden. Corporate Blogs scheinen momentan noch Spielzeuge von experimentierfreudigen (einer dominierenden Anzahl von IT-orientierten) Unternehmungen zu sein, weshalb sie im Moment vorwiegend als Nischenphänomen fungieren und nur ein kleines Puzzlestück im gesamten Kommunikationsmanagement sind.

Die Herausforderungen der neuen Technologien für die Organisationskommunikation gelten ebenfalls sowohl für das Scanning als auch für das Monitoring und Analysieren von Weblogs im Rahmen des Issues Management. Auch wenn argumentiert wird, dass Weblogs in Bezug auf Themenkarrieren nur begrenzten Einfluss haben und sich negative Folgen in Form von Image- und Reputationsverlusten erst einstellen, wenn die Massenmedien das Thema aufgreifen (Schmid 2006, 104), so übernehmen sie doch eine Frühwarnfunktion „par excellence", deren Regularitäten erst noch weiter erforscht werden müssen.

Dennoch, die Entwicklung im Internet vollzieht sich phasenweise mit einer extrem hohen Geschwindigkeit, weshalb die frühzeitige Auseinandersetzung mit dem aktiven Einsatz von Corporate Blogs und dem systematischen Suchen und Monitoren von Weblogs für innovative Unternehmen schnell zu einem Vorteil werden könnte. Werden Corporate Blogs in einem zunehmend dialogorientierten World Wide Web zu einem notwendigen Mittel, um mit den Stakeholdern zu kommunizieren oder bei ihnen überhaupt noch Aufmerksamkeit erregen zu können, so werden diejenigen Unternehmungen die Vorteile auf ihrer Seite haben, die auf dem Spielfeld der Blogosphäre bereits die ersten Züge vollzogen haben.

Literatur

Bialik, Carl (2006): Measuring the Impact of Blogs Reguires More Than Counting. In: *Wall Street Journal* [als Online-Dokument] URL: http://online.wsj.com/public/article_print/SB111685593903640572.html (14.2.2006).

Coombs, Timothy W. (2001): Assessing Online Issue Threats: Issue Contagions and their Effect on Issue Prioritisation. In: *Journal of Public Affairs*, 2, 4. S. 215-229.

Dominick, Joseph & Wimmer, Roger (2000): *Mass Media Research. An Introduction.* Belmon: Wadsworth Publishing Company.

Eisenegger, Mark (2005): *Reputationskonstitution, Issues Monitoring und Issues Management in der Mediengesellschaft. Eine theoretische und empirische Untersuchung mit besonderer Berücksichtigung ökonomischer Organisationen.* Wiesbaden: VS Verlag.

Fischer, Tim (2004): Corporate Blogs – Seifenblase oder Bereicherung? In: *Die Gegenwart* Nr. 40. [auch als Online-Dokument] URL: http://www.neuegegenwart.de/ausgabe40/corporateblogs.htm (16.2.2006).

Glotz, Peter (2004): Wandel in der Kontinuität – Herausforderungen an eine neue Zeitungskultur. In: Glotz, Peter & Meyer-Lucht, Robin (Hrsg.) (2004): *Online gegen Print. Zeitung und Zeitschrift im Wandel.* Konstanz UVK. S. 11-25.

Glotz, Peter & Meyer-Lucht, Robin (Hrsg.) (2004): *Online gegen Print. Zeitung und Zeitschrift im Wandel.* Konstanz UVK.

Herger, Nikodemus (2004): *Organisationskommunikation. Beobachtungen und Steuerung eines organisationalen Risikos.* Wiesbaden: VS Verlag.

Herring, Susan & Scheidt, Lois Ann & Bonus, Sabrina & Wright, Elijah (o.J.): *Bridging the Gap: A Genre Analysis of Weblogs.* [Online-Dokument] URL: www.ics.uci.edu/~jpd/classes/ics234cw04/herring.pdf (16.2.2006).

Illia, Laura (2002): Passage to Cyberactivism: How dynamics of activism change. In: *Journal of Public Affairs.* 3; 3/4. S. 326-337.

Ingenhoff, Diana (2004): *Corporate Issues Management in multinationalen Unternehmen. Eine empirische Studie zu organisationalen Prozessen und Strukturen.* Wiesbaden: VS Verlag.

Ingenhoff, Diana & Röttger, Ulrike (2006): Issues Management. Ein zentrales Verfahren der Unternehmenskommunikation. In: Schmid, Beat/Lyczek, Boris (Hrsg.): *Unternehmenskommunikation. Kommunikationsmanagement aus Sicht der Unternehmensführung.* Wiesbaden. S. 321-350.

IBM Blogging Guidelines: [Online-Dokument] URL:
http://www.snellspace.com/IBM_Blogging_Policy_and_Guidelines.pdf (14.2.2006).

Krzeminski, Michael & Zerfaß, Ansgar (1999): *Interaktive Unternehmenskommunikation. Internet, Intranet, Datenbanken, Online-Dienste und Business-TV als Bausteine erfolgreicher Öffentlichkeitsarbeit.* Wiesbaden: FAZ Verlag.

Lohmöller, Bö (2005): Blogs sind? Blogs sind! In: Lehmann, Kai & Schelte Michael (Hrsg.) (2005): *Die Google-Gesellschaft. Vom Digitalen Wandel des Wissens.* Bielefeld: Transcript. S. 221-228.

Maier, Michaela; Ruhrmann, Georg & Klietsch, Kathrin (2006): *Der Wert von Nachrichten im deutschen Fernsehen. Ergebnisse einer Inhaltsanalyse 1992-2004.* Düsseldorf: Landesanstalt für Medien.

Meyer-Lucht, Robin (2004): Journalistische Online-Angebote – Zur Genese einer neuen Mediengattung. In: Glotz, Peter & Meyer-Lucht, Robin (Hrsg.) (2004): *Online gegen Print. Zeitung und Zeitschrift im Wandel.* Konstanz UVK. S. 26-45.

Möller, Erik (2005): *Die heimliche Medienrevolution. Wie Weblogs, Wikis und freie Software die Welt verändern.* Hannover: dpunkt.

Picot, Arnold & Fischer, Tim (2006): Veränderte mediale Realitäten und der Einsatz von Weblogs im unternehmerischen Umfeld. In: Picot, Arnold &; Fischer, Tim (Hrsg.) (2006): *Weblogs professionell. Grundlagen, Konzepte und Praxis im unternehmerischen Umfeld.* Heidelberg: dpunkt Verlag. S. 3- 12.

Pleil, Thomas (2004): Blogging: PR zwischen Euphorie und Ignoranz. In: *Die Gegenwart* Nr. 40. [auch als Online-Dokument] URL: http://www.neuegegenwart.de/ausgabe40/euphorie.htm (16.2.2006).

Przepiorka, Sven (2006): Weblogs, Wikis und die dritte Dimension. In: Picot, Arnold & Fischer, Tim (Hrsg.) (2006): *Weblogs professionell. Grundlagen, Konzepte und Praxis im unternehmerischen Umfeld.* Heidelberg: dpunkt Verlag. S. 13- 27.

Rössler, Patrick (2003): Online-Kommunikation. In: Bentele, Günter & Brosius, Hans-Bernd & Jarren, Otfried (Hrsg.) (2003): *Öffentliche Kommunikation.* Opladen: Westdeutscher Verlag. S. 504-522.

Rosenberger, Walter (2005): Gewerkschaften entdecken Online-Logbücher. Auch Unternehmen nutzen immer häufiger so genannte Weblogs, um Mitabreiter auf dem Laufenden zu halten. In: *Stuttgarter Nachrichten* (23.12.2005). S. 11.

Röttger, Ulrike (2004): *Issues Management. Theoretische Konzepte und praktische Umsetzung. Eine Bestandsaufnahme.* Wiesbaden: VS Verlag.

Röttger, Ulrike & Zielmann, Sarah (2006): Weblogs – unentbehrlich oder überschätzt für das Kommunikationsmanagement von Organisationen? In: Picot, Arnold & Fischer, Tim (Hrsg.) (2006): *Weblogs professionell. Grundlagen, Konzepte und Praxis im unternehmerischen Umfeld.* Heidelberg: dpunkt-Verlag. S. 31-50.

Schmid, Jan (2006): *Weblogs: Eine kommunikationssoziologische Studie.* Konstanz: UVK.

Schön, Gerti (2004): Weblogs: Persönliche Note im Netz. In: *Bestseller Magazin.* S. 74.

Thimm, Caja (Hrsg.) (2002): *Unternehmenskommunikation offline/online. Bonner Beiträge zur Medienwissenschaft* Bd. 1. Frankfurt, New York: Lang.

Thommen, Joachim (2005): Fingerspitzengefühl gefragt. In: *Horizont* Nr. 19. S. 53.

Wehmeier, Stefan (2002): Online Relations – Ein neues Verfahren der Öffentlichkeitsarbeit und seine Problemfelder. In: *Kommunikationsmanagement. Strategien, Wissen, Lösungen.* Hrsg. v. Bentele, G; Piwinger, M. & Schönborn, G. Wolters Kluwer, Loseblattsammlung. S. 1-36.

Westermann, Arne (2004): *Unternehmenskommunikation im Internet.* Vistas.

Zerfaß, Ansgar (2006): Corporate Blogs: Einsatzmöglichkeiten und Herausforderungen. [Online-Dokument] URL: www.zerfass.de/CorporateBlogs-AZ-270105.pdf (14.2.2006).

Zerfaß, Ansgar (2006): Doppelt mißverstanden [Online-Dokument] URL: http://www.meinungsmacherblog.de/?p=56 (14.2.2006).

Zerfaß, Ansgar (2004a): *Unternehmensführung und Öffentlichkeitsarbeit. Grundlagen einer Theorie der Unternehmenskommunikation und Public Relations.* 2. Aufl. Wiesbaden: VS Verlag.

Zerfaß, Ansgar (2004b): Meinungsmacher im Internet. Weblogs und Peer-to-Peer-Dienste als Herausforderungen für die PR. In: *PR-Guide* 6, 2004. S. 1-9.

Zerfaß, Ansgar; Boelter, Dieter (2005). Die neuen Meinungsmacher. Weblogs als Herausforderung für Kampagnen, Marketing, PR und Medien. Nauser & Nauser.

Zerfaß, Ansgar & Sandhu, Swaran (2006): CEO-Blogs: Personalisierung der Online Kommunikation als Herausforderung für die Unternehmensführung. In: Picot, Arnold & Fischer, Tim (Hrsg.) (2006): *Weblogs professionell. Grundlagen, Konzepte und Praxis im unternehmerischen Umfeld.* Heidelberg: dpunkt. S. 51-75.

Internet-Presseportale: Eine Benchmarking-Analyse

Von Caja Thimm & Jasmin-Dominique David

Einleitung

Online PR hat in den letzten Jahren wichtige Funktionen nicht nur auf dem Bildschirm abgebildet, sondern durch das Netz eigenständig entwickelt. Dabei geht es nicht nur um verbesserte Angebotsstrukturen, sondern auch um neue Kommunikationskulturen, die massiv auf die Public Relations Einfluss haben. An vielen Orten werden Weichenstellungen erarbeitet, die die Welt verändern und auf Kommunikation und Marketing erhebliche Auswirkungen haben werden.

Auch das Verhältnis zwischen Journalismus und PR hat sich in den letzten Jahren weiter medialisiert. Im Zeitalter gekürzter Redaktionsbudgets, überlasteter und unter Zeitdruck arbeitender Journalistinnen und Journalisten[1] sowie eines fortwährend größer werdenden „information overload" wird es für PR-Verantwortliche immer wichtiger, Informationen aus dem Unternehmen so darzubieten, dass sie leicht von den JournalistInnen in der Presse platziert werden können. In diesem Zusammenhang kommt internetbasierten Informationen eine immer größere Aufgabe zu – als Recherchetool sind daher auch für Journalistinnen und Journalisten die Webportale der Unternehmen nicht mehr wegzudenken. Konsequenterweise müsste man davon ausgehen, dass diese Portale mit besonderer Sorgfalt gepflegt, mit einer guten Servicestruktur versehen und in der den Bedürfnissen der journalistischen Zunft entsprechenden Form gestaltet sind. Online-PR ermöglicht ja genau dies: individuell und zielgruppenorientiert zusammenstellbare Pressematerialien, auf die Redakteurinnen zeit- und ortsunabhängig zugreifen können.

In unserem Beitrag wollen wir daher prüfen, wie sich ausgewählte Unternehmen aus der Sicht der journalistischen Bedürfnisse online präsentieren und welche Stärken und Schwächen einzelne Presseportale aufweisen. Dabei wird der Ansatz des Benchmarking angewendet, d.h. anhand ausgewählter Kriterien werden einzelne Elemente verschiedener Unternehmen gewichtet und verglichen. Diese Methode ist insbesondere in der Unternehmensentwicklung seit Jahren eines

---
1 Um eine geschlechtergerechte Perspektive zu ermöglichen, werden alle Variationen (Beidbenennungsformen, Binnen-I) gleichmäßg im Text verwendet. Geschlechtsspezifik eines Autors bzw. Autorin bleibt erhalten.

der wichtigsten Analyseverfahren und soll daher genauer für den Bereich der PR ausgeführt werden.

1. Online-PR

Online-PR hat sich in den letzten Jahren wie erwähnt zu einem der wichtigsten Felder der PR entwickelt. Nicht nur die klassischen medialen Formate wie Pressemitteilungen oder Pressemappen werden heute über das Web vertrieben, auch neue Formen wie Unternehmensfilme oder Reden als Audio-Beiträge, Mitschnitte von Pressekonferenzen, Aktionärsversammlungen oder Medienauftritte der Führungsriegen werden als Video-on-demand angeboten und haben sich fest etabliert. Für die Verortung auf den Unternehmenswebseiten wurden dafür die Presseportale entwickelt.

1.1. Journalistische Erwartungen an Online-PR

Welche Erwartungen insbesondere Online-Journalisten an Online-PR haben, lässt sich nicht einheitlich beantworten. Ziel einer Umfrage von www.prdienst. de aus dem Jahr 2004 war es, die Arbeitsweise von Online-Journalisten und ihre Erwartungen an die Online-Pressearbeit von Unternehmen besser kennen zu lernen, um gegebenenfalls konkrete Empfehlungen für Online-PR formulieren zu können. Dazu wurde eine Stichprobe von ca. 800 Online-Redaktionen gebeten, einen Fragebogen im Internet auszufüllen. Über 70 Journalisten unterschiedlichster Redaktionen entsprachen dieser Bitte. Einige der Ergebnisse zeigen, dass die Ansprüche komplex sind. Entgegen der unter PR-Fachleuten weit verbreiteten Ansicht, dass Pressemitteilungen per E-Mail kommentarlos verschickt werden sollten, weiß mit 84,2% der überwiegende Teil der Befragten eine kurze Anmoderation des Meldungsinhaltes zu schätzen. Auch möchten 41% der Befragten Pressemitteilungen als attachment übermittelt bekommen. Die Mehrheit von 58,7% allerdings wünscht die Pressemitteilung direkt in der E-Mail.

Bei Bildmaterial zeigt sich eine andere Akzeptanz von Attachments als bei Pressemitteilungen: 47,6% der Befragten wünschen die Zusendung von Bildmaterial per attachment, wohin gegen 44,4% die Möglichkeit eines Downloads bevorzugen. Der Wunsch nach Komfort und kurzen Wegen scheint bei etwa der Hälfte der Befragten die Sorge vor überlaufenden Mailboxen zu übertreffen. Zudem können Grafik-Dateien keine Viren enthalten.

Die virtuelle Pressemappe hat eine gute Akzeptanz bei über der Hälfte der Befragten. Interessanterweise erfreut sich die Pressemappe im attachment einer höheren Beliebtheit als eine entsprechende Downloadmöglichkeit. Das mag daran liegen, dass der Pressebereich, in dem die Downloads meist eingestellt sind, auf vielen Unternehmenswebseiten schwer zu finden ist.

Obwohl die Befragung ausschließlich bei Online-Journalisten durchgeführt wurde, bevorzugt mehr als ein Drittel der Befragten die klassische Pressemappe auf dem Postweg. Es lohnt sich also auch im Kontakt zu Online-Redaktionen durchaus, Pressemappen auf Papier herzustellen und per Post zu verschicken. Die Bedeutung von Pressemitteilungen ist den Angaben der Befragten nach relativ hoch: Ca. 80% gaben an „gelegentlich" bis „sehr häufig" von den Informationen der Pressemitteilungen Gebrauch zu machen. Lediglich knapp 20% gaben an, sie nutzen nie oder nur selten Pressemitteilungen für ihre Arbeit. Bei etwa 30% der Online-Journalisten finden über 50% des ursprünglichen Meldungstextes Eingang in die Veröffentlichung. Dass 70% der Befragten weniger als 50% der ursprünglichen Mitteilung übernehmen, mag an der oftmals schlechten Qualität und des in der Regel zu großen Umfangs von Pressemitteilungen liegen. Darüber hinaus ist fast die Hälfte der Befragten an umfangreicheren Features und Reportagen interessiert. Es könnte durchaus sein, dass Journalisten aufgrund von umfangreicherer Information auch mehr bzw. häufiger über ein Unternehmen veröffentlichen.

Bei der Frage, was eine Pressemitteilung für Online-Journalisten besonders leicht verwertbar macht, kann man herausheben, dass der Wunsch nach einer internetgerechten Aufbereitung der Inhalte dominierte. Bei Texten sind beispielsweise gliedernde Zwischenüberschriften und partielle Hervorhebungen gemeint, bei Bildmaterial geeignete Dateiformate wie bspw. JPG in maximal 96 dpi und einer dem jeweiligen Layout entsprechenden Größe (bspw. 320x200 Pixel). Die Wünsche der Online-Journalisten/innen sind zwar unterschiedlich, zeigen aber doch einige deutliche Tendenzen auf, die für eine Benchmarking-Analyse aussagekräftig sind.

Um diese skizzierten Anforderungen nun in die Analyse einfließen zu lassen und den „best in class" zu isolieren, ist also eine klare Bewertungsstruktur maßgebliche Voraussetzung. Bei dem Aufbau von Presseportalen geht es – wie ersichtlich – nicht nur um das Einstellen von Pressemitteilungen, sondern um das Bereitstellen einer großen und praktischen Menge an Informationen, die von Journalisten für das Internet, Print, Radio und TV verwendet werden kann. Dazu gehört, dass Nachrichten regelmäßig und umgehend aktualisiert werden, auch muss der Zugang möglichst direkt (wenige Klicks) und leicht zu finden sein.

Die verantwortlichen Ansprechpartner sollten sich möglichst mit Bild, E-Mailadresse und allen Kontaktdaten präsentieren, Anfragen sollten möglichst umgehend beantwortet werden. Einige Experten/innen empfehlen dabei z.b. einen besonderen Service: Den Call-Back-Button, mit dem Journalisten um einen Rückruf bitten können.
Zunehmend interessant werden auch nicht-textbasierte Informationen, wie:
- Töne für Radio im MP3-Format
- Fernsehspots in den gängigen Formaten (Real, Quick Time, Windows Media, MPEG)

Hintergrundmaterialien, wie Broschüren, Präsentationen, Studien, Reden, Statistiken etc. werden ebenfalls gerne heruntergeladen. Wichtig ist die schnelle Verfügbarkeit. So kann ein geschlossener Bereich für JournalistInnen kontraproduktiv wirken. Die meisten Journalisten wollen weder den Zusatzaufwand für das Beantragen eines Zugangs in Kauf nehmen noch die verschiedensten Zugangsdaten verwalten müssen.

All diese Ergebnisse gilt es nun als Teil einer Benchmarking-Analyse in Form von Untersuchungskriterien zu entwickeln.

2. Benchmarking als Analysetechnik

Der Begriff *Benchmark* (= *Maßstab*) bzw. *Benchmarking* (= *Maßstäbe setzen*) bezeichnet ein formalisiertes Konzept, um Verbesserungsmöglichkeiten durch den Vergleich von Leistungsmerkmalen mehrerer vergleichbarer Objekte, Prozesse oder Programme zu finden. Das Wort *Benchmarking* hat seinen Ursprung in der Holzbearbeitung. Ein Schreiner bzw. Tischler hat früher eine Markierung (mark) an seiner Werkbank (bench) angebracht. Mit diesem Maß stellte er sicher, dass z.B. beim Herstellen von Stuhlbeinen alle Beine gleich lang wurden. Dazu legte er einfach ein Stück Holz bündig an der Markierung an und schnitt es an der Kante der Werkbank ab. Heute hat sich der Begriff Benchmarking in vielen neuen Bereichen etabliert. Unter Benchmark versteht man dann genauer „einen Referenzpunkt in Form einer gemessenen Bestleistung" (Mertins/Kohl 2004a, 18).

Das grundsätzliche Ziel des Benchmarking ist es, die Schwächen eines Unternehmens und seiner Prozesse durch Vergleich mit anderen Unternehmen oder Prozessen aufzudecken und die Leistungsfähigkeit zu erhöhen. Für diesen Vergleich sind entweder mindestens zwei aufeinander folgende Erhebungen von Daten durchzuführen oder Daten von mindestens zwei verschiedenen Objekten möglichst gleichzeitig zu erheben. Benchmarking ist ein wiederholt eingesetzter Prozess, um Produkte, Dienstleistungen und Arbeitsprozesse von mehreren Unternehmen oder auch die Wirkung politischer Vorgaben zu beurteilen und zu verbessern.

Nach Camp (1994, 9) – einem der Pioniere dieser Methode – ist Benchmarking „ein kontinuierlicher, systematischer Prozess des Messens und Bewertens eigener Produkte, Dienstleistungen, Methoden und Arbeitsprozesse im Vergleich zu denen von Organisationen, deren Praktiken als beste (Best Practices) anerkannt werden, mit dem Ziel der Verbesserung". Sabisch (1997, 1) geht mit seiner Definition noch weiter indem er die „Erringung von Wettbewerbsvorteilen durch Orientierung an den jeweiligen Bestleistungen" als Ziel des Benchmarking beschreibt.

Diese Definition beschreibt treffend den Kerngedanken dieses modernen Managementinstrumentes. Die kontinuierliche Suche nach und Ausnutzung von Erfolgspotenzialen sind unter den heutigen verschärften Marktbedingungen wesentliche Erfolgsfaktoren für die Wettbewerbs- und Überlebensfähigkeit von Unternehmen im nationalen und internationalen Wettbewerb. Auch die Hochschulen haben dieses Steuerungsinstrument bereits entdeckt, aber selten umgesetzt (Schreiterer 2001).

Benchmarking hilft dabei, konsequent und zielorientiert nach neuen Ideen für Methoden, Verfahren und Prozesse außerhalb der eigenen „Unternehmens-/Organisationswelt" beziehungsweise außerhalb der eigenen Branche zu suchen. Aus den resultierenden Erkenntnissen werden Praktiken oder deren vorteilhafte Eigenschaften adaptiert und implementiert, um die eigene Wettbewerbsfähigkeit sprunghaft zu steigern und die Marktsituation objektiv im Auge zu behalten (vgl. http://www.benchmarking.fhg.de/Benchmarking).

Doch ist damit nicht allein die Übernahme fremder Best Practice-Lösungen gemeint, sondern vielmehr ein detaillierter Analyse- und Lernprozess, um Entwicklungsgänge, Strategien oder Produkte – im eigenen Unternehmen – effektiver zu gestalten.

> In today's business application, the benchmark is that performance objective which incorporates the best practice, the epitome or standard of excellence; and benchmarking is the activity of learning, exchanging, and adapting best practices to your organisation. Benchmarking is *finding* and *implementing best practises*. (Camp 2003, 12)

Über den klassischen Unternehmensvergleich hinaus ist die Methode des Benchmarking zudem „durch das systematische Suchen nach rationellen Vorgehensweisen und besseren Lösungen der ‚eigenen Welt' bzw. der eigenen Branche gekennzeichnet" (Fraunhofer Institut für Produktionsanlagen und Konstruktionstechnik IPK, 2006).

2.1. Benchmarking-Typologien

Benchmarking lässt sich nach drei unterschiedlichen Aspekten differenzieren: Benchmarking nach dem *Vergleichsobjekt*, dem *Benchmarking-Partner oder* nach den *Benchmarking-Parametern*. Dabei können alle Benchmarking-Objekte nach allen Parametern und mit allen Partnerkategorien verglichen werden (vgl. Mertins/ Kohl, 2004b, 90).

Je nach Gegenstandsbereich lässt sich die Art des Benchmarking in Produkt-, Prozess-, Strategie- oder Organisations-Benchmarking klassifizieren. Den Schwerpunkt des *Produkt-Benchmarking* bildet vor allem der Vergleich und die Bewertung der für die Kundenzufriedenheit und für den Unternehmenserfolg relevanten Produktmerkmale sowie die Identifikation des bezüglich aller oder einzelner Merkmale besten Produkts (Sabisch 1997, 3).

Das *Prozess-Benchmarking* als häufigste Benchmarking-Art bezieht sich auf die Untersuchung des Prozessablaufs und Optimierungsmöglichkeiten im Unternehmen. Demgegenüber ist die Aufgabe des *strategischen Benchmarking*, „die Verbesserung der unternehmenseigenen Strategien, die Verbesserung und von Voraussetzungen für die Strategieentwicklung sowie das Erlangen von Wettbewerbsvorteilen und deren Ausbau" (Mertins/Kohl 2004b, 79f). Das *Organisations-Benchmarking* schließlich untersucht Organisationsstrukturen und -modelle, aber auch Projektstrukturen (vgl. Sabisch, 1997, 4).

Doch kann auch eine Unterscheidung nach dem Benchmarking-Partner die Art des Benchmarking beschreiben. Auch hier gibt es eine in der Literatur und Praxis gängige Erläuterung, die die Klassifikation in zwei Kategorien vorsieht:
- Internes Benchmarking
- Externes Benchmarking

Internes Benchmarking ist ein Vergleich mit den Besten innerhalb des eigenen Unternehmens (standortabhängig), oder des eigenen Konzerns (standortunabhängig). Externes Benchmarking wird üblicherweise in drei Kategorien untergliedert:
- konkurrenzbezogenes Benchmarking,

- branchenbezogenes Benchmarking und
- branchenunabhängiges Benchmarking.

Wie die Bezeichnung schon verdeutlicht, befinden sich hierbei die Vergleichspartner außerhalb des Unternehmens. Gerade im Fall des *konkurrenzbezogenen Benchmarking* birgt die Untersuchung den Nachteil, dass sich die Partner schwer akquirieren lassen. Durch Skepsis gegenüber der Intention des Benchmarking-Partners, kann ein offener und gleichwertiger Austausch der Partner mit dem Ziel der beiderseitigen Leistungsverbesserung erschwert werden. Die dritte Variante ist das *branchenunabhängige Benchmarking*. Trotz des Faktes der Heterogenität der potentiellen Partner, „beruht [es] auf der Überzeugung, dass der Prozess der Wertschöpfung über viele Branchen hinweg auf ähnlichen Merkmalen beruht" (Mertins/Kohl, 2004b, 87). Analogien der Prozesse, Strategien, Produkte oder Organisationen müssen allerdings im Vorfeld erst zwischen den Benchmarking-Partnern herausgearbeitet werden, um ein Benchmarking zu ermöglichen.

Der Aspekt der Benchmarking-Parameter ist die dritte und letzte Variante der Unterscheidung von Benchmarking-Arten. Parameter der Differenzierung sind:
- quantitatives Benchmarking,
- qualitatives Benchmarking und
- prozessorientiertes Benchmarking.

Beim *quantitativen Benchmarking* werden Unternehmensleistungen in Kennzahlen wiedergegeben. Ergänzend zu standardisierten Kennzahlen (üblich im Bereich des Controllings und der Buchhaltung) werden spezifische Kennzahlen für die Bedürfnisse des Vorhabens entwickelt. Meist treffen die Benchmarking-Kennzahlen Aussagen zu Zeit, Leistung, Qualität und Struktur. Die Kennzahlen sollen eine Vergleichbarkeit der einzelnen Ergebnisse gewährleisten.

Beim *qualitativen Benchmarking* werden subjektive Bewertungskriterien und Beurteilungen über die Unternehmensabläufe der Prozessbeteiligten betrachtet. Die Vergabe und Untersuchung qualitativer Kennzahlen zeigte sich in der Vergangenheit als schwierig und wird eher selten angewandt.

Beim *prozessorientierten Benchmarking* können ebenfalls Kennzahlen vergeben werden, „die Charakteristika eines spezifischen Prozesses abbilden" und „beispielsweise Prozessdurchlaufzeiten, Fehlerquoten, Ausschussraten etc." (Mertins/Kohl 2004b, 93) vergleichbar machen.

2.2. Benchmarking in der Kommunikation

In den Anfängen des Benchmarking zu Beginn der 1990er Jahre wurden große Erfolge der Methode in den Bereichen Produktion, Logistik, Forschung und Entwicklung erzielt. Besonders aber im Marketing, in dem die fortwährende Kontrolle der durchgeführten Maßnahmen durch Marktanalysen im Rahmen der Marktforschung erfolgt, ist die „Intention des Benchmarking nicht fremd" (Zanger, 1997, 89).

Im Bereich der Kommunikation sind bisher Benchmarking-Analysen größtenteils in der Erforschung der Werbewirkung oder in der Kundenkommunikation durchgeführt worden, in den letzten Jahren auch vermehrt im Bereich des Journalismus (Haller 2005). Allerdings werden durch die Dynamik in der Entwicklung des Internet viele mittelfristig angelegte Untersuchungen schnell obsolet. So ist es sinnvoll, besonders im Bereich der Online-Kommunikation eine permanente Markt- und Konkurrenzbeobachtung zu betreiben.

Um für die vorliegende Analyse der Presseportale einen möglichst breiten Vergleichsmaßstab heranziehen zu können, wurde ein externes konkurrenzbezogenes bzw. branchenbezogenes und branchenunabhängiges Benchmarking durchgeführt. Die Analyse erfolgte nach objektiven Bewertungskriterien und ist in quantitativen Kennzahlen (analog zu dem in Deutschland üblichen Schulnotensystem inkl. Gewichtungsfaktoren) sowie qualitativen Erläuterungen dargestellt.

3. Presseportale im Benchmarking-Test

Als zentraler Unternehmensbereich wurde die Telekommunikationsbranche ausgewählt und auf die Deutsche Telekom AG als zentraler Benchfaktor fokussiert. Das Geschäftsfeld der Telekommunikation ist ein ideales Feld für eine Benchmarking-Analyse, da hier eine Vielzahl hochkompetitiver Unternehmen am Markt ist. So ist die Deutsche Telekom AG unbestritten eines der wichtigsten Dax-notierten Unternehmen. Zudem fällt hier die Auswahl entsprechender Benchmarking-Vergleichspartner leicht, da die Konkurrenzunternehmen gut erfassbar sind.

Die Auswahl adäquater Benchmarking-Partner erfolgte innerhalb einer Generierungs- und einer anschließenden Selektionsphase (vgl. IPK, 2006, 17). Im ersten Schritt wurden Internetrecherchen vorgenommen, um direkte Wettbewerber der Deutschen Telekom AG als Telekommunikationsdienstleister mit den Geschäftsbereichen Mobilfunk, Online-Dienste und Festnetz sowie andere branchenbezogene Partner zu identifizieren. Im zweiten Schritt wurden die für das

Benchmarking geeigneten Partner selektiert und einer detaillierten Untersuchung unterzogen.

Von der Analyse internationaler Wettbewerber und Branchenmitglieder wurde aufgrund der komplexen Datenlage Abstand genommen. Zum einen wird die Vergleichbarkeit der Unternehmen durch kulturelle Unterschiede in der Arbeitsweise der Zielgruppe der Journalisten erschwert, die einen häufig von deutschen Kollegen differenzierten Anforderungskatalog an Presseportale mit sich bringen. Zum zweiten beeinflussen spezielle nationale Unterschiede in der Verwendung technischer Mittel (Verfügbarkeit modernster Übertragungstechniken, Unterstützung von Dateiformaten etc.) eine internationale Analyse (vgl. Zanger, 1997, 93). Als drittes Argument gegen die Analyse internationaler Branchenmitglieder spricht die Relevanz für den Untersuchungsgegenstand im Hinblick auf die Nutzergruppe. So muss für die Nutzerstruktur des Presseportals der Deutschen Telekom AG unter www.telekom.de angenommen werden, dass die Bewertung des Portals aufgrund national üblicher Ansprüche erfolgt.

Für die branchenunabhängige Analyse sollten Unternehmen recherchiert werden, die sich durch Unternehmensgröße, Bedeutung für den deutschen Markt und den Grad der Globalisierung mit der Deutschen Telekom AG vergleichen lassen. Als erstes Generierungskriterium diente die Zugehörigkeit der Börsenelite, der DAX 30-Unternehmen, denen die Deutsche Telekom AG selbst angehört. Im zweiten Schritt, der Selektion potentieller Benchmarking-Partner, wurden Unternehmen aus möglichst unterschiedlichen Branchen herausgefiltert, um für die Analyse ein breites Spektrum zu erhalten.

3.1. Ausgewählte Untersuchungskategorien

Bevor der Vergleich der ausgewählten Presseportale der Benchmarking-Partner gestartet wurde, sollte der Untersuchungsgegenstand selbst, das Arbeitsinstrument *Presseportal* noch einmal einer Analyse unterzogen werden. Für die Festlegung von Untersuchungsparametern ist dabei in erster Linie eine genaue Zielgruppendefinition notwendig. Als primäre Zielgruppe von Presseportalen sind Journalisten und Redakteure/innen von Tages-, Wochen- und Sonntagszeitungen, aber auch Vertreter der Publikumspresse, der Special Interest-Magazine (wie Fachzeitschriften aus dem Bereich Telekommunikation und IT) und fachspezifischer Onlineangebote zu identifizieren. Journalisten/innen aus dem Ressort Finanzen und Börse können zudem als erweiterte Primärzielgruppe einbezogen werden.

Als sekundäre Zielgruppe der Presseportale müssen Multiplikatoren, KundInnen, Vertreter der Politik aber auch Investoren berücksichtigt werden. Aus dem Erwartungshorizont und einer Bedürfnisanalyse dieser Zielgruppen wiederum ergeben sich im besten Fall die spezifischen Inhalte und Leistungen von Online-Presseportalen.

Um für die Auswahl der Messgrößen wesentliche Kriterien auszuarbeiten, wurden Kriterienkataloge renommierter Internet-Awards, wie der Deutsche Internetpreis, der .at-Award, der Biene-Award oder die Interactive Media Awards auf Relevanz und die in diesen Katalogen auffindbaren Kategorien geprüft. Folgende Kriterien standen dabei im Vordergrund:
- Usability
- Service
- Interaktions- bzw. Kommunikationspotential

Der Aspekt des Designs und der visuellen Ästhetik von Presseportalen wurde im Vergleich zur Usability als weniger wichtig eingestuft und wird in der vorliegenden Analyse vernachlässigt.

Im Folgenden sollen die genannten Kriterien aufgezeigt und durch die dahinter liegenden Fragestellungen erläutert werden, um für die spätere Ergebnisübersicht des Benchmarking eine definitorische Basis voraussetzen zu können.

Folgende Bewertungs- und Vergleichskriterien sollen als Messgrößen in die Analyse einfließen:

Usability
Wie ist die Navigation des Presseportals strukturiert? (Navigationsstruktur)
Welchen Grad an Übersichtlichkeit bietet das Presseportal, um gesuchte Informationen und Materialien aufzufinden? (Auffindbarkeit)
Bietet das Presseportal ausreichende Informationen für die Recherche? (Vollständigkeit)
Wird der Zugriff auf Informationen und Materialien durch Registrierungshürden beschränkt? (keine Zugriffsrechte)
Sind die Menüpunkte zur Differenzierung der Inhalte des Presseportals verständlich? (Sprache)

Service
Werden die technisch machbaren Möglichkeiten ausgenutzt, um dem Journalisten einen höchstmöglichen Service zu bieten? (Technik/Innovation)

Bieten die Inhalte einen Mehrwert und Innovationsgehalt für den User?
(Mehrwerte)
Werden Journalisten Arbeitstools angeboten, die die Recherche erleichtern?
(Arbeitstools)
Werden Inhalte themenspezifisch (in Themenspecials oder virtuellen Pressemappen) zusammengefasst, um die Recherche zu erleichtern? (Themenspecials)
Werden Suchfunktionen angeboten und sind diese für die Recherche funktional?
(Suchfunktionen)
Werden Relevanzen zwischen den aufgerufenen Inhalten gebildet, um dem Journalisten zum gesuchten Thema zusätzliche und aktuellere Materialien an die Hand zu geben? (Relevanzen)
Wird der Informationsstand der Inhalte angegeben und sind die Inhalte aktuell?
(Informationsstand)
Sind die bereitgestellten Materialien qualitativ hochwertig und einfach weiterzuverarbeiten? (Materialnutzung)
In welchem Umfang werden Dienste zur kontinuierlichen Information (wie Newsletter oder Abonnements von Pressemitteilungen) angeboten? (Dienste)

Interaktions- bzw. Kommunikationspotenzial
Ist das Presseportal dialogorientiert aufgebaut? (Dialogorientierung)
Ist das Presseportal nach unterschiedlichen Zielgruppen der Nutzerschaft aufgebaut?
(Zielgruppenorientierung)
Welchen Einruck vermitteln die Verantwortlichen des Presseportals? Ist eine Affinität zum Medium des Internet gegeben? (Affinität der Ansprechpartner zum Medium)

Für die Bewertung wird sich des in Deutschland üblichen Schulnotensystems bedient. Da einigen der definierten Evaluierungskriterien eine unterschiedliche Relevanz in Bezug auf das Gesamtergebnis zukommt, wurde zudem mit Gewichtungsfaktoren gearbeitet, die mit dem Schulnotensystem kompatibel sind.

3.2. Auswertung

Ausgang der Untersuchung ist die Analyse des Presseportals der Deutschen Telekom AG.[2] Wie bei allen in die vorliegende Evaluation einbezogenen Presseportalen, wurde auch dieses aus dem Internet gezogen, um in der Folge bewertet zu werden.

Deutsche Telekom-Presseportal (Stand: 18.06.2006)

Vergleichskriterium	Gewichtungsfaktor	Bewertung	Gesamtergebnis nach Messgrößen
Usability			
Navigationsstruktur	3	1	
Auffindbarkeit	3	2	
Vollständigkeit	3	1	1,23
keine Zugriffsbeschränkungen	1	1	
Sprache	3	1	
Service			
Technik/Innovation	1	2	
Mehrwerte	1	1	
Arbeitstools	2	6	
Themenspecials	3	1	
Suchfunktionen	3	3	2,67
Relevanzen	2	6	
Informationsstand	3	1	
Materialnutzung	1	2	
Dienste	2	2	
Interaktions- bzw. Kommunikationspotenzial			
Dialogorientierung	3	3	
Zielgruppenorientierung	1	4	3,25
Affinität der Ansprechpartner zum Medium	2	2	
Gesamtbewertung			**2,38**

Abb. 1: Analyse des Presseportals der Deutschen Telekom AG

Das Presseportal der Deutschen Telekom AG zeichnet sich durch eine große Themenvielfalt aus. Übersichtlich gestaltet, bietet das Portal für Journalisten/innen etliche Serviceleistungen, die dem Interessierten die Arbeit erleichtern. Neben den klassischen Pressemitteilungen findet sich unter dem Link „Mediencenter"

---

2 Die Arbeit entstand in Kooperation mit der Deutschen Telekom AG. Besonderer Dank gilt Ulrich Lissek, zum Zeitpunkt der Untersuchung Leiter des Zentralbereichs Unternehmenskommunikation der Deutschen Telekom AG, und Corinna Kielwein, Pressesprecherin Personalthemen der Deutschen Telekom AG, die für Abstimmungen zum untersuchten Themenkomplex stets zur Verfügung standen.

eine Übersicht, die auch Filmdokumentationen enthält. Ebenso kann man sich einen E-Mail und SMS-Service für relevante Konzerntermine abonnieren. Leider fehlt es gänzlich an Arbeitstools, die zu einer komfortablen Recherche dienlich sind, so ist die Suchfunktion nicht immer zielführend. Relevanzen zwischen den Themen, eine Schlagwortsuche und das Angebot von Suchalternativen fehlen gänzlich. Auch die Dialog- und Zielgruppenorientierung sollte dringend ausgebaut werden.

Für die Konkurrenz- und branchenbezogene Analyse wurden die Webseiten der Mitglieder des Verbands der Anbieter von Telekommunikations- und Mehrwertdiensten VATM sowie weiterer recherchierter potentieller Konkurrenten vorab gesichtet, um eine Vorauswahl zu treffen. Nur für die Analyse relevante Presseportale, die sich durch Umfang und Struktur qualifizierten, wurden für die weitere Analyse berücksichtigt.

Ausgewählte Benchmarking-Partner sind die im Folgenden analysierten Presseportale:
www.aol.de
www.arcor.de
www.debitel.de
www.eplus.de
www.o2.com
www.vodafone.de

www.aol.de

AOL-Presseportal (Stand: 6.07.2006)

Vergleichskriterium	Gewichtungsfaktor	Bewertung	Gesamtergebnis nach Messgrößen
Usability			
Navigationsstruktur	3	2	
Auffindbarkeit	3	2	
Vollständigkeit	3	4	2,38
keine Zugriffsbeschränkungen	1	1	
Sprache	3	2	
Service			
Technik/Innovation	1	4	
Mehrwerte	1	5	
Arbeitstools	2	4	
Themenspecials	3	6	
Suchfunktionen	3	4	4,28
Relevanzen	2	6	
Informationsstand	3	1	
Materialnutzung	1	3	
Dienste	2	6	
Interaktions- bzw. Kommunikationspotenzial			
Dialogorientierung	3	5	
Zielgruppenorientierung	1	4	4,75
Affinität der Ansprechpartner zum Medium	2	2	
Gesamtbewertung			3,80

Abb. 2: Analyse des Presseportals unter www.aol.de

Nach Analyse des AOL-Presseportals wird aus der Bewertung deutlich, dass man sich von dort keine Innovationen und Funktionalitäten erwarten kann, die nicht auch schon im Internetauftritt der Deutschen Telekom AG Berücksichtigung gefunden haben. Mehr als andere untersuchte Portale zeichnet sich das Presseportal unter www.aol.de durch eine unkomfortable Handhabung der Inhalte aus. Die Serviceorientierung aber auch das Interaktions- bzw. Kommunikationspotential werden wenige Journalisten erfreuen. Auch ist die Informationsdichte sehr gering.

www.arcor.de

Arcor-Presseportal (Stand: 1.07.2006)

Vergleichskriterium	Gewichtungsfaktor	Bewertung	Gesamtergebnis nach Messgrößen
Usability			
Navigationsstruktur	3	1	
Auffindbarkeit	3	1	
Vollständigkeit	3	3	1,46
keine Zugriffsbeschränkungen	1	1	
Sprache	3	1	
Service			
Technik/Innovation	1	4	
Mehrwerte	1	5	
Arbeitstools	2	6	
Themenspecials	3	5	
Suchfunktionen	3	2	3,00
Relevanzen	2	2	
Informationsstand	3	1	
Materialnutzung	1	3	
Dienste	2	1	
Interaktions- bzw. Kommunikationspotenzial			
Dialogorientierung	3	3	
Zielgruppenorientierung	1	5	3,50
Affinität der Ansprechpartner zum Medium	2	4	
Gesamtbewertung			2,65

Abb. 3: Analyse des Presseportals unter www.arcor.de

Das Presseportal von Arcor kann zwar nicht mit der neuesten Technik und dem größten Innovationspotenzial glänzen, zeichnet sich aber durch eine praktische Suchfunktion inkl. der Bewertung durch Relevanzen aus. Auch die bereitgestellten Dienste (Themendienst und Presseverteiler) sind sinnvolle Elemente der Webseite. Allerdings unterbleibt die Personalisierung der Kommunikationsabteilung (keine Informationen zum Personal), eine persönliche Ansprache wird dadurch erschwert.

www.debitel.de
debitel-Presseportal (Stand: 12.07.2006)

Vergleichskriterium	Gewichtungsfaktor	Bewertung	Gesamtergebnis nach Messgrößen
Usability			
Navigationsstruktur	3	3	
Auffindbarkeit	3	4	
Vollständigkeit	3	4	3,15
keine Zugriffsbeschränkungen	1	5	
Sprache	3	1	
Service			
Technik/Innovation	1	4	
Mehrwerte	1	5	
Arbeitstools	2	2	
Themenspecials	3	6	
Suchfunktionen	3	6	3,83
Relevanzen	2	6	
Informationsstand	3	1	
Materialnutzung	1	1	
Dienste	2	2	
Interaktions- bzw. Kommunikationspotenzial			
Dialogorientierung	3	2	
Zielgruppenorientierung	1	4	2,50
Affinität der Ansprechpartner zum Medium	2	2	
Gesamtbewertung			3,16

Abb. 4: Analyse des Presseportals unter www.debitel.de

Leider hat man sich bei der Konzeption des Presseportals von Debitel mehr nach den Gestaltungselementen und weniger nach einer optimalen Funktionalität gerichtet. Mehrwerte für den Journalisten bietet das Portal nahezu überhaupt nicht, auf Themenspecials und Suchfunktionen wurde vollends verzichtet, einzig die starke Dialogorientierung ist auffallend. Allerdings ist bei dieser Bewertung anzumerken, dass bei der Analyse auf eine Akkreditierung verzichtet wurde. Warum man interessiert sein sollte, sich zu akkreditieren, wird erst beim Besuch des Bildarchivs deutlich: Der Umfang der bereitgestellten Bilder ist nach einer Akkreditierung wesentlich höher. Das Arbeitstool des Infokorbs ist überdies eine positive Überraschung.

www.eplus.de
E-Plus-Presseportal (Stand: 2.07.2006)

Vergleichskriterium	Gewichtungs-faktor	Bewertung	Gesamtergebnis nach Messgrößen
Usability			
Navigationsstruktur	3	2	
Auffindbarkeit	3	3	
Vollständigkeit	3	3	2,38
keine Zugriffsbeschränkungen	1	4	
Sprache	3	1	
Service			
Technik/Innovation	1	4	
Mehrwerte	1	2	
Arbeitstools	2	2	
Themenspecials	3	6	
Suchfunktionen	3	2	3,06
Relevanzen	2	5	
Informationsstand	3	2	
Materialnutzung	1	1	
Dienste	2	2	
Interaktions- bzw. Kommunikationspotenzial			
Dialogorientierung	3	2	
Zielgruppenorientierung	1	5	2,75
Affinität der Ansprechpartner zum Medium	2	1	
Gesamtbewertung			2,73

Abb. 5: Analyse des Presseprotals unter www.eplus.de

‚Der Schein trügt', mag man nach der eingehenden Analyse des Eplus-Presseportals denken. Und diese Gewissheit hat man schnell: Hier werden mehr allgemeine Informationen aus der Hauptseite der Internetpräsenz generiert, als es bei einem groben Überblick scheint. Zugriffsbeschränkungen der Bilddatenbank, ohne auch nur eine paar wenige Bilder freizugeben, machen eine unkomplizierte Recherche nach entsprechenden Materialien umso schwieriger. Hier wird eine deutliche Grenze zwischen akkreditierten und nicht zugelassenen JournalistInnen gezogen.

www.o2.com
O2-Presseportal (Stand: 1.07.2006)

Vergleichskriterium	Gewichtungsfaktor	Bewertung	Gesamtergebnis nach Messgrößen
Usability			
Navigationsstruktur	3	1	
Auffindbarkeit	3	1	
Vollständigkeit	3	2	1,23
keine Zugriffsbeschränkungen	1	1	
Sprache	3	1	
Service			
Technik/Innovation	1	2	
Mehrwerte	1	2	
Arbeitstools	2	2	
Themenspecials	3	1	
Suchfunktionen	3	3	2,22
Relevanzen	2	5	
Informationsstand	3	1	
Materialnutzung	1	1	
Dienste	2	3	
Interaktions- bzw. Kommunikationspotenzial			
Dialogorientierung	3	1	
Zielgruppenorientierung	1	4	1,75
Affinität der Ansprechpartner zum Medium	2	2	
Gesamtbewertung			1,73

Abb. 6: Analyse des Presseportals unter www.o2.com

Einen Lichtblick für Journalisten bildet dagegen das Presseportal von O2. Übersichtlich gestaltet mit einer nachvollziehbaren Navigationsstruktur, bietet das Portal darüber hinaus Arbeitstools, thematisch sortierte Specials und zeichnet sich durch eine starke Dialogorientierung aus. Besonders die Arbeitstools (beispielsweise die Recherche-Mappe mit Merkfunktion) sind überzeugend.

www.qsc.de
QSC-Presseportal (Stand: 12.07.2006)

Vergleichskriterium	Gewichtungsfaktor	Bewertung	Gesamtergebnis nach Messgrößen
Usability			
Navigationsstruktur	3	1	
Auffindbarkeit	3	1	
Vollständigkeit	3	1	1.00
keine Zugriffsbeschränkungen	1	1	
Sprache	3	1	
Service			
Technik/Innovation	1	3	
Mehrwerte	1	1	
Arbeitstools	2	2	
Themenspecials	3	1	
Suchfunktionen	3	2	2,11
Relevanzen	2	6	
Informationsstand	3	1	
Materialnutzung	1	2	
Dienste	2	2	
Interaktions- bzw. Kommunikationspotenzial			
Dialogorientierung	3	1	
Zielgruppenorientierung	1	4	1.75
Affinität der Ansprechpartner zum Medium	2	2	
Gesamtbewertung			1.62

Abb. 7: Analyse des Presseportals unter www.qsc.de

Als best-in-class kann das Presseportal von QSC verstanden werden. Mehrwerte wie weiterführende Links (auch über das eigene Unternehmen hinaus) und ein Glossar, sind vorbildlich und sollten als Anregung dienen. Auch die Bereitstellung der Pressemitteilungen in englische Sprache – ohne die deutschsprachige Seite verlassen zu müssen – ist gut gelöst. Als innovatives Element steht die Rubrik „Statements" zur Verfügung, in der eben solche bezogen auf aktuelle Themen bereitgestellt werden. Aufgrund der ausformulierten Meinungen, könnte man dem Vorstandsvorsitzenden jedoch vorwerfen, mit dieser Methode Interviews umgehen zu wollen.

www.vodafone.de
Vodafone-Presseportal (Stand: 1.07.2006)

Vergleichskriterium	Gewichtungsfaktor	Bewertung	Gesamtergebnis nach Messgrößen
Usability			
Navigationsstruktur	3	1	
Auffindbarkeit	3	2	
Vollständigkeit	3	4	1,92
keine Zugriffsbeschränkungen	1	1	
Sprache	3	1	
Service			
Technik/Innovation	1	2	
Mehrwerte	1	4	
Arbeitstools	2	5	
Themenspecials	3	6	
Suchfunktionen	3	2	2,94
Relevanzen	2	1	
Informationsstand	3	1	
Materialnutzung	1	2	
Dienste	2	3	
Interaktions- bzw. Kommunikationspotenzial			
Dialogorientierung	3	2	
Zielgruppenorientierung	1	4	2,50
Affinität der Ansprechpartner zum Medium	2	2	
Gesamtbewertung			2,46

Abb. 8: Analyse des Presseportals unter www.vodafone.de

Als letztes Presseportal der konkurrenz- und branchenbezogenen Benchmarking-Analyse wurde das Angebot von Vodafone analysiert. Auch hier finden sich einige Mängel im Servicebereich, die die Recherche erschweren. Eine hervorragende Suchfunktion mit einer Sortierung der Suchergebnisse nach Relevanz, entschädigen für die fehlenden Inhalte. Auch das Archiv für Pressebilder, Film- und Tonbeiträge ist umfangreich und kann frei zugänglich genutzt werden. Der Link zum englischsprachigen Presseportal bietet zudem einen Zusatznutzen, falls weitere Inhalte gesucht werden.

Zusammenfassend kann gesagt werden, dass die untersuchten Presseportale starke Ähnlichkeiten in ihrem Aufbau und der Bezeichnung ihrer Menüpunkte aufweisen. Auch die Inhalte und Servicetools lassen erahnen, dass die gegenseitige Beobachtung von Presseportalen der Konkurrenz oder aus der Branche schon zu einer starken Annäherung geführt hat, die – zum Nutzen der Journalistinnen und Journalisten – letztlich das Unternehmen bestmöglichst am Markt positioniert. Innovationsfreude und die Einbindung neuer technischer Entwicklungen scheinen aber mit Vorsicht behandelt zu werden.

3.3. Branchenunabhängige Analyse

Wie bereits unter Punkt 3. erläutert, wurden für die branchenunabhängige Analyse Unternehmen der deutschen Börsenelite herangezogen. Mit diesem Selektionskriterium war es möglich, eine Vielfalt der Branchen einzubeziehen, gleichzeitig aber auf ein ähnliches Niveau der Komplexität der jeweiligen Seite vorraussehen zu können.[3]

www.adidas.de (Sportbekleidung)

Adidas-Presseportal (Stand: 13.07.2006)

Vergleichskriterium	Gewichtungsfaktor	Bewertung	Gesamtergebnis nach Messgrößen
Usability			
Navigationsstruktur	3	3	
Auffindbarkeit	3	2	
Vollständigkeit	3	1	1.69
keine Zugriffsbeschränkungen	1	1	
Sprache	3	1	
Service			
Technik/Innovation	1	2	
Mehrwerte	1	2	
Arbeitstools	2	5	
Themenspecials	3	1	
Suchfunktionen	3	6	3,56
Relevanzen	2	6	
Informationsstand	3	1	
Materialnutzung	1	2	
Dienste	2	6	
Interaktions- bzw. Kommunikationspotenzial			
Dialogorientierung	3	3	
Zielgruppenorientierung	1	3	3.00
Affinität der Ansprechpartner zum Medium	2	2	
Gesamtbewertung			2,75

Abb. 9: Analyse des Presseportals der Adidas AG

---

[3] In der dem vorliegenden Artikel zugrunde liegenden Forschungsarbeit wurden acht weitere Presseportale im Rahmen der branchenunabhängigen Analyse bewertet, deren Untersuchungsergebnisse innerhalb des Artikels keine Berücksichtigung finden.

Nach gewissen Einstiegsschwierigkeiten, bietet das Presseportal der Adidas AG über die beiden Menüpunkte „Medien" und „News" zahlreiche umfangreiche Materialien für Journalisten. Leider zu Design-lastig konzipiert, kommen Suchfunktionen und zusätzliche Dienste (Newsletter oder Pressemitteilungs-Abo) in dem Portal nicht vor, so dass bei einer spezifischen Recherche die Bedingungen erschwert werden. Imageträchtige Themenspecials (meist umfangreiches Fotomaterial) versuchen dieses Manko auszugleichen.

www.siemens.de (Mischkonzern)
Siemens-Presseportal (Stand: 13.07.2006)

Vergleichskriterium	Gewichtungsfaktor	Bewertung	Gesamtergebnis nach Messgrößen
Usability			
Navigationsstruktur	3	2	
Auffindbarkeit	3	1	
Vollständigkeit	3	1	1,23
keine Zugriffsbeschränkungen	1	1	
Sprache	3	1	
Service			
Technik/Innovation	1	2	
Mehrwerte	1	2	
Arbeitstools	2	6	
Themenspecials	3	1	
Suchfunktionen	3	1	2,56
Relevanzen	2	4	
Informationsstand	3	1	
Materialnutzung	1	1	
Dienste	2	6	
Interaktions- bzw. Kommunikationspotenzial			
Dialogorientierung	3	1	
Zielgruppenorientierung	1	2	1,25
Affinität der Ansprechpartner zum Medium	2	1	
Gesamtbewertung			**1,68**

Abb. 10: Analyse des Presseportals der Siemens AG

Als vorbildlich kann das Presseportal der Siemens AG bezeichnet werden. Trotz der Fülle von Informationen, werden die Inhalte in einer Reiterstruktur bereitgestellt und können sogar zielgruppenspezifisch abgerufen werden. Ein weitere innovative Maßnahme ist die Angabe einer Kurzadresse zum Speichern in den persönlichen Favoriten, um beim nächsten Besuch einen schnellen Zugriff auf den jeweiligen Menüpunkt des Portals zu haben.

www.tui.de (Touristik)

TUI-Presseportal (Stand: 13.07.2006)

Vergleichskriterium	Gewichtungsfaktor	Bewertung	Gesamtergebnis nach Messgrößen
Usability			
Navigationsstruktur	3	1	
Auffindbarkeit	3	1	
Vollständigkeit	3	1	1,00
keine Zugriffsbeschränkungen	1	1	
Sprache	3	1	
Service			
Technik/Innovation	1	1	
Mehrwerte	1	1	
Arbeitstools	2	4	
Themenspecials	3	1	
Suchfunktionen	3	2	2,06
Relevanzen	2	6	
Informationsstand	3	1	
Materialnutzung	1	1	
Dienste	2	1	
Interaktions- bzw. Kommunikationspotenzial			
Dialogorientierung	3	1	
Zielgruppenorientierung	1	4	1,75
Affinität der Ansprechpartner zum Medium	2	1	
Gesamtbewertung			**1,60**

Abb. 11: Analyse des Presseportals der TUI AG

Nicht nur am sympathischsten sondern auch weitaus am positivsten ist die Bewertung des TUI-Presseportals ausgefallen. Ohne überladen zu wirken, findet hier ein Journalist alles, was er über ein Unternehmen wissen will: Informationen, Daten und Fakten, alle aktuellen Werbemedien zur Ansicht, eine umfassende Mediendatenbank, Glossare aber auch einen Service-Center für Journalistenbuchungen. Kleine Mängel gibt es im Bereich der Arbeitstools und der Verschlagwortung der Pressemitteilungen.

4. Best-Practice

Aus der Sichtung und Bewertung ausgewählter Benchmarking Partner sollen nun einige Best-Practice-Beispiele herausgegriffen werden, anhand derer sich Verbesserungsmaßnahmen für das jeweiligen Presseportal der Unternehmen herausarbeiten lassen.

Registrierungs- oder Akkreditierungsformulare sind zunächst eine Hürde für den Redaktionsalltag eines Journalisten: Passwörter für relevante Portale müssen erst angefordert, später archiviert und bei Bedarf wieder eingegeben werden, um die Zugriff auf die gewünschten Inhalte zu erlangen. Ein unbefangenes Recherchieren auf der Seite wird dadurch erschwert. Andererseits bietet eine Passwortabfrage auch wieder die Möglichkeit, individuelle, für den jeweiligen Journalisten relevante Inhalte bereit zu stellen, sein Rechercheverhalten zu unterstützen und gleichzeitig den Vorteil der vereinfachten Kontaktpflege. In jedem Fall ist eine Nutzenanalyse für beide Seiten Voraussetzung für die Einführung einer solchen Beschränkung.

Recherchetipps und weiterführende Links: Wie beispielsweise im Presseportal der QSC umgesetzt, sind Recherchetipps und weiterführende Links zu Themenkomplexen, die außerhalb des eigenen Portals oder der Unternehmensseite liegen, ein tatsächlicher Mehrwert für Redakteure und Redakteurinnen. Zum einen steigert die Verlinkung zu renommierten Institutionen die Glaubwürdigkeit des eigenen Unternehmens, da unweigerlich von Userseite ein Zusammenhang zwischen eigenem Unternehmen und der angegebenen Adresse/Verlinkung unterstellt wird. Zum anderen birgt dieser Service die Chance, dass das eigene Portal als Ausgangspunkt für zukünftige Recherchen genutzt wird und sich damit die Zugriffe auf weitere Inhalte des Portals erhöhen lassen.

Glossare sind aus ähnlichen Gründen wie Recherchetipps als besonderes Serviceinstrument hervorzuheben. Je nach Umfang und Ausrichtung können diese zudem für weitere Zielgruppen von Interesse sein und somit der Positionierung des Unternehmens als zuverlässiger Dienstleister und qualitativer Informationslieferant dienen.

Volltextsuche/Schlagwortsuche: Eine anspruchsvolle Suchfunktion in ein Presseportal zu integrieren, kann ebenfalls als ein entscheidendes Kriterium der

Beliebtheit des Online-Angebots bezeichnet werden. Dabei sollten so viele Varianten der Suche wie irgend möglich Beachtung finden. Eine Verschlagwortung aller Artikel, ebenso wie die Bildung von Relevanzen, um bei falscher Eingabe des Suchbegriffs eine Annäherung herbei zu führen, sind wichtige Kriterien, der eine Suchfunktion genügen sollte. Doch auch Themeneingrenzungen können in diesem Zusammenhang schon zweckmäßig sein.

Differenzierung in unterschiedliche Zielgruppen: Als letzter Punkt soll die Zielgruppendifferenzierung innerhalb von Presseportalen angeführt werden. Als Beispiel dafür sei noch einmal auf das Presseportal der Siemens AG verwiesen. Gerade in Presseportalen, in denen besonders viele Informationen unterschiedlicher Geschäftsbereiche oder Produktkategorien hinterlegt sind, kann eine Vorselektion für den Redakteur eine große Hilfe sein. Des Weiteren geben in der Analyse schließlich die Zugriffszahlen auf spezifische Rubriken Auskunft über die Nutzung des Online-Angebots und vereinfachen die Prioritätensetzung von Themenvertiefungen. Themen, die sonst nicht unbedingt abgerufen würden, können zudem auf diese Weise – zielgruppenspezifisch aufbereitet – in die gewünschten Multiplikatorenkreise Einzug halten.

Diese Best-Practice Beispiele können als Ergebnis der Benchmarking-Analyse dazu dienen, das eigene Presse-Portal auf diese Punkte hin zu evaluieren und unter Umständen entsprechend zu verbessern.

5. Fazit und Ausblick

Sicherlich hätte das Thema „Benchmarking von Presseportalen" das Potential, Marktforscher kontinuierlich zu beschäftigen. Denn gerade bei einer Branche mit so hohem Aktualitätsbezug wie der ausgewählten Telekommunikationsbranche und den gleichzeitigen rasanten Entwicklungen in der Onlinewelt – so wurden neuere Entwicklungen wie Unternehmens-Blogs nicht in die Analyse einbezogen – käme man wahrscheinlich nie zu einem wirklichen Ende der Untersuchung (Eisenegger, i.d. Band). Diese Analyse hat allerdings schon einige interessante Ansätze zu Tage gebracht, die in die Weiterentwicklung von Presseportalen einfließen könnten. Wie eingangs bereits thematisiert, sollen Presseportale als vereinfachende Arbeitsinstrumente von Journalisten verstanden werden, die ein höchstmögliches Servicepotenzial bieten. Unternehmen hingegen sehen als ihr primäres Ziel, möglichst häufig und möglichst positiv in der Presse vertreten zu sein.

Dabei sollte nicht unberücksichtigt bleiben, dass auch ein Presseportal sowohl als Mittel als auch als Faktor der positiven Selbstdarstellung genutzt werden kann. Als bestes Presseportal in der Klasse umso mehr.

Literaturhinweise

Camp, Robert C. (1994): *Benchmarking*. München/Wien: Carl Hanser Verlag.

Camp, Robert C. (2003): Best Practise Benchmarking: The Path to Excellence. In: *Global Benchmarking Network Review*. Heft 1/2003, Seite 12-17.

Fraunhofer Institut für Produktionsanlagen und Konstruktionstechnik (2006): Informationsblatt „*Kompetenzfeld Benchmarking*" des Informationszentrum Benchmarking am IPK Berlin.

Fraunhofer Institut für Produktionsanlagen und Konstruktionstechnik (2006): *Grundlagen des Benchmarking* des Informationszentrum Benchmarking am IPK Berlin.

Mertins, Kai/Kohl, Holger (2004a): Benchmarking – der Vergleich mit den Besten. In: Mertins, Kai (Hrsg.), *Benchmarking – Leitfaden für den Vergleich mit den Besten*. Düsseldorf: Symposion Publishing, S. 15-57.

Mertins, Kai/Kohl, Holger (2004b): Benchmarking Techniken. In: Mertins, Kai (Hrsg.), *Benchmarking – Leitfaden für den Vergleich mit den Besten*. Düsseldorf: Symposion Publishing; S. 73-96.

Sabisch, Helmut (1997): Benchmarking als notwendiger Bestandteil des Innovationsmanagements in Unternehmen. In: Sabisch, Helmut/Tintelnot, Claus (Hrsg.), *Benchmarking – Weg zu unternehmerischen Spitzenleistungen*. Stuttgart: Schäffer-Poeschel Verlag, S. 1-14.

Schreiterer, Andreas (2001): Benchmarking. In: Hanft, Anke (Hrsg.), *Grundbegriffe des Hochschulmanagements*. Neuwied/Kriftel: Luchterhand, S. 21-25.

Strube, Andrea (2003): *Public Relations mit Online-Medien: Veränderungen – Potentiale - Nutzung - Eine empirische Untersuchung zur Nutzung von Online-Medien als Kommunikationsmittel ... Instrumente in der externen Unternehmens-PR.* Hamburg: Diplomica.

Wehmeier, Stefan; Andreas Richter (2004): *Online-Kommunikation von Organisationen im Mediensektor. Eine Evaluation.* In: www.pr-guide.de. [Online-Dokument]

Wolff, Christiane (2003): *Online-PR professionell gestalten. Erfolgreiche Presselounges für Unternehmen.* Saarbrücken: VdM Verlag.

Zanger, Cornelia (1997): Benchmarking für Marketingprozesse – Stand der praktischen Anwendung und aktuelle Entwicklungstendenzen. In: Sabisch, Helmut/Tintelnot, Claus (Hrsg.), *Benchmarking – Weg zu unternehmerischen Spitzenleistungen*. Stuttgart: Schäffer-Poeschel Verlag, S. 89-98.

FALLSTUDIEN

Der virtuelle Kunde
Das elektronische Gästebuch in der B2C-Kommunikation

Hajo Diekmannshenke

Internet und Unternehmenskommunikation

Das zu Beginn der 90er Jahre noch relativ ‚neue Medium' Internet haben Wirtschaftsunternehmen schon sehr schnell für ihre eigenen Bedürfnisse und Interessen zu nutzen gesucht. Besonders die neuen Kommunikationsformen, allen voran die E-Mail-Kommunikation, wurde vor allem für die Verbesserung der unternehmensinternen Kommunikation eingesetzt. Zugleich nutzten Unternehmen das Internet zur Eigenpräsentation, stellten eigene Websites ins Netz, die in aller Regel auch die Möglichkeit boten, zumindest per E-Mail mit dem Unternehmen in Kontakt zu treten. Und mit dem Online-Geschäft trat neben die Präsentations- und die Kommunikationsmöglichkeit auch die Kauf- und Verkaufmöglichkeit via Internet ins Wirtschaftsleben. Der virtuelle Kunde war geboren – und gehört heute offensichtlich zur Unternehmensrealität, wie das folgende Beispiel zeigt:

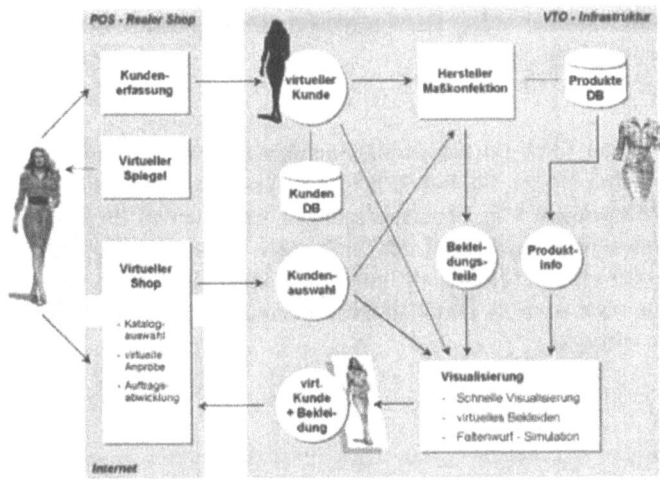

Abb. 1: www.virtualtryon.de (19.9.2005)

Definiert werden kann er als „Kunde, der sowohl seinen Informationsbedarf, als auch nachfolgend den Kaufvorgang mit Hilfe der neuen Medien gestaltet." (EC-Medium 2/2001: 3) Reduziert man den virtuellen Kunden bzw. die virtuelle Kundin nun nicht allein darauf, dass er resp. sie seine/ihre Einkäufe per Mausklick realisiert, so ergeben sich daraus Konsequenzen für den Umgang mit diesen KundInnen durch das jeweilige Unternehmen. Eine wesentliche Gesprächssorte der alten Verkäufer-Kunden-Kommunikation war das Verkaufsgespräch mit allen seinen Bedingungen und Konsequenzen, die aus der Face-to-face-Kommunikation erwachsen. Dies ist auf dem Online-Marktplatz, medienbedingt, verschwunden. Offensichtlich haben jedoch auch die Unternehmen und Marktplatzbetreiber bemerkt, dass gute Kommunikationsangebote wesentliche Elemente einer erfolgreichen Unternehmensstrategie sind, wie in den entsprechenden Publikationen zum Elektronischen Geschäftsverkehr immer wieder zu lesen ist (EC-Medium 2/2001: 7). Wer seinen Kunden (und Kundinnen) nur noch virtuell gegenübertritt, bedarf umso mehr der Kommunikation mit ihnen, um zu erfahren, was dieser ‚unberechenbare Faktor' Kunde erwartet, wünscht, will:

> Aus dieser Fragestellung resultiert die Fragestellung, ob nur der virtuelle Kunde wirklich „real" ist, nämlich ob all seine Bedürfnisse und Wünsche dem Unternehmen bekannt sind. Es ist die Aufgabe des Marketing, aus diesen Informationen neue Vertriebstrategien oder Leistungsangebote für den Kunden zu entwickeln.
> (EC-Medium 2/2001: 5)

Dies mag auf den ersten Blick für bestimmte Produkte wie Bücher und CDs in geringerem Maße gelten als zB. für Bekleidung oder Getränke. Doch dies wäre ein Fehlschluss. Rezensionen von Neuerscheinungen von Kunden für Kunden, persönliche Hitlisten und ähnliches auf den Seiten der Online-Händler zeigen, wie wichtig gerade der virtuelle Kunde als Individuum genommen wird – zumindest wird dieser Eindruck erweckt. Das klassische Verkaufsgespräch wird für das Internet wieder neu entdeckt.[1]

---

[1] Die etablierten Möglichkeiten der B2C-Kommunikation sollen hier nicht näher betrachtet werden, auch wenn hier deutliche Veränderungen stattgefunden haben.

Der virtuelle Kunde 177

Gästebücher als neue Kommunikationsform zwischen Unternehmen und Kunden

Nach E-Mail und Chat gehören elektronische Gästebüchern zu den im Internet am stärksten frequentierten Kommunikationsformen (Diekmannshenke 1999, 2000). Durchaus noch in der Tradition der klassischen Gästebücher stehend (dies zeigen vor allem Einträge, die sich auf die Textsortentradition beziehen), sind sie einerseits vor allem auf privaten Homepages zu finden, in hohem Maße aber auch auf nichtprivaten: auf den Websites von Museen, Behörden, Kindergärten und Schulen, Mütterberatungsstellen, politischen Vereinen und Organisationen, Banken und Bahnhöfen, Auto- und Getränkeherstellern, Vertreibern von Sexartikeln, Kirchen und Profibasketballvereinen, also eigentlich in fast allen Bereichen. Und in seiner elektronischen Form auch dort, wo man bislang vergeblich Gästebücher suchte. Versucht man, die einzelnen Unternehmen, die mit einer Homepage im Internet vertreten sind, in Sparten zu unterteilen und danach diejenigen herauszusuchen, die wiederum ein Gästebuch anbieten, ergibt sich ein interessantes Bild. So sind es vielfach Unternehmen aus dem Lebens- und Genussmittelbereich, verschiedene Medien bzw. Medienkonzerne, aber auch (vereinzelt) Autohersteller, Produzenten von Fertighäusern, Reiseunternehmen oder gar Großkonzerne, die auf diesem Wege mit ihren potentiellen Kunden oder interessierten Internetnutzern in Kontakt treten wollen (Diekmannshenke 2002).

Die Nutzung von elektronischen Gästebüchern in der B2C-Kommunikation mag erstaunen, gelten sie doch als Kommunikationsweise der Internetflaneure, die ihre Signatur beim flüchtigen Besuch einer Website hinterlassen, oder als Spielweise vornehmlich sozialer Aktivitäten, dem Klatschen und Tratschen in Chats vergleichbar. Dennoch, sie erfüllen (oder erfüllten) im Kommunikationsangebote-Fächer eine wichtige Funktion, vor allem in Hinblick auf ein neues Publikum, welches über das Internet erreichbar ist:

> Wir fanden es interessant die Meinungen der jüngeren Verbraucher und Internet-User zu unseren Produkten zu erfahren. Ansonsten hat man kaum die Chance mit der aufgeschlossenen jüngeren Verwenderschaft in Kontakt zu kommen.
>
> *E-Mail an den Verfasser*

Da das Gästebuch, auf das sich diese Einschätzung bezieht, zum Zeitpunkt der Antwort seit etwa zweieinhalb Jahren bestand, kann davon ausgegangen werden, dass die ursprünglich vorhandene Intention, mit einer – soziologisch betrachtet – spezifischen Nutzer- bzw. Konsumentengruppe in Verbindung zu treten, durch die Einrichtung eines solchen Kommunikationsangebots auch erreicht wurde. Für manche Unternehmen stellte das Gästebuch auch ein Element der Imagebildung dar, welches die Außenpräsentation ergänzt und den (potentiellen) Kunden in die inszenierte Produkt-Welt einbinden will.

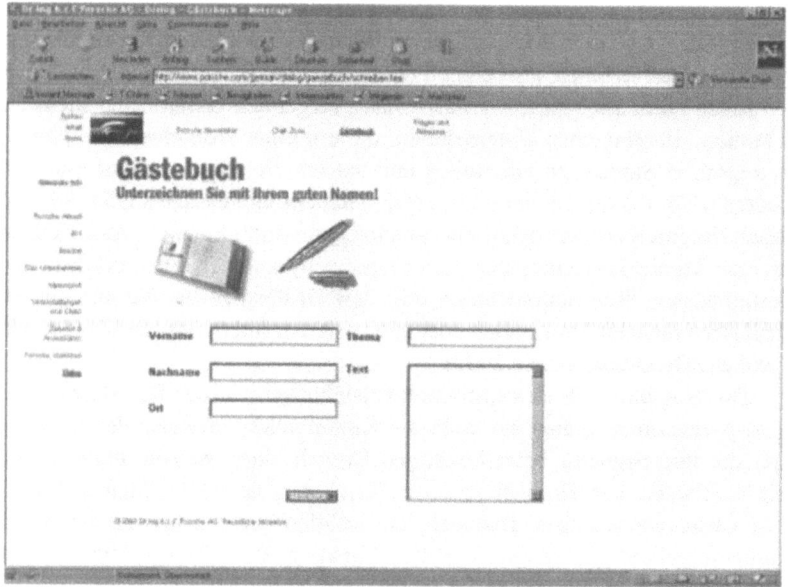

Abb. 2: Das Internetgästebuch von „Porsche" (inzwischen geschlossen)

So präsentierte das Eintragsformular des Herstellers von Luxus-PKWs Porsche sein Gästebuch im Spiel von Handschriftlichkeit (des traditionellen Gästebuchs) und der Exklusivität der eigenen Marke für eine exklusive Kundschaft, ausgezeichnet durch den „guten Namen". Auf diesem Weg erfolgt zudem dann Anknüpfen an die vertraute Gästebuchtradition als Mittel der kommunikativen Identitätsstiftung durch den Eintragenden.

Das traditionelle Gästebuch

Einträge in private Gästebücher (als dem typischen Vertreter dieser Textsorte) sind durch die obligatorischen Textbausteine ‚thematischer Eintrag', der den eigentlichen ‚Kern' des Eintrags ausmacht, und ‚Namensnennung' des Eintragenden gekennzeichnet, wobei die persönliche Unterschrift für die Authentizität des Eintrags bürgt. ‚Anrede', ‚Schlussformel' (der Schlussformel im Brief verwandt), ‚Datum' sowie ‚Herkunftsangabe' stellen dagegen fakultative Textbausteine dar, die je nach Belieben des Eintragenden hinzugefügt oder weggelassen werden können, in einigen Fällen jedoch, wie z.b. den Gästebüchern in Hotels als einer spezifizierten Subtextsorte, zwar nicht zwingend erforderlich, aber dennoch üblich sind.[2] Ein typischer Gästebucheintrag liegt im folgenden Beispiel vor:

> Ich genieße die Stunden hier außerhalb des Kurses, wo ich
> kein Blatt vor den Mund nehmen muss, sprich, lästern kann
> [Vorname]
> *privates Gästebuch*

Gästebucheinträge werden grundsätzlich handschriftlich realisiert und sind das Ergebnis einer ‚Nebenhandlung'. Nicht der Eintrag in das jeweiligen Gästebuch stellt die Hauptaktivität dar, sondern etwas anderes: der Besuch bei Freunden und Bekannten, der Museumsbesuch oder der Urlaubsaufenthalt in einem Hotel. Nur in diesem Kontext wird der Eintrag in das Gästebuch vollzogen, wobei dieser in aller Regel erst am Ende des jeweiligen Besuchs oder Aufenthalts realisiert wird. Elektronische Gästebücher hingegen sind davon strukturell in wichtigen Punkten unterschieden.

Nachfolgende Abbildung zeigt ein Gästebuch im Internet. Es handelt sich um Einträge in ein elektronisches Formular, welches einen einheitlichen, maschinenschriftlichen Text generiert und auf der entsprechenden Gästebuchseite ausgibt, und der zudem automatisch generierte Informationen aufweist, die ansonsten üblicherweise nicht in einem Gästebuch stehen.

So werden meistens automatisch Datum und Uhrzeit des Eintrags mit angezeigt, eventuell weitere Angaben, die die Formularmaske abfragt. Alle Einträge erhalten dadurch ein weitgehend einheitliches Erscheinungsbild, was äußerst untypisch für das traditionelle Gästebuch ist.

---

2 Eine detaillierte Darstellung und Diskussion der einzelnen Textbausteine sowie eine Abgrenzung der verschiedenen Ausprägungen der Textsorte anhand von Beispielen finden sich in Diekmannshenke (1999, 2000).

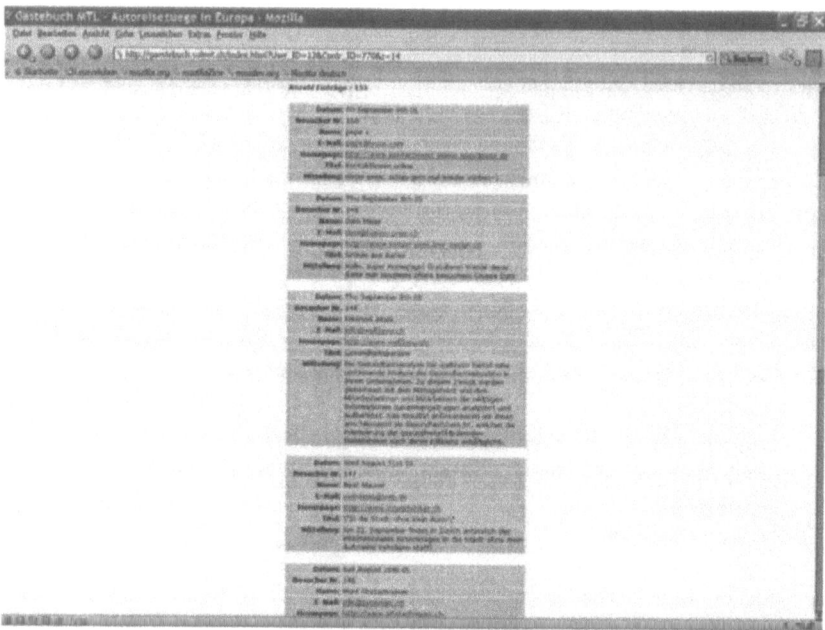

Abb. 3: Formulargenerierte Textbausteine in einem privaten Internetgästebuch

Das Gästebuch selbst präsentiert sich zielgruppenorientiert, auch wenn diese Süßigkeiten von Erwachsenen wohl ebenso gern wie von Kindern genascht werden, was ja auch der bekannte Werbeslogan deutlich macht, auf den intermedial im Gästebucheintrag Bezug genommen wird.

    Eintrag vom 7. September 2005
    hey, ich finde die seite einfach klasse. bin zwar schon 18 aber find´s echt klasse.
    Euer Spruch heißt ja Haribo macht Kinder froh UND ERWACHSNE EBENSO
    liebe grüße eure soni*
    [Name]

Der virtuelle Kunde

Abb. 4: Planet Haribo (www.haribo.de)

UserInnen nutzen das Gästebuch zu allen möglichen sonstigen sozialen Aktivitäten: zum Informationsaustausch, zum Klatschen und Tratschen, zur Terminabsprache, um Bekannte oder auch Fremde zu grüßen, um Werbung für die eigene Homepage oder andere eigene Aktivitäten zu machen und zu vielem anderen. Welchen Nutzen sehen also Unternehmen angesichts solcher vornehmlich sozialer Aktivitäten in einem elektronischen Gästebuch (schließlich wäre jeder erstaunt, der im Eingangsbereich eines Großunternehmens ein Gästebuch ausliegen sähe)? Und wie gehen UserInnen mit diesem Kommunikationsangebot um?

Wie jedes kulturelle Gebilde entwickelt auch das Unternehmen mit all seinen Gliedern idealtypisch eine Sichtweise von sich selbst, ein für es selbst geltendes Selbstverständnis seiner Persönlichkeit, das seinerseits auf intimer Kenntnis seiner selbst beruht, andererseits aber auch durch seine subjektiven Wahrnehmungsmöglichkeiten, seine unternehmerischen Interessen, Bestrebungen und Wünsche gebrochen ist. Die Abweichung der im *Eigenbild* wahrgenommenen Unternehmenspersönlichkeit von der tatsächlichen Persönlichkeit kann dabei mehr oder weniger stark sein. Auch hier ist verbale und nonverbale Kommunikation entscheidend. Andererseits wird das Unternehmen auch von der soziokulturellen Umwelt in einmaliger Weise erlebt und wahrgenommen, wobei die Wahrnehmungsdaten aufgrund der externen Perspektive, mit anderem Vorwissen, andere sind und zu einem qualitativ anderen Bild des Unternehmens führen, zu einem *Fremdbild*. Dieses Fremdbild oder Fremdverständnis bricht die tatsächliche Unternehmenspersönlichkeit ebenfalls durch die spezifischen Wahrnehmungsmodalitäten und Gegebenheiten der Umkultur. Die Art und Weise der Unternehmenskommunikation ist maßgeblich auch für sein Fremdbild. (Bungarten 1993: 8)

Betrachtet man verschiedene Unternehmensgästebücher, so fällt auf, dass vor allem von Unternehmensseite Gästebucheinträge als Möglichkeit der Kommunikation zwischen Unternehmen und (potentiellen) Kunden gesehen wird. Kommunikative Aktivitäten der UserInnen untereinander finden sich in elektronischen Gästebüchern regelmäßig, manchmal sogar in traditionellen (meist in Form einer Bezugnahme auf vorangehende Einträge). Eher ungewöhnlich sind jedoch Antworten auf oder Erläuterungen zu einzelnen Einträgen seitens des Gästebuchbetreibers. Der Grund für dieses veränderte Kommunikationsverhalten liegt in der Tatsache, daß Gästebücher im Internet grundsätzlich öffentlich sind. Jeder Eintrag kann von jedem Besucher und jeder Besucherin der Website eingesehen werden. Zwar können auch Gästebucheinträge wieder gelöscht werden, dies ist jedoch erst im Nachhinein und damit mit einer gewissen zeitlichen Verzögerung möglich.

Elektronische Gästebücher bieten also einerseits UserInnen die Möglichkeit einer direkten Kommunikation mit dem Unternehmen, andererseits schaffen sie auch eine öffentliche Plattform, auf der sich UserInnen ebenso wie das Unternehmen selbst zu Anliegen der UserInnen öffentlich äußern können. Dies beinhaltet jedoch aus Unternehmenssicht das Risiko, öffentlich kritisiert zu werden.

Diese Möglichkeit der wechselseitigen Kommunikation verbindet das elektronische Gästebuch des Unternehmens Mannesmann Demag Krauss-Maffei mit der Tradition des Gästebuchs, wie der ‚Eröffnungsbeitrag' des Webmasters deutlich macht:

Willkommen beim Gästebuch von Mannesmann Demag Krauss-Maffei !
Hier soll ein lebendiges Diskussionsforum entstehen, bei dem Sie Lob & Tadel, Wünsche, Anregungen und Fragen äußern können und dabei hoffentlich auch einige Antworten finden.
Hierbei wünscht Ihnen Ihr Webmaster gutes Gelingen !
[Name, E-Mail-Adresse]
Internet-Gästebuch des Unternehmens Mannesmann Demag Krauss Maffei

Auch in dieser Hinsicht lassen sich über die Jahre einige charakteristische Entwicklungen beobachten. So sind insgesamt Einträge, die sich in Form des LOBENS oder DANKENS eher in der Tradition der ‚alten' Gästebücher verstehen, zwar immer noch zu finden, sind aber offensichtlich zurückgegangen.

Tolle Seite!
[Name, E-Mail-Adresse]
Internet-Gästebuch des Armaturenherstellers Grohe

Vielen Dank für die informativen Seiten.
[Datum, Name, Anschrift, E-Mail-Adresse]
Internet-Gästebuch des Fertighausherstellers Weberhaus

Während der Fertighaushersteller Weberhaus auch heute noch ein Gästebuch anbietet, findet sich ein solches beim Armaturenhersteller Grohe inzwischen nicht mehr. Die beiden vorangehenden Einträge sind einige Jahre alt und erinnern noch an die traditionellen Gästebücher. Inzwischen sind fast alle Unternehmen dazu übergegangen, Einträge – vor allem wenn es sich um Anfragen handelt – mittels eines Kommentars zu beantworten.

31.08.2005
Name
[Name]

Ort
Karlsruhe

> Guten Tag. Das Austellungshaus in Wuppertal ist mal sehr genial. Leider muss ich meinen Vorrednern beipflichten, dass die Informationsarchitektur der Seite weniger gelungen ist. Navigationselemente führen im Kreis o.ä. Auch die Preise sind über Google auf Fremdseiten besser zu finden (z.B. Sueddeutsche.de für option) als bei weber-haus.de selbst. Vielleicht würde eine HP-Suche schon helfen. Nach einem finanziellen Anhaltspunkt für das gelungene Haus aus Wuppertal (bzw. Wien) suche ich vergebens. Klar, dass Details über einen Bauberater erfolgen müssen, aber bei einem „Fertighausanbieter" würde ich zumindest Anhaltspunkte zu den Kosten erwarten. Vielen Dank und Gruß
>
> Anmerkung der Redaktion
>
> Sehr geehrter Herr [Name],
> vielen Dank für Ihre Hinweise. Wir werden versuchen die Seiten weiter zu optimieren und auch Preise wenn möglich dazustellen.
> Mit freundlichen Grüßen
> Ihr WeberHaus Online Team
> *Internet-Gästebuch des Fertighausherstellers Weberhaus*

Aus der Sicht unzufriedener Kunden bietet sich die Öffentlichkeit eines Internet-Gästebuchs aber auch an, um Kritik öffentlich zu äußern, und dies zudem dem Unternehmen gegenüber direkt zu tun. Außerdem werden dadurch auch andere (potentielle) Kunden angesprochen, ein Umstand, der nicht unbedingt im Interesse des Unternehmens liegen dürfte. Die Schwierigkeiten auf Seiten des Unternehmens, mit solch einer öffentlichen Kritik angemessen umzugehen, könnte mit ein Grund dafür sein, warum einige Unternehmen ihre Gästebücher wieder geschlossen haben. Diesbezügliche Anfragen des Verfassers bei diesen Unternehmen haben bislang jedoch keine zufrieden stellenden Antworten erbracht.

Das folgende Beispiel soll diese Problematik verdeutlichen:

> Sofern jemand von der Signal-Iduna diese Seiten liest, folgendes: Ich habe vom [Datum] bis zum [Datum] in einer von der Signal-Iduna vermieteten Wohnug in [Ort] gewohnt. Erst nach mehrmaligem Anschreiben wurde mir mein Mietkautionssparbuch mit einiger Verspätung

ausgehändigt. Bisher warte ich aber noch immer auf die
Nebenkostenabrechnung vom Jahr [Datum], obwohl mir bereits vor etwa einem halben Jahr von Seiten der Signal-Iduna
versichert worden war, man arbeite daran. Meine Geduld
ist nun endgültig erschöpft und ich habe meine Frist für die
Zusendung der Nebenkostenabrechnung bis zum [Datum]
verlängert. Sollte sich bis dahin Nichts getan haben, werde
ich weitere Schritte einleiten, da ich eine nicht unerhebliche
Nebenkostenrückzahlung erwarte.
[Name, E-Mail-Adresse, Ort, Datum, Uhrzeit]

Sehr geehrter Herr [Name], vielen Dank für Ihren Eintrag in
unser Gästebuch. Da ich für Ihr Anliegen nicht zuständig bin,
kann ich zu den Vorwürfen natürlich keine Stellung nehmen.
Deshalb habe ich Ihren Eintrag an die zuständige Abteilung
weitergeleitet. Sobald der Vorgang geklärt ist erhalten Sie
eine gesonderte Information.
[Name, E-Mail-Adresse, Ort, Datum, Uhrzeit]
Internet-Gästebuch der Versicherung Signal-Iduna

Dieser Eintrag und die schriftliche Reaktion eines der Betreuer des Gästebuchs
– anhand anderer Antworten auf Besuchereinträge kann man feststellen, dass offensichtlich verschiedene Personen für die Betreuung der Seiten verantwortlich
sind – zeigen mehrere interessante Aspekte solcher Unternehmensgästebücher.
Offenbar ist der Schreiber bestrebt, sein Anliegen, genauer seinen Vorwurf gegenüber Signal-Iduna, öffentlich zu machen. Ansonsten wäre der traditionelle
Beschwerdebrief, gegebenenfalls auch in Form einer E-Mail, vielleicht verbunden mit der Androhung juristischer Schritte usw. die geeignete Textsorte hierfür. Zugleich wird durch die Gestaltung des Gästebucheintrags deutlich, dass
er wohl wissentlich gerade nicht einen solchen Weg wählen will, wozu auch
der Hinweis auf bislang nicht erfolgte Reaktionen des Unternehmens dient.
So verzichtet er sowohl auf die traditionelle und gerade in solchen Schreiben
mehr oder weniger auch ‚geforderte' Anrede wie auch auf die ebenso traditionelle Schlussformel. Als Eröffnung fungiert die lapidare Feststellung „Sofern
jemand von der Signal-Iduna diese Seiten liest, folgendes:" Die sich nun anschließende Darstellung der Vorgänge aus der Sicht des Einträgers wird als öffentliche und damit objektive Richtigkeit beanspruchende Darstellung präsentiert.

Dieses plakative Öffentlichmachen, das quasi Aushangcharakter erhält, ist gekoppelt mit der semantischen Präsupposition, dass möglicherweise sowieso niemand von der Signal-Iduna diese Einträge lese, sie also letztendlich wirkungslos bleiben, und stellt sprechakttheoretisch ein (eingeschränktes) VORWERFEN dar und bedarf aus diesem Grunde auch keiner expliziten Adressierung. Es muss sogar – entgegen der präsupponierten Wirkungslosigkeit – gefolgert werden, dass der Einträger vor allem andere LeserInnen solcher Gästebucheinträge als Adressaten im Auge hat, womit der Eintrag zugleich ein WARNEN an andere LeserInnen darstellt. Wir haben also auch in diesem Fall die für solche Einträge typische Mehrsträngigkeit in Form einer indem-Relation: Indem sich der Nutzer EINTRÄGT, MACHT er einen Sachverhalt ÖFFENTLICH. Und indem er diesen Sachverhalt DARSTELLT, WIRFT er der Signal-Iduna VOR, unredlich zu handeln und WARNT damit andere vor den behaupteten Praktiken dieses Unternehmens. Diese Handlungsweise ist keineswegs neu und kann in Textsorten wie Leserbriefen, Darstellungen bzw. Gegendarstellungen in Printmedien, aber auch auf Wahlkampfplakaten politischer Parteien oder in den Statements von Mitwirkenden in Talk-Shows beobachtet werden. Voraussetzung ist jedesmal das Vorhandensein einer (verschieden großen) Öffentlichkeit, um dadurch die Wirkung des eigenen Vorwurfs zu verstärken.

Zugleich ist diese komplexe Sprechhandlung durch eine Mehrfachadressierung (Kühn 1995) gekennzeichnet, womit jedoch nicht gemeint ist, dass hier mehrere (anonyme) LeserInnen angesprochen werden, sondern dass die AdressatInnen verschiedenen sozialen, gesellschaftlichen, politischen usw. Gruppierungen angehören, und diesen entsprechend auch mehrere unterschiedliche Sprechhandlungen vollzogen werden. Im konkreten Fall adressiert der Schreiber seinen Eintrag sowohl an den vom Unternehmen beauftragten Betreuer der Seite, an die Unternehmensführung, an die im Unternehmen für seinen ‚Fall' zuständige Abteilung, aber auch an andere BesucherInnen des Gästebuchs.

Nicht minder bemerkenswert ist auch die Reaktion der Signal-Iduna. Anstatt diesen Eintrag zu löschen, wie es bei einer moderierten Site ohne weiteres möglich ist, und/oder dem Schreiber schriftlich per Brief oder E-Mail zu antworten, nimmt einer der Betreuer öffentlich Stellung zu dem geäußerten Vorwurf, erklärt sich aber zugleich für nicht zuständig. Die traditionelle Eröffnungsformel „Sehr geehrter Herr [Name], vielen Dank für Ihren Eintrag in unser Gästebuch." adressiert diesen Antwort-Eintrag explizit an den Einträger, wahrt die Konvention durch den Dank für diese Handlung und signalisiert damit Ernsthaftigkeit. Man darf jedoch vermuten, dass diese Antwort ebenfalls intentional mehrfachadressiert und vor allem an die übrigen LeserInnen des Gästebuchs der Signal-Iduna gerichtet ist, die nun, da der Vorgang öffentlich gemacht worden ist, auf eine ebenfalls öffentliche Reaktion des beschuldigten Unternehmens warten. Diesen gegenüber gilt der durch die Wahl eines prototypischen Formulierungsmusters für einen Gästebucheintrag (nicht für einen Beschwerdebrief) signalisierte Ernsthaftigkeitscharakter, der die Seriosität des Unternehmens unterstreichen soll. Vorwürfe werden ernst genommen, dies geschieht öffentlich, die sachliche Beantwortung und damit die Entkräftung des Vorwurfs selbst wird jedoch durch die dafür zuständige Abteilung vorgenommen. Gleichzeitig wird die Handlungsweise des Einträgers indirekt GETADELT, indem auf die gesonderte Information – die Wahl des Lexems ‚Information' beinhaltet, dass dieser Vorwurf keineswegs als erwiesen und berechtigt betrachtet wird, sondern dass der Betreffende erst einmal nur Anspruch darauf hat, über das weitere Vorgehen INFORMIERT ZU WERDEN – auf nicht-öffentlichem Wege verwiesen wird. Außerdem fehlt eine traditionelle Schlussformel wie „mit freundlichem Gruß", wodurch jedoch nicht die Missachtung des Gegenübers angezeigt wird, sondern vielmehr die Adressierung an die übrigen LeserInnen dieser Gästebucheinträge. Dadurch erfolgt indirekt auch eine Bewertung des ursprünglichen Eintrags als für ein Gästebuch unangemessen. Und anders als in vielen anderen Gästebüchern finden sich hier argumentative Stränge von Rede und Gegenrede, die sich über mehrere Beiträge hinweg fortsetzen.

Ein weiteres Beispiel zeigt Chancen und Risiken einer derart öffentlichen Kommunikationsweise:

> Hallo Iduna, durch den Fehler eines Iduna (IVO) Mitarbeiters habe ich heute eine Menge Schulden, bis heute keine Entschuldigung aus eurem Haus ??? Ein Armutszeugnis für diese Versicherung [Name]
> Ein Iduna Geschädigter [E-Mail-Adresse]
> Sehr geehrter Herr [Name], durch ein dauerhaftes Wiederholen wird eine Eintragung nicht besser. Ich habe Sie nun schon mehrfach aufgefordert, Fakten für Ihre Behauptung zu liefern – Sie sind diesem bisher nicht nachgekommen. Solange Sie mir nicht die Möglichkeit geben, einen konkreten Fall nachzuprüfen, muß ich Ihre Unterstellungen entschieden zurückweisen Mit freundlichen Grüßen SIGNAL IDUNA [Name]
> [Name, E,-Mail-Adresse, Land, Datum, Uhrzeit]
> *Internet-Gästebuch der Versicherung Signal-Iduna*

Auch hier wäre eine individuelle Antwort an den Einträger per E-Mail möglich, durch das Öffentlichmachen des unspezifizierten Vorwurfs sieht sich der Webmaster jedoch zur öffentlichen Richtigstellung veranlasst, verbunden mit der Aufforderung, den Vorwurf zu konkretisieren.

Es zeigt sich, dass UserInnen das Gästebuch auch dazu nutzen, Vorwürfe gegen das jeweilige Unternehmen als den Betreiber des Gästebuchs zu erheben und diese öffentlich zu machen. Dieser Angriff auf das Unternehmensimage zwingt die Betreuer der Seiten dazu, zu diesen Vorwürfen Stellung zu beziehen und diese öffentlich zurückzuweisen bzw. zumindest die Seriosität im Umgang mit solchen Fällen nach außen hin zu dokumentieren. Auch dies mag, wie bereits gesagt, ein Grund dafür sein, dass viele Unternehmen aus dieser Branche bisher kein Gästebuch anbieten.

Trotz der Tatsache, dass auch Signal-Iduna zu denjenigen Unternehmen gehört, die ihr Gästebuch inzwischen geschlossen haben, nutzen eine große Zahl an Unternehmen diese Kommunikationsform immer noch bzw. neuerdings. Von einigen Unternehmen wird das Gästebuch offensichtlich auch gerade dazu genutzt, Unzufriedenheit und Unsicherheiten seitens der Kunden oder auch von Beschäftigten des Unternehmens selbst öffentlich im Sinne des Unternehmens zu kommunizieren. Als Beispiel sei hier das Gästebuch der Asklepios Kliniken Verwaltungsgesellschaft mbH genannt. Mit der Teilprivatisierung der LBK Hamburg und der mit der Übernahme durch die Asklepios Kliniken einhergehenden Stellenstreichung bei der LBK entstand eine kontroverse Diskussion um diese Maßnahme. Der Hauptgeschäftsführer des Asklepios Kliniken meldete sich zu diesem Thema auf der Website seines Unternehmens zu Wort:

> Sehr geehrte Mitarbeiterinnen und Mitarbeiter des LBK Hamburg,
> sicher haben Sie bereits aus den Hamburger Medien erfahren, dass nach der abgewiesenen Verfassungsgerichtsklage die Hamburger Bürgerschaft am 17.12.2004 der Teilprivatisierung des LBK zugestimmt hat. Ich möchte daher die Gelegenheit nutzen und Sie im Namen aller Mitarbeiterinnen und Mitarbeiter der Asklepios-Gruppe herzlich in unserem Unternehmensverbund willkommen heißen. Als großer privater Klinikbetreiber verfügen wir über einen umfangreichen Erfahrungsschatz und können auf mehr als 80 erfolgreiche Trägerwechsel in den vergangenen 20 Jahren zurückblicken. Diese konnten wir immer geordnet und unter Einbeziehung der Mitarbeiterschaft gestalten. Ich möchte Ihnen die Zuversicht geben, dass wir alles in unserer Macht stehende veranlassen werden, damit die im Vorfeld geäußerten Sorgen, Ängste und Befürchtungen sich als unbegründet herausstellen.

Es wird zweifelsohne Veränderungen geben, die letztlich auch viele Chancen eröffnen. Unseren Schlüssel zum Erfolg finden wir unter anderem durch Angebotsoptimierung, Um- und Neustrukturierung sowie die Nutzung von Synergien. Gute Leistungen erkennen wir ebenso an wie die Ausschöpfung von Verbesserungspotentialen.
Wir pflegen traditionell eine offene Unternehmenskultur, die von gegenseitigem Vertrauen geprägt ist. Schreiben Sie uns, wenn Sie Fragen haben und nutzen Sie dafür das Gästebuch unserer LBK-Sonderseite auf unserer Homepage www.asklepios.com. Dort werden Ihnen neben der Geschäftsführung weitere kompetente Ansprechpartner zur Verfügung stehen.

Wir freuen uns auf eine gute und erfolgreiche Zusammenarbeit!
Elmar Willebrand
Hauptgeschäftsführer
Asklepios Kliniken GmbH
(www.asklepios.com/LBK) (19.9.2005)

Auf der Eröffnungsseite des LBK-Gästebuchs wird dessen kommunikative Funktion noch einmal ausdrücklich betont:
Dieses Forum soll allen Interessierten Informationen im Zusammenhang mit dem Erwerb des LBK durch die Asklepios-Gruppe zur Verfügung stellen. Insbesondere soll den Mitarbeitern Gelegenheit gegeben werden, Fragen zu stellen und Antworten aus erster Hand zu erhalten. Wir werden gleichartige Fragen zusammenfassen und auf dieser Homepage im Sinne eines FAQ/Frequent asked questions-Forums zur Verfügung stellen. Bitte haben Sie Verständnis, dass nicht jede individuelle Frage kurzfristig und umfassend beantwortet werden kann. Gleichwohl werden wir uns bemühen, insbesondere die teilweise sehr emotional geführte Auseinandersetzung um die Privatisierung weiter zu versachlichen. Dieses Forum soll selbstverständlich nicht die individuelle Betreuung der Mitarbeiter vor Ort ersetzen, sondern dies in einem ersten Schritt vorbereiten und begleiten.

Bitte besuchen Sie regelmäßig dieses und die weiteren Informationsforen, die wir in Zusammenarbeit mit der LBK-Pressestelle zur Verfügung stellen werden, um sachlich den Privatisierungsprozess begleiten zu können und insbesondere weit reichende Entscheidungen (wie z. B. eine eventuelle Ausübung des Rückkehrrechts) anhand objektiver Kriterien verantwortungsbewusst zu fällen.

Und noch etwas: Nicht jede Meldung, die in den nächsten Tagen und Wochen in den Medien zu lesen sein wird, ist authentisch. Eine kritische Analyse der jeweiligen Quellen kann daher den Erkenntniswert steigern.

In diesem Sinne darf ich noch einmal alle LBK-Mitarbeiter herzlich im Asklepios-Verbund willkommen heißen, verbunden mit dem klaren Wunsch, gemeinsam für die Sache des LBK einzutreten.

Mit freundlichen Grüßen
Elmar Willebrand
Hauptgeschäftsführer

Asklepios Kliniken Verwaltungsgesellschaft mbH
Debusweg 3
61462 Königstein-Falkenstein
(www.asklepios.com/LBK) (19.9.2005)

Im vorletzten Absatz wird noch einmal deutlich, welche Strategie das Unternehmen mit der Einrichtung dieses speziellen Gästebuchs verfolgt. Es soll ausdrücklich auch eine Gegenöffentlichkeit (aus der Sicht des Unternehmens) zu einer möglicherweise kritischen Berichterstattung hergestellt werden. Schaut man in die Seiten des Gästebuchs, wird deutlich, dass das Unternehmen diese Strategie konsequent verfolgt. Auf kritische Fragen oder Anmerkungen wird im Gästebuch selbst geantwortet:

Sehr geehrte Damen und Herren,

ich wundere mich darüber, dass hier nun seit fast 6 Wochen Funkstille ist. Traut sich niemand mehr einen Beitrag hinzufügen, oder wurde diese Seite bereits stillgelegt?

Mit freundlichen Grüßen
[Name]

Sehr geehrter Herr [Name],
es ist in der Tat sehr still geworden, was vielleicht darauf schließen läßt, dass viele der als Sensation hochgebrachten Themen sich bei nüchterner Betrachtung meist doch als einseitig gesteuerte Interessenpolitik entlarven ließen. Wir

hatten demgemäß in den letzten Wochen ganze drei Anfragen, die sich allerdings nicht an die veröffentlichten Spielregeln hielten und entweder gefälschte Absenderkennungen trugen oder lediglich unsachliche Pauschalvorwürfe oder persönliche Angriffe enthielten. Um es nochmal klarzustellen: Dieses Forum ist kein Propagandamedium der einen oder anderen Seite, sondern soll ausschließlich über Sachfragen informieren, Mißverständnisse ausräumen und notwendige Maßnahmen erklären. Ernsthafte Anfragen werden wir auch weiterhin beantworten. Dass wir den Sorgen oder Befürchtungen der Menschen oder SACHLICH vorgetragener Kritik nicht ausweichen, dürften die Mitarbeiterversammlungen, die zahlreichen Gespräche mit Mitarbeitern, Betriebsräten, Fach- und Führungskräften sowie die bisher veröffentlichten Gästebuch-Beiträge belegen.

Mit freundlichen Gruessen
ASKLEPIOS Kliniken
Verwaltungsgesellschaft mbH
(LBK-Gästebuch) (19.9.2005)

Die Unternehmensstrategie ist offensichtlich aufgegangen.

BLOGS – Von der direkten Kommunikation zur Selbstpräsentation

Neben Internet-Gästebüchern haben sich seit einiger Zeit Liedlogs (oder auch Weblogs genannt; Alphonso/Pahl 2004[3]) als alternatives Kommunikationsangebot im Internet auch bei Unternehmen etabliert. Vielfach werden sie sogar von Unternehmensberatern als ein geeignetes Kommunikationsinstrument empfohlen.

Blogs sind ideal um *en passant* Gedanken, Meinungen und Ideen zu skizzieren und darüber öffentlich Konversationen zu führen. Die Leichtigkeit des Mediums beeindruckt mich immer wieder. Der spontane Dialog, der sich daraus ergibt, befruchtet weitere Ideen und treibt interessante Themen weiter voran. Blogs sind sehr persönlich. So weit so gut.
(http://jimmiz.blogg.de) (19.9.2005)

---

3 In der letzten Zeit sind eine Reihe von Publikationen zu Weblogs erschienen, was einerseits der immer größer werdenden Beliebtheit dieser Kommunikationsform zuzuschreiben, andererseits aber auch in ihrem noch andauernden Wandel begründet ist (z.B. Burg 2003, 2005; Alphonso/Pahl 2004; Eck 2005; Schlobinski/Siever 2006)

Unternehmen bieten Blogs die Möglichkeit, sich selbst in einem Maße zu präsentieren, wie dies ein Gästebuch nicht erlaubt. Zwar können die Kommentare zu Gästebucheinträgen im Interesse des Unternehmens genutzt werden und das Unternehmen vor allem als kommunikationsoffen präsentieren, die thematische Initiative geht jedoch von den Eintragenden aus. Anders gestaltet sich dies in den Blogs. Hier erfolgt die Vorgabe durch den Blogbetreiber, auch wenn in vielen Fällen die Möglichkeit zum User-Kommentar besteht, womit allerdings das Verhältnis von Beitrag und Kommentar/Erläuterung im Vergleich zum Gästebuch umgekehrt wird. Vielfach versuchen einzelne Unternehmen auf diesem Weg, ein spezifisches Zielpublikum mit hoher Affinität zur Internetkommunikation zu erreichen und als Kunden zu gewinnen. Ein wesentliches Element ist dabei der Eindruck von persönlicher Auswahl und auch von einem persönlichen Kontakt zum (potentiellen) Kunden.

Gestalterisch wird dies vor allem durch die im elektronischen Gästebuch eher seltene Einbindung des ‚Porträts' des jeweiligen Bloggers, wobei dies keineswegs immer ein Foto sein muss (wie dies der *Jobsblog* von Microsoft belegt). Sprachlich werden die Beiträge vielfach – und dies gilt auch für Unternehmensblogs – in einem alltagssprachlichen, je nach Thema auch stark narrativen, Stil publiziert, womit ein Anknüpfen an die Tradition des Tagebuchs zumindest assoziiert wird. Dennoch stellen Blogs keine Umsetzung des traditionellen Tagebuchs in eine elektronische Fassung dar. Dies gilt zwar auch für das Gästebuch – allerdings ist das Anknüpfen an diese Tradition offenkundig und meist auch gewollt. Blogs stellen auch nicht eine bloße Veröffentlichung eines Tagebuchs dar, sie sind von Anfang für die Kommunikation mit einer disparaten Öffentlichkeit geplant und offerieren häufig mittels der Kommentarmöglichkeit den RezipientInnen ein eigenes sprachliches Reagieren auf die einzelnen Beiträge.

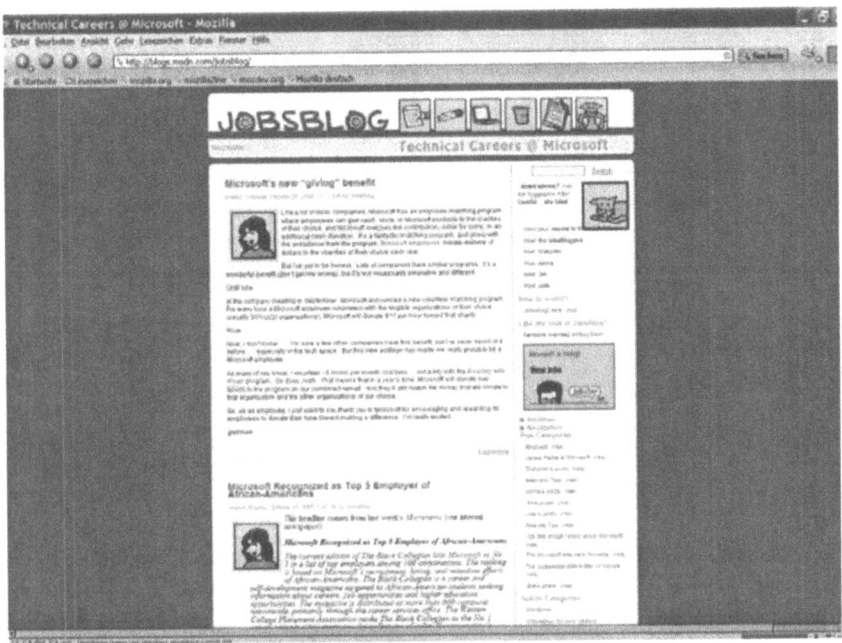

Abb. 5: Die persönliche Komponente – Unternehmenspräsentation per Blog

In anderen Fällen knüpfen die Blogs an ihre Ursprünge als Mittel einer kritischen Gegenöffentlichkeit an, wie es vor allem die sog. Warblogs (Endres 2005) lange Zeit realisierten.

Die Kennzeichnung als „Schwarzbuch-Weblog" markiert diese Intention und knüpft damit eher an literarisch-publizistische Traditionen als an die des privat-intimen Tagebuchs an. Häufig ist mit solchen Blogs auch eine deutliche Handlungsorientierung verbunden, die ihnen den Charakter eines aktionsorientierten Forums verleiht und ein weiteres kommunikatives Potential eröffnet – das zum öffentlichen Widerspruch.

Bernd Steinmann zum Thema AKTIONEN

Kleine Nadelstiche per Fahrrad ausgeteilt

Heiko Fritze berichtet in der Heilbronner Stimme über eine Radtour des ver.di-Bezirks zur Lidl-Filiale in der Heilbronner Urbanstraße.

Er schreibt: „Es braucht offenbar nur sieben Verdi-Mitglieder, um bei Lidl gehörig Nervosität auszulösen. Da rauschen schwarze Audis mit Künzelsauer Kennzeichen heran, junge Männer in hellen Hemden und Krawatte huschen hektisch umher und steigen zum Fotografieren sogar auf das oberste Plateau des Parkdecks."

Zum Artikel
(www.verdi-blog.de) (19.9.2005)

Fazit

Elektronische Gästebücher haben sich als Kommunikationsangebot von Unternehmen von ihren historischen Vorläufern im Laufe der letzten Jahre deutlich entfernt und in Erscheinungsbild und Funktion erkennbar verändert. Von der reinen Formulareintragsmöglichkeit, bei der die UserInnen autonom über Art und Inhalt sowie die sozial-kommunikative Funktion ihres Beitrags entscheiden, haben sie sich zu einem Frage-Antwort-Forum gewandelt, welches den Charakter einer öffentlichen E-Mail-Kommunikation angenommen hat und in dem die Unternehmen selbst Einfluss auf die inhaltliche Ausgestaltung des Kommunikats und damit der B2C-Kommunikation nehmen. Da manche Fragen jedoch sehr spezifischen Einzelinteressen entspringen, mag dies mit ein Grund dafür sein, dass in etlichen Unternehmen Gästebücher durch spezifizierte sog. Kontakt-Formulare abgelöst worden sind.

Blogs hingegen sollen dem Unternehmensimage eine persönliche Note geben und den potentiellen KundInnen ein persönliches Kommunikationsangebot eröffnen und ihn bzw. sie an das Unternehmen und seine Angebote heranführen, ihn gegebenenfalls zum Mitglied einer Blog-Community werden lassen. Ob dies funktionieren wird, muss sich noch zeigen.

Literaturhinweise

Alphonso, Don & Pahl, Kai (Hgg.) (2004). *Blogs! Text und Form im Internet.* Berlin

Blood, Rebecca (Hg.) (2002): *We've Got Blog. How Weblogs are Changing Our Culture.* Cambridge: Perseus Publishing.

Bungarten, Theo (1994). Die Sprache der Unternehmenskommunikation. In: Ders. (Hg.): *Unternehmenskommunikation. Linguistische Analysen und Beschreibungen.* Tostedt: Attikon, 29-42.

Burg, Thomas (Hg.) (2003). *Blog Talks. European Conference on Weblogs.* Wien: Zentrum für wissenschaftliche Forschung und Dienstleistung.

Burg, Thomas (Hg.) (2005). *Blog Talks 2.0. The European Conference on Weblogs.* Wien: Zentrum für wissenschaftliche Forschung und Dienstleistung.

Diekmannshenke, Hajo (1999). Elektronische Gästebücher. Wiederbelebung und Strukturwandel einer alten Textsorte. In: *ZfAL* 31, 49-75.

Diekmannshenke, Hajo (2000). Die Spur des Internetflaneurs. Elektronische Gästebücher als neue Kommunikationsform. In: Thimm, 131-155.

Diekmannshenke, Hajo (2002). „Ich bin äußerst beeindruckt von ihrer optimalen Pagegestaltung im Sanitärbereich". Elektronische Gästebücher als Mittel der Nutzer-Unternehmen-Kommunikation. In: Caja Thimm (Hg.): *Unternehmenskommunikation offline/online. Wandelprozesse interner und externer Kommunikation durch neue Medien.* Frankfurt/Main: Peter Lang, 185-208.

Eck, Klaus (2005). Unternehmer suchen Blogger. In: Netzwerk Recherche (Hg.): *Online-Journalismus. Chancen, Risiken und Nebenwirkungen der Internet-Kommunikation.* 103-108 (online: http://www.netzwerkrecherche.de/medienrevolution).

Endres, B. Odile (2005). Neuer Diskurs durch Neue Medien. Die Rolle von Warblogs in der Berichterstattung zum Irakkrieg. In: Fraas, Claudia/Klemm, Michael (Hgg.): *Mediendiskurse. Bestandsaufnahme und Perspektiven.* Frankfurt/Main [u.a.], 219-243

Kühn, Peter (1995). *Mehrfachadressierung. Untersuchungen zur adressatenspezifischen Polyvalenz sprachlichen Handelns.* Tübingen: Niemeyer.

Schlobinski, Peter/Siever, Torsten (Hgg.) (2006). *Sprachliche und textuelle Merkmale in Weblogs. Ein internationales Projekt* (= net.worx 46; online: http://medienspreche.net/networx/networx-46.pdf).

Sixtus, Markus (2005). Die Humanisierung des Netzes. Der Mensch kehrt sein Innerstes nach außen – falls er die Software beherrscht. In: DIE ZEIT v. 25.8.2005, 31.

Thimm, Caja (Hg.) (2000). *Soziales im Netz. Sprache, Beziehungen und Kommunikationskulturen im Internet.* Opladen, Wiesbaden: Westdeutscher Verlag.

„Wir sind die Quelle"
Politisches Online-Campaigning am Beispiel der Informationskampagne zur Gesundheitsreform 2004 des Bundesministeriums für Gesundheit

Reinhold Fuhrberg & Dietrich Boelter

Einleitung

Gesundheitsreform, Arbeitsmarktreform, Rentenreform, Steuerreform. In jüngster Zeit wurden zahlreiche Gesetze und damit Veränderungen auf den Weg gebracht, die für den einzelnen Bürger gravierende Auswirkungen haben. Die gesetzgebenden Organe in der Politik, die entsprechenden Bundesministerien und ausführenden Institutionen sind dabei gehalten, den Bürgern mittels Öffentlichkeitsarbeit Informationsangebote zu machen, die ihnen einerseits eine Teilhabe am Willensbildungsprozess des Volkes ermöglichen (vgl. Presse- und Informationsamt der Bundesregierung 1977), andererseits die individuelle Relevanz und Umsetzung geltender Gesetze erläutern. Mit der zunehmenden Reichweite des Internets in Deutschland[1] spielt auch hier die Online-Kommunikation eine wichtige Rolle.

In diesem Kontext stellt der vorliegende Beitrag anhand einer Fallstudie Thesen zur Zukunft integrierter, onlinegetriebener Kampagnen-Kommunikation vor. Als Beispiel dient dabei die seit Juli 2003 laufende Informationskampagne zur Modernisierung des deutschen Gesundheitssystems des Bundesministeriums für Gesundheit (BMG, bis zum Regierungswechsel 2005 noch BMGS – Bundesministerium für Gesundheit und Soziale Sicherung). Dabei soll vor allem folgenden Fragen nachgegangen werden:

- Fördert die Online-Kommunikation der Kampagne die Koordination der einzelnen Kommunikationsdisziplinen in Hinblick auf eine integrierte Kommunikation?[2]

---

[1] Knapp 60 Prozent der Bundesbürger sind Onlinenutzer (vgl. van Eimeren/Frees 2006)
[2] Zum Ansatz der integrierten Kommunikation vgl. z. B. Bruhn 2003

- In welcher Form unterstützt die Online-Plattform der Kampagne das Issues Management, also die Identifikation, Analyse und Steuerung der öffentlich diskutierten Themen?[3]
- Bieten neue, interaktive Dialogangebote in Form virtueller Ratgeber verbesserte Informationsangebote für den Bürger?
- Welche Rolle spielt die Online-Kommunikation bei der Distribution von Informationen in das Online-Mediensystem?

1. Ausgangslage

Im Herbst 2003 beschlossen der Deutsche Bundestag und der Bundesrat das Gesetz zur Modernisierung der gesetzlichen Krankenversicherung. Die sogenannte Gesundheitsreform trat in weiten Teilen am 01. Januar 2004 in Kraft. Sie regelt die gesetzliche Krankenversicherung neu. Mehr Mitsprache, mehr Qualität und mehr Effizienz waren die Kernziele des Reformvorhabens. Dazu wurden auch neue Zuzahlungs- und Finanzierungsregeln getroffen. Für rund 70 Millionen gesetzlich Krankenversicherte ergaben sich damit zahlreiche Neuerungen. Die tagesaktuelle Pressearbeit lag in der Hand der Pressestelle des Bundesministeriums für Gesundheit. Mit der darüber hinaus gehenden kommunikativen Begleitung der Gesundheitsreform beauftragte das Bundesministerium für Gesundheit im Sommer 2003 nach einem Ausschreibungswettbewerb die Agenturen A&B ONE (Strategische Leitagentur, PR), A&B FACE2NET (Online-Kommunikation) und Zum Goldenen Hirschen (Werbung, Print).

Die Kommunikationskampagne sollte den Gesetzgebungsprozess begleiten und dabei aktuell Informationen über den jeweiligen Diskussions- und Entscheidungsstand anbieten. Anschließend sollte sie über die Umsetzung des Rahmengesetzes durch die Akteure im System (Selbstverwaltung im Gesundheitssystem) und deren Auswirkungen auf den Versichertenalltag (Bürgerportal/Ratgeberformate) informieren. Dabei war die starke Dynamik des Themenverlaufs und ein großes Informationsbedürfnis aller Beteiligten von vornehrein zu berücksichtigen.

Mit der Kampagne sollten deshalb unterschiedliche Teilöffentlichkeiten mit verschiedensten Vorkenntnissen und Informationsbedürfnissen zielgruppengenau

---
3 Zu Issues Management vgl. z. B. Röttger 2001

angesprochen werden. Alle Beteiligten – Akteure wie Versicherte – sollten in der Lage sein, sich zu jeder Zeit der Reform sicher im Versichertenalltag verhalten und Entscheidungen treffen zu können. Dementsprechend war die Informationsqualität der Kampagne zu jedem Zeitpunkt verlässlich und widerspruchsfrei anzulegen. Weitere Anforderungen an die Kampagne wurden durch die vielen verschiedenen Ansatzpunkte der Reform am bestehenden Gesundheitssystem gestellt. Die Gesundheitsreform darstellen hieß dabei auch, das bestehende System zu erklären, um die Änderungen daran verständlich machen zu können. So waren grundsätzliche Informationen über das deutsche Gesundheitssystem, Vergleiche mit anderen Ländern und die zu Grunde liegende Politik der Reform zu vermitteln.

2. Strategie und Instrumente

PR, Online-Kommunikation und Werbung wurden in einem wöchentlichen Jour fixe von der Öffentlichkeitsarbeit und der Pressestelle des Ministerium mit den Agenturen koordiniert und gesteuert. Zentrale Botschaften wurden vorgegeben, ein Maßnahmenkatalog gemeinsam entwickelt und permanent den aktuellen Entwicklungen und Anforderungen angepasst. Zu den Maßnahmen zählten u. a. die Medienarbeit, Veranstaltungen, Bürgertelefon, Anzeigen, Broschüren sowie als Leitmedium die neu eingerichtete Website „www.die-gesundheitsreform.de". Zentrales Instrument der PR ist bis heute das „Redaktionsbüro Gesundheit". Die Redakteurinnen und Redakteure dieses „Service des BMG" erstellen nicht nur den Content für das Portal und die offline Vermarktung, sondern beantworten auch Journalistenanfragen zur Ausgestaltung der Gesundheitsreform, nicht hingegen zum politischen Prozess. Dies bleibt Aufgabe der Pressestelle.

Die Kommunikationskampagne begleitete zunächst den Gesetzgebungsprozess, indem sie aktuell Informationen über den jeweiligen Diskussionsstand und die Faktenlage anbot. Dies war erforderlich, da während dieses Verfahrens zahlreiche Akteure des Gesundheitswesens durch eigene Darstellungen und Interpretationen versuchten, in ihrem Sinne Einfluss auf den politischen Entscheidungsprozess zu nehmen. Neben der Pressestelle bot sich als Leitmedium das Internet an, da hier zeitnah auf neue Entwicklungen eingegangen werden konnte. So wurde die Kampagnen-Website des Ministeriums als die zentrale, von Einzelinteressen unabhängige Nachrichtenquelle zum Thema „Gesundheitsreform" positioniert: „Wir sind die Quelle". Nach der Verabschiedung des Gesetzes im Bundesrat ist das Internet-Portal zu einem Multithemen-Portal entwickelt worden, um den Informationsbedürfnissen der unterschiedlichen Zielgruppen gerecht zu werden. Die folgenden Betrachtungen sollen Aufschluss darüber geben, welchen Stellenwert die Online-Kommunikation im Rahmen der Gesamtkampagne hatten. Der Fokus der Betrachtung liegt dabei auf dem Zeitraum Sommer 2003 bis Sommer 2005. Dessen ungeachtet wurde die Online-Plattform auch nach dem Regierungswechsel im Herbst 2005 fortgeführt und den laufenden Anforderungen angepasst.

3. Integrierte Kommunikation

Bei der Kampagne kamen zahlreiche Kommunikationsinstrumente aus unterschiedlichen Disziplinen wie Werbung, PR, Veranstaltungen und Online-Kommunikation zum Einsatz. Ziel bei der Ansprache der Akteure im öffentlichen Raum musste es sein, konsistente, aufeinander abgestimmte Botschaften über diese Instrumente zu kommunizieren. Dies machte eine integrierte Kommunikation im Sinne Bruhns[4] erforderlich. Innerhalb der integrierten Kommunikationskampagne hatte das Internet-Portal „www.die-gesundheitsreform.de" als zentrale Plattform einen besonderen Stellenwert.

Die Website wird über das Redaktionssystem und Content Management System „formel" von Online-Redakteuren entwickelt und gepflegt. Bei der Auswahl des CMS war neben der guten Performance (kurze Reaktionszeit) und der einfachen Bedienung ausschlaggebend, dass „formel" bereits 2003 die Erstellung von barrierefreier Quellcodegestaltung ermöglichte. Die Website integrierte alle Kommunikationsinstrumente: die reinen Offline-Instrumente der Öffentlichkeitsarbeit wie Pressetexte, Informationsbroschüren, Veranstaltungen (Ankündigungen und Dokumentation) genauso wie multimediales Material für audiovisuelle Medien wie O-Töne der Bundesministerin Schmidt und anderer Experten, Fotos, Grafiken oder Videos. Diese Multimedialität machte es erforderlich, dass alle dort abgebildeten Kommunikationsmaßnahmen aufeinander abgestimmt umgesetzt wurden. Die Integration fand auf vier Ebenen statt:

---

4 „Integrierte Kommunikation ist ein Prozess der Analyse, Planung, Organisation, Durchführung und Kontrolle, der darauf ausgerichtet ist, aus den differenzierten Quellen der internen und externen Kommunikation (...) eine Einheit herzustellen" (Bruhn 2003, 17).

1. **Inhaltlich:** Im öffentlichen Raum kursierten von den verschiedenen Akteuren laufend interessengebundene Sichtweisen und Interpretationen bezüglich der drohenden Auswirkungen der Gesundheitsreform. Somit war es notwendig, den politischen Entscheidungsprozess zeitnah sachlich zu dokumentieren und die Fakten und Konsequenzen aus der Gesetzesänderung zu erläutern. Widersprüche in Inhalten, im Wording quer über alle anzusprechenden Zielgruppen waren zu vermeiden, da sie auf dem Portal sofort auffallen und reglementiert werden würden.

2. **Zeitlich:** Aufgrund der Dynamik der öffentlichen Diskussion wurden die Informationen zunächst über die Pressestelle des Ministeriums kommuniziert sowie im Online-Portal abgebildet, bevor sie beispielsweise in Broschüren aufbereitet wurden. Zeitlich integrierend wirkte das Portal insbesondere, da es längere Prozesse chronologisch in einzelnen Stepps (z. B. über tägliche Pressemitteilungen) sowie auch zeitlich unabhängig voneinander entstandene Entwicklungen „nebeneinander" abbildete (zeitliche Synchronisation).

3. **Formell:** Da alle Kommunikationsaktivitäten auf der Online-Plattform auf einem Blick erfassbar sind, zwingt das Internet allen Kommunikationsaktivitäten eine einheitliche optische Gestaltung auf. Hier kam das Corporate Design des Bundesministeriums zur Geltung.

4. **Strukturell:** Die durch das Online-Portal beförderte inhaltliche, zeitliche und formelle Integration der Kommunikationsaktivitäten machte allen Beteiligten deutlich, dass es entsprechender Arbeitsstrukturen bedurfte. Um eine Abstimmung aller Beteiligten Kommunikatoren (BMG-Pressestelle, BMG-Öffentlichkeitsarbeit, BMG-Fachreferate, PR-Agentur, Online-Agentur, Werbeagentur,) zu garantieren, wurden entsprechende Arbeitsstrukturen und Prozessabläufe eingerichtet, die alle darauf verpflichteten, ihre Maßnahmen der gemeinsamen Strategie folgend auszurichten.

Das Online-Portal war Aktualität und Kontinuität, erste Quelle und Dokumentation aller Kampagneninstrumente zugleich. Es bildete die verschiedenen Formate und Themen ab, konzentrierte, ordnete und vernetzte die einzelnen, nach und nach entwickelten Texte der sich prozesshaft entwickelnden Kampagne zu einem Ganzen.

Sie war tägliche Pressestelle und themenübergreifende Online-Broschüre, Ratgeber für Versicherte wie Fachinformation für Akteure im System. Damit hatte das Portal einen großen Anteil an der Integration der Kommunikationsinstrumente.

4. Issues-Management

Die Gesundheitsreform war und ist bis heute ein vielschichtiges, öffentliches Thema, das bei den betroffenen Akteuren kontroverse Diskussionen auslöst: Bei den Versicherten und Patienten geht es um ökonomische sowie gesundheitlich-existenzielle Fragestellungen, bei den Akteuren im Gesundheitswesen um einen Markt in Höhe von rund 234 Mrd. Euro pro Jahr[5]. Ein Themenfeld, um das im politischen Raum schon unter den Ministern Seehofer und Fischer seit Jahren gerungen wurde. Damit handelt es sich um ein Issue par excellence (vgl. Rössler 2005, 361ff.). Für das Ministerium war es daher wichtig, relevante Themen und Erwartungen der Anspruchsgruppen frühzeitig zu identifizieren und entsprechend der eigenen strategischen Zielsetzung die Diskussion mit zu gestalten. Vor allem aber galt es schlicht die Informationsbedürfnisse der Akteure und Betroffenen zu befriedigen und entsprechende Informationsangebote bereit zu stellen. Issues-Management und damit auch Issues-Monitoring waren daher handlungsleitend für die Kampagne.

---

5 Vgl. Ausgaben 2004 laut Statistischem Bundesamt (http://www.destatis.de/basis/d/gesu/gesutab5. php, 7.9.2006)

"Wir sind die Quelle"

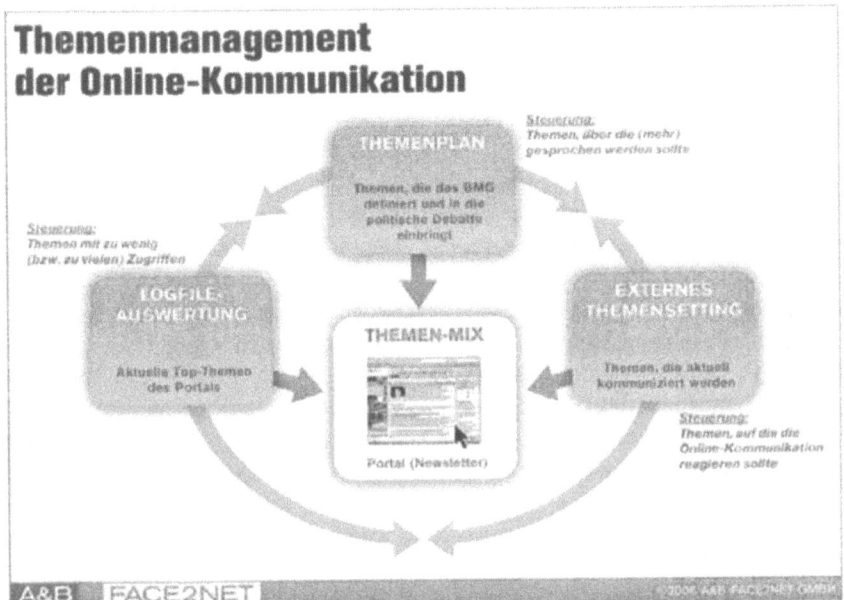

Abb. 1: Die Rolle der Online-Kommunikation beim Issues Management

Die Themenfestlegung für die Kommunikation des Ministeriums speiste sich im wesentlichen aus drei Quellen, die einander gegenseitig beeinflussten (vgl. Abb. 1):

1. Die Beobachtung der veröffentlichten Meinung erfolgte anhand der Analysen der Medienberichterstattung in Form von Clippings und Mitschnitten. Die kommunikativen Aktivitäten der relevanten Akteure im Gesundheitswesen wurden im Rahmen von Akteursanalysen beobachtet und bewertet.

2. Das Online-Themenmonitoring, bei dem anhand der Zugriffszahlen auf die einzelnen Seiten des Portals die Interessen der Nutzer für bestimmte Themen analysiert wurden.

3. Der mit der politischen Agenda abgestimmte Themenplan, der sich an der übergeordneten politischen Zielsetzung orientierte. Somit sorgten das externe Mediensetting, das Online-Themenmonitoring sowie der politische Themenplan

für den Themenmix in der Kommunikation des Bundesministeriums. Welche Steuerungsfunktion hatte dabei die Online-Kommunikation?

4.1. Online-Issues-Management

Das Online-Portal www.die-gesundheitsreform.de wurde nach Themen und Zielgruppen strukturiert. Für alle Themen wurden sogenannte Indikatoren-Seiten definiert, deren Nutzung das Interesse an entsprechenden Themen repräsentierte. In der Regel waren das die Startseiten einzelner Themenkomplexe, z. B. die Rubrikhauptseite „Zukunft entwickeln" oder wichtige Content-Seiten wie z. B. die Seite „Zuzahlungstabelle". Deren Pageviews wurden tagesgenau ermittelt und ins Verhältnis zu den Gesamt-Visits gesetzt. Durch diese Relation wurden die für Kampagnen-Portale typischen starken Schwankungen der Visits und Seitenzugriffe relativiert. Über die Zeit konnte so ein Ranking der Themen und damit der Änderungen im Interesse der User ermittelt werden.[6]

Die Zugriffszahlen waren aber nicht nur vom generellen Interesse an einem Thema abhängig. Wichtige Einflussgrößen waren auch, wie umfangreich ein Themenkomplex dargestellt wurde, wie ein Themenkomplex von der Startseite verlinkt wurde (z. B. durch Teaser, Banner oder lediglich in der Navigation) oder ob es entsprechende Links im E-Mail-Newsletter gab. Themen, die vom Bundesministerium für Gesundheit auf die Agenda gesetzt wurden, konnten durch entsprechende Maßnahmen der Online-Redaktion in die Öffentlichkeit getragen werden. Mit den über die Zeit gesammelten Erfahrungen ließen sich Trends schnell erkennen und die Potenziale von Themen und Formaten für die einzelnen Zielgruppen antizipieren.

Ein typisches Beispiel für das Themenmanagement waren die Ratgebertexte (Fragen und Antworten) zum Thema Praxisgebühr. Bereits einige Monate nach Einführung und entsprechender Abbildung auf dem Portal verschwand das Thema Praxisgebühr aus dem Themenplan des Ministeriums und mehr und mehr auch aus dem Medieninteresse. Die Ratgeberinformationen zu diesem Thema wurden aber auch noch lange Zeit später (und ohne entsprechende, neuerliche Push-Maßnahmen wie Hinweise im Online-Newsletter, Anzeigen, etc.) überdurchschnittlich nachgefragt, so dass dieses Thema weiter auf dem Portal entsprechend gewürdigt

---

6 Dazu wurden zusätzlich auch E-Mail-Anfragen der Bürger, zu denen diese ermuntert wurden, thematisch ausgewertet und beantwortet.

wurde. Somit konnte der Informationsnachfrage der Bürgerinnen und Bürger auch dann noch nachgekommen werden, als das Thema von der politischen und massenmedialen Agenda verschwunden war.

5. Virtuelle Ratgeber

Pressemitteilungen, Broschüren, Infografiken, Fotos, Beispielrechnungen, Hintergrundtexte, Expertenstatements, Interviews mit der Ministerin, Dokumentationen von Fachveranstaltungen, O-Töne, Videofiles – bereits diese Auswahl der eingesetzten Formatvielfalt verdeutlicht den Versuch, möglichst jedes Thema in Formaten abzubilden, die dem Thema gerecht werden, die den unterschiedlichen Zielgruppen und Vorqualifikationsstufen der Rezipienten entsprechen, die sich nach den Vorlieben und Möglichkeiten (Barrierefreiheit) der User und Zielgruppen bei der Informationsaufnahme richten.

Das Thema Gesundheitssystem ist zu komplex und facettenreich, um es für alle erschöpfend darzustellen. Ein logischer Zugang zu den einzelnen Themen, wie er durch eine Navigation mit mehreren Hierarchieebenen abgebildet wird, kann das komplexe und weitreichend verknüpfte System nicht vollends zufriedenstellend abbilden. Zu komplizierte oder umfangreiche Informationsformate sind nicht jedermanns Sache. Auch wenn viele Infotexte standardmäßig zusätzlich zum Download (PDF) angeboten wurden – und davon reichlich Gebrauch gemacht wurde – fanden nicht alle User über reine Textformate Antworten auf ihre Fragen. Deshalb wurde als zweiter Informationsweg ein niedrig schwelliges Dialoginstrument auf dem Portal integriert, das vom Redaktionsbüro entwickelt wurde und bis heute gepflegt wird: Clara, die virtuelle Ratgeberin.

5.1 Clara - Serviceangebot und menschliches Online-Gesicht der Kampagne

Clara ist ein Avatar[7], eine virtueller Ratgeberin. Als animierte Figur kann sie sich mit den Besuchern des Portals „unterhalten". Dahinter steckt eine komplexe Software, die den Sinn von Fragen erkennt und darauf eine passende Antwort aus einer eigens hierfür entwickelten Dialog-Datenbank anbietet. Die Dialog-

---

7 Avatare sind beispielsweise im Internet oder in einem Computerspiel künstliche Personen oder Stellvertreter einer echten Person.

Datenbank wird unabhängig von der Website entwickelt und gepflegt. Die virtuelle Ratgeberin im Portal gibt als integriertes Dialoginstrument Auskunft über Fragen zu den konkreten Reforminhalten und zur Gesundheitspolitik. Die interessierten User können Clara ihre Fragen schriftlich stellen, die sie umgehend schriftlich beantwortet oder zu denen sie die entsprechenden Infoseiten des Portals öffnet.

Abb. 2: Clara, die virtuelle Ratgeberin zur Gesundheitsreform

Claras Datenbank basiert auf rund 3.000 Regeln (Fragen und Antworten). Davon gehören rund 2.000 Regeln zum Fachwissen in Bezug auf die Gesundheitsreform, rund 1000 dienen der allgemeinen Sprachfähigkeit. Sie verfügt über rund 200 Synonymlisten zur Erkennung ähnlicher und verwandter Begriffe im jeweiligen Kontext. Clara beantwortet Fragen rund um die Gesundheitsreform, natürlichsprachig und in Echtzeit. Dies unterstützt sie visuell mit verschiedenen gestisch-mimischen Äußerungsformen.

Sie funktioniert auch als Guide durch das Online-Portal. Darüber hinaus öffnet sie auf Wunsch Internet-Seiten mit weiterführenden Informationen. Sie ist zur Zeit mit 156 anderen Websites verbunden. Zusätzlich bietet sie weiterreichende Gesprächsthemen an und kontextualisiert damit die Fragen der Besucher. So können sogar Gespräche über die Befindlichkeit („Wie geht's?"), das Wetter (wenn man will, wird man sogar zum deutschen Wetterdienst weitergeleitet) und sogar Philosophie geführt werden.

Bevor Clara auf der Website eingesetzt werden konnte, wurde sie insbesondere aufgrund ihres komplexen und komplizierten Wissensgebietes vorab von Fachleuten sowie ausgewählten Bürgern getestet, um eventuelle Schwachstellen bei der Programmierung aufzudecken. Seit Ihrem Start im Frühjahr 2004 hat die virtuelle Ratgeberin Clara über 100.000 Dialoge mit Usern geführt. Ihr wurden dabei insgesamt über 600.000 Fragen gestellt. Die Gespräche mit Clara dauern im Mittel rund sechs Minuten. Dieser hohe Wert zeigt, dass sich die User intensiv mit ihr beschäftigen und sie in der Regel zahlreiche Informationen vermitteln kann. Die Software ist belastbar, so dass bis zu 95 Gespräche gleichzeitig geführt werden konnten.

Clara ist direkt an das Bürgertelefon des Ministeriums gekoppelt. Das Bürgertelefon hilft allen weiter, die trotz Website und Clara keine Antwort auf ihre Frage finden konnten. In der ersten Phase der Reform, im Jahr 2004, war Clara mit einem Live-Chat-Modul ausgestattet. Damit konnte eine direkte Übergabe eines Dialogs zu den Mitarbeitern des Bürgertelefons organisiert werden, ohne einen Medienbruch zu erzeugen. Der Live-Chat wurde aktiviert, wenn Clara mindestens drei Fragen des Users nicht beantworten konnte. Dadurch hatte der User die Möglichkeit, direkt mit einem Fachberater des Bürgertelefons zu kommunizieren.

Clara hilft, die verschiedenen Informationsansprüche zu kanalisieren und zu filtern. Ein großer Anteil der Dialoge hatte sogenannte Call-Center-Relevanz, d. h. es handelte sich um Gespräche, die nicht von den Mitarbeitern des Bürgertelefons geführt werden mussten. Dadurch war es zum einen möglich, viel mehr Menschen zeitgleich mit Informationen zu versorgen. Zum anderen konnten sich die Call-Center-Mitarbeiter auf die komplexen und komplizierten Fälle konzentrieren. Die Mitarbeiter des Bürgertelefons haben Zugriff auf die „Clara-Datenbank", können also auch das „lernende System Clara" für das eigene Tagesgeschäft nutzen. Dies stellt einen Mehrwert dar, da in der Datenbank von Clara eine ständige Fortschreibung des Wissens zur Reform dokumentiert wird.

5.2. Stärken und Schwächen, Risiken und Nebenwirkungen

Avatare werden auf Websites mit unterschiedlichen Aufgaben eingesetzt, beispielsweise als Einkaufsführer oder zur „Auflockerung" des Inhalts auf einer Website. Denn diese nehmen Avatare oftmals als vollwertige Gesprächspartner wahr, mit denen Sie ein natürliches Gespräch führen wollen und von denen sie sinnvolle Antworten auf alle ihre Fragen erwarten. Nicht selten wird auch versucht, die Avatare „auszutricksen", um Schwachstellen und Funktionalitäten aufzudecken.

Dies war auch kurz nach der Einführung von Clara der Fall. Zahlreiche Journalisten führten mit Clara sehr „menschliche Gespräche" und dokumentierten mit ihrer Berichterstattung darüber die Tücken von zu viel „Menschlichkeit" in einem ministeriellen Informationssystem. Daher galt deren Interesse bisweilen weniger den Antworten zur Gesundheitsreform, als vielmehr den kontextualisierten Äußerungen zu philosophischen, gesellschaftlichen und tagespolitischen Fragestellungen. Ziel war dabei meist, einen Aufhänger für eine glossenhafte Kritik an der Kommunikationsleistung des Ministeriums zu finden. Dies verdeutlicht folgender Ausschnitt eines in der Süddeutschen Zeitung veröffentlichten Gesprächswechsels zwischen Clara und einem Redakteur:

> „(...) Ich [SZ]: Kant ist schon so lange tot.
>
> Clara: Die Liebe zur Weisheit zeichnet den Philosophen aus.
>
> Ich: Ach was, Weisheit. Ich möchte eine Atombombe.
>
> Clara: Respekt für Ihr Interesse an physikalischen Themen.
>
> Ich: Die würde ich auf Berlin werfen.
>
> Clara: Ich kann Ihnen keine Auskünfte zu einzelnen Krankenkassen geben.
>
> Ich: Ich glaube nicht, dass meine Krankenkasse eine Atombombe bezahlt.
>
> Clara: Das Sterbegeld und das Entbindungsgeld werden nicht mehr von den gesetzlichen Krankenkassen bezahlt. (...)
>
> Ich: Kann Stoiber eigentlich Bundeskanzler werden?
>
> Clara: Was meinen Sie damit?
>
> Ich: STOIBER!!!! KANZLER!!!!
>
> Clara: Gerhard Schröder ist seit 1998 Bundeskanzler.
>
> Ich: Ja. Das ist Teil meines Unglücks.
>
> Clara: Ich kann Ihnen nicht folgen. Vielleicht sollten Sie sich mit Ihrer Frage an eine meiner

realen Kolleginnen und Kollegen vom Bürgertelefon wenden.
Ich: Bloß nicht. Ich will nicht reden.
Clara: Vielleicht kann ich Ihnen ja doch weiterhelfen. Haben Sie noch eine andere Frage?
Ich: Möchten Sie mit mir essen gehen?
Clara: Sie wissen doch, das geht nicht, denn ich bin virtuell, und Sie sind real."
(Kister 2004)

Diese publizistische Zuwendung zum „Menschen" Clara war ambivalent zu bewerten. Wie gesprächig, ja mitunter geschwätzig durfte eine virtuelle Ratgeberin eines Bundesministeriums sein, das einen verfassungsrechtlich verbrieften Informationsauftrag gegenüber den Bundesbürgern hat?

Bei Fragen zur Reform mussten die Antworten stets präzise sein. Deshalb wurden laufend die zu Grunde liegenden Textbausteine und Sinnerkennungsmuster verbessert. Eine besondere Herausforderung war dabei, bei diesem dynamischen Themenkomplex diese stets aktuell zu erweitern und somit Clara als eine lernende Software auf dem Laufenden zu halten. Sie machte in erster Linie dann Fehler, wenn sie nicht verstand, was ein Besucher von ihr wissen wollte. Dies war vor allem dann der Fall, wenn Fragen außerhalb der Reform gestellt wurden.

Um diese strukturelle Schwäche, also das Nichtverstehen des gemeinten Sinnes der Frage zu minimieren, wurden nach einer ersten Praxisphase die Antworten auf reformferne Fragen reduziert mit dem Hinweis, dass Clara sich in erster Linie nur zu Fragen des Gesundheitswesen äußern möchte. Zugleich sollte ihr dabei nicht zu viel „Menschlichkeit" genommen werden, weshalb auch kontextualisierende Antworten aufrecht erhalten wurden. Auch dieser schmale Grad zwischen Sachlich- und Menschlichkeit, auf dem Clara seitdem wandelt, schmälerte das mediale Interesse an dieser innovativen Figur nicht. Zahlreiche Medien schrieben über ihre Erfahrungen mit Clara, was im Zeitraum 2004/2005 zu einer Reichweite im Printbereich von 12,1 Millionen Lesern führte.

Neben Claras Servicecharakter dient Clara seither als menschliches Gesicht, das neben der Bundesministerin Ulla Schmidt die Gesundheitsreform im virtuellen Raum repräsentiert. Sie soll Sympathie und Vertrauen für das Vorhaben schaffen und durch ihre Hilfsbereitschaft die Anliegen der Reform unterstützen. Dabei ist es ihr auch erlaubt, hin und wieder die formale Sprache des Ministeriums zu verlassen, ohne dabei an Verbindlichkeit zu verlieren, oder einfach mal mit den Schultern zu zucken, wenn sie etwas nicht weiß.

Mittlerweile hat sich Claras Kommunikationsfeld, ursprünglich nur für das Online-Portal gedacht, auch auf andere mediale Darstellungsformen ausgeweitet. Clara schlüpft im Rahmen des Online-Video-Formats „Clara TV" in die Rolle der Reporterin und interviewt Ulla Schmidt zu aktuellen Themen der Reform. Denn was liegt näher, als die Ministerin von der „Mitarbeiterin" des Ministeriums befragen zu lassen, die tausende Bürgerfragen beantwortet hat und weiß, wo den Bürgern der Schuh drückt. Ferner taucht sie crossmedial in Flyern und Broschüren auf, wird zur Illustration von Artikeln über die Gesundheitsreform ebenso verwendet wie als Aufhänger für die Berichterstattung zum Thema. Und als virtuelles Gesicht der Kampagne hat sie viele Sympathien gewonnen. Dies geht inzwischen so weit, dass ihr Geburtstag mit zahlreichen Glückwünschen von Usern gefeiert wurde. Somit lässt sich konstatieren, dass der langfristige Einsatz einer virtuellen Ratgeberin sowohl bei den Medien als auch bei den Usern auf Interesse stoßen kann, da so dem Bedürfnis nach Personifizierung und Komplexitätsreduktion Rechnung getragen wird.

6. Content-Vernetzung - Bürger zu den Infos und Infos zu den Bürgern

Auch wenn der Staat verfassungsrechtlich lediglich Informations*angebote* bereitzustellen hat, wird der Wert eines offiziellen Kampagnen-Portals des Bundesministerium für Gesundheit nicht allein daran gemessen, wie viel Inhalte und Formate es abbildet, wie umfangreich und aktuell es ist. Letztlich bemisst sich der kommunikative Wert vor allem daran, wie viele Menschen – Bürger wie Multiplikatoren – die Öffentlichkeitsarbeit erreicht und wie verständlich sie ist. Die Diffusion der Information von der Quelle in den Alltag der Bürger ist dabei die erste große Hürde, zumal der Politik nicht große Kommunikationsetats zur Verfügung stehen wie beispielsweise der Industrie bei bundesweiten Produkteinführungen[8].

Neben dem direkten Weg der unmittelbaren Information von Bürgern auf dem Online-Portal waren daher alle Formen der indirekten Information über Multiplikatoren wie beispielsweise Journalisten zu bedienen. Anders als kommer-

---

[8] Beispielsweise investiert die Automobilindustrie bei der Neueinführung eines Autos zwei- bis dreistellige Millionenbeträge in die kommunikativen Maßnahmen.

zielle Informationsanbieter wird dabei ein Bundesministerium weniger daran gemessen, dass sein Logo auf einer Information platziert ist, als das die Bürger richtig informiert werden, sie sich im Umgang mit den politischen Entscheidungen sicher fühlen und entscheidungsfähig werden.

Informationsvermittlung, das Vermeiden von Unsicherheit und Angst bei den Versicherten sowie das Schaffen von Vertrauen in die Reform waren die kommunikativen Ziele der Kampagne. Denn viele und ständige Veränderungen, konträre politische Positionen – bis hin zur Polemisierung sowie Verunsicherung der Öffentlichkeit über Boulevardmedien – und die Unterschiede der Zielgruppen schafften komplexe Situationen. Denen versuchte die Reformkommunikation mit einem hohen Output und einer Vielfalt an verlässlichen Information zu begegnen. Neben den oben beschriebenen Strategien der Informationsbereitstellung ging es vor allem darum, analog zur Multiplikatorenfunktion der klassischen Pressearbeit unterschiedlichen Online-Medien Online-Content anzubieten.

Diese klassische Online-PR-Arbeit versucht Online-Content nach dem Prinzip „author once – play many" in anderen digitalen Medien zu platzieren (Content-Kooperationen und Content-Syndication) oder auf die eigenen Angebote auf anderen Portalen hinzuweisen (z. B. durch Banner). Die Glaubwürdigkeit der Quelle und des Partners stehen dabei in engem Zusammenhang. Je glaubwürdiger die Quelle ist, umso mehr und umso seriösere Partner gehen Kooperationen ein. Im Falle des Bundesministeriums für Gesundheit lag dessen Glaubwürdigkeit im Vergleich zu den stärker an ökonomischen Interessen orientierten Akteuren im Gesundheitswesen hoch. Verwendeten Kooperationspartner Inhalte des Bundesministeriums, steigerte dies wiederum die Glaubwürdigkeit der Kooperationspartner, sofern das Ministerium als Quelle transparent gemacht wurde. Somit stand bei der Gesundheitsreform das Motto „Wir sind die Quelle" als Symbol sowohl für den hohen qualitativen Anspruch, der an die Informationsarbeit gestellt wurde, als auch für ein Ziel der Öffentlichkeitsarbeit.

Die inhaltliche Vernetzung innerhalb des Internets lässt sich als ein Zonen-Modell darstellen. Ausgehend von der eigenen Website als sogenannter „Home-Zone", in der der eigene Content hinterlegt ist, unterscheidet das Modell drei Zonen der Vernetzung (vgl. Abb. 3):

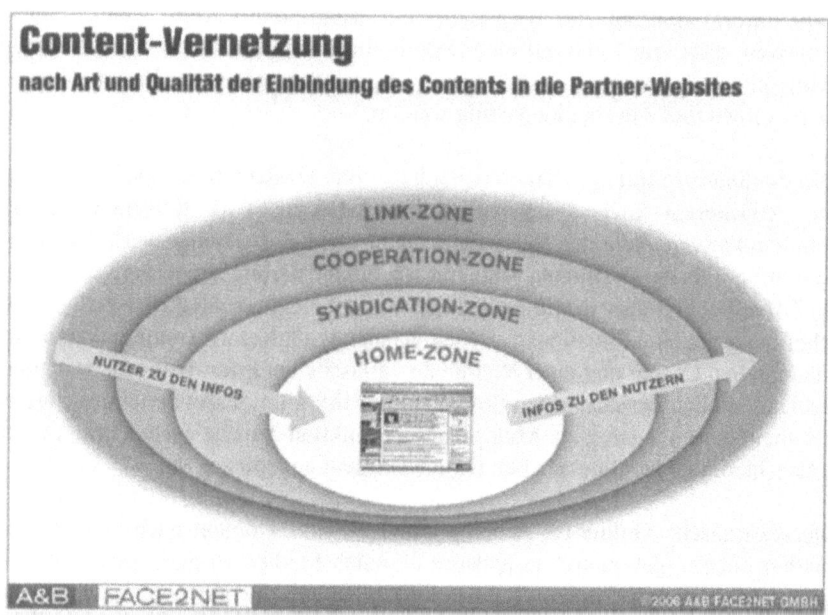

Abb. 3: Ebenen der Content-Vernetzung von Websites

Die Link-Zone: Hierunter ist die Vernetzung der Website mit anderen Websites über Links von bzw. zu anderen Websites zu verstehen. Dabei spielt das sogenannte Link-Brockerage eine wichtige Rolle, also der Versuch, von möglichst vielen, stark frequentierten, relevanten Websites (z. B. www.bundesregierung.de oder von Krankenkassen) verlinkt zu werden und so viele Besucher auf das Online-Portal zu lenken. Dazu gehört letztlich auch das Bemühen, mittels Ranking- und Suchmaschinenstrategien bei zentralen Begriffen zur Gesundheitsreform in Suchmaschinen an erster Stelle oder zumindest auf der ersten Seite platziert zu sein. Nicht zuletzt aus diesem Grund wurde auf dem Portal ein umfangreiches Glossar rund um das Thema Gesundheitsreform erstellt. Das Glossar wurde so konzipiert, dass seine einzelnen thematischen Seiten bei entsprechenden Suchanfragen aufgrund ihrer hohen inhaltlichen Übereinstimmung und technischen Qualität erfolgversprechende Plätze im Ranking der Suchergebnisse erlangen können.

Die Syndication-Zone: In diesem Bereich werden Inhalte und Informationsformate des Online-Portals anderen Websites kostenfrei zur Verfügung gestellt. Krankenkassen (z. B. AOK), Online-Portale von Tageszeitungen oder Onlinemedien (z. B. Netzeitung) sowie Internetprovider (z. B. Freenet) bieten Content-Bestandteile sowie komplette Informationsformate auf ihren Websites an. Damit gelingt es der Website, ihre Inhalte über stark frequentierte Portale bisher nicht erreichten Zielgruppen anzubieten, ohne das die Bürger dazu das Ministeriumsportal aufsuchen mussten. Die Informationen gelangten so über populäre Bürgerportale zu den Bürgern.

Die Cooperation-Zone: Hierunter versteht man die gezielte Entwicklung oder Anpassung von Content für den Zweck, eine Kooperation mit einem reichweitenstarken Portal einzugehen, auf dessen Portal präsent zu sein. Im Rahmen der Gesundheitsreform-Kampagne wurden keine Kooperationen dieser Art angestrebt, da sie in der Regel verhältnismäßig kostenintensiv sind. Angesichts der vielen attraktiven Inhalte und Formate des Portals bestand kein Anlass, weitere rein dem Zweck der Content-Kooperation dienenden Formate und Inhalte zu entwickeln.

7. Fazit

Am Beispiel der Online-Informationskampagne des Bundesministeriums für Gesundheit zur Gesundheitsreform wurden Phänomene der Online-Kommunikation dargestellt und erörtert. Wesentliche Befunde dabei waren:

- Aufgrund des dynamischen kommunikativen Umfeldes sowie wegen des Potenzials alle Kampagnenformate – ob klassisch oder multimedial – adäquat abzubilden, entwickelte sich das Online-Portal www.diegesundheitsreform.de zu einem zentralen Kommunikationsinstrument. Neben der Möglichkeit, komplexe und umfangreiche Informationen für verschiedene Akteure und Bürger sowie in unterschiedlichen Formaten parallel abzubilden, verlieh die kurze Reaktionszeit der Online-Kommunikation die Möglichkeit, Impulsgeber für die Gesamtkampagne zu werden. Zugleich förderte das Portal die Koordination der einzelnen Kommunikationsdisziplinen in Hinblick auf deren inhaltliche, zeitliche, formale und strukturelle Integration.

- Das Informationsbedürfnis der Bürger ließ sich Mittels Logfileanalysen der Online-Plattform im Rahmen des Issues Monitorings zeitnah ermitteln. Zusammen mit der Auswertung der Journalistenanfragen und der veröffentlichten Meinung konnte hierdurch ein differenzierteres Bild gewonnen werden. Dieses Bewertungstool half, die Online- wie Offline-Aktivitäten zu steuern.

- Das Beispiel Clara hat gezeigt, dass neue, interaktive Dialogangebote in Form virtueller Ratgeber das Spektrum der Informationsangebote für den Bürger erweitern. Sie erleichterte den Zugang zu abstrakten, formal hinterlegten Inhalten auf dem Portal. Aufgrund des technischen Aufwands lohnen solche Avatare allerdings nur, wenn sie über einen langen Zeitraum und als Online-Sympathieträger crossmedial eingesetzt werden können. Hinsichtlich der kommunikativen Schwächen des Systems, die zugleich eine „quasi-menschliche" Komponente in die Kommunikationssituation einbringen, ist das Wandeln auf schmalem Grad zwischen dem „kommunikativen Restrisiko" interpersoneller Kommunikation und dem „maschinenhaften Antwortautomaten" unvermeidbar.

- Zur Erfüllung des Informationsauftrages machte es Sinn, den Zugang zu den Online-Inhalten für möglichst viele Bürger zu erleichtern. Die Content-Vernetzung fördert eine schnelle und flächendeckende Diffusion der Inhalte und war von daher von vorne herein ein Baustein der Online-Strategie. Entscheidend im Sinne einer Online-Qualität wird es sein, dass die Inhalte sachlich korrekt übernommen werden und die Content-Quelle erkennbar bleibt.

Auch wenn sich diese Befunde nur bedingt auf die Online-Kommunikation anderer Akteure (z. B. Wirtschaftsunternehmen, Verbände) übertragen lassen, da politische Kommunikation anderen Regeln und Dynamiken unterworfen ist, zeigen diese Ergebnisse Trends auf. Zugleich eröffnen sich zahlreiche Fragestellungen, die noch einer wissenschaftlichen Überprüfung bedürfen. So beispielsweise: Unter welchen Voraussetzungen fördert die Online-Kommunikation die Integration aller Disziplinen? Wie wird die Kommunikation unterschiedlicher, virtueller Ratgeber von den Usern qualitativ eingestuft? Wie ist es um das Wechselspiel zwischen PR und Journalismus im Online-Bereich bestellt? Insgesamt haben die neuen Wege der Online-Kommunikation gezeigt, dass dadurch dem Informationsanspruch der Bürger besser nachgegangen werden konnte, sofern diese zu den Internet-Usern zählten. Daher müssen zukünftig Kampagnen vermehrt aus der Online-Sicht gedacht werden, um erfolgreich durchgeführt werden zu können.

Literatur

Beck, Klaus, Schweiger, Wolfgang & Wirth, Werner (Hrsg.) (2004). *Gute Seiten – schlechte Seiten. Qualität in der Onlinekommunikation*. München: Reinhard Fischer.

Bruhn, Manfred (2003³). *Integrierte Unternehmens- und Markenkommunikation. Strategische Planung und operative Umsetzung*. Stuttgart: Schäffer-Poeschel.

van Eimeren, Birgit & Frees, Beate (2006). *ARD/ZDF-Online-Studie 2006. Schnelle Zugänge, neue Anwendungen, neue Nutzer?* In: *Media Perspektiven*, (8), 402-415. [auch als Online-Dokument] URL http://www.ard-werbung.de/showfile.phtml/eimeren.pdf?foid=17746.

Kister, Kurt (2004). *Clara, die virtuelle Gesundheitsberaterin*. In: Süddeutsche Zeitung vom 13.02. 2004. [auch als Online-Domument] URL http://www.sueddeutsche.de/kultur/artikel/651/26625/.

Presse- und Informationsamt der Bundesregierung (Hg.) (1977). *Das Urteil des Bundesverfassungsgerichts vom 2. März 1977 zur Öffentlichkeitsarbeit von Staatsorganen in Bund und Ländern. Dokumentation des Verfahrens und Materialien*. Karlsruhe: C. F. Müller.

Röttger, Ulrike (Hrsg.) (2001). *Issues Management*. Opladen: Westdeutscher Verlag.

Rössler, Patrick (2005). *Themen der Öffentlichkeit und Issues Management*. In: Bentele, Günter, Fröhlich, Romy & Szyszka, Peter (Hrsg.), *Handbuch der Public Relations. Wissenschaftliche Grundlagen und berufliches Handeln. Mit Lexikon*. Wiesbaden: Verlag für Sozialwissenschaften, 361-376.

Statistisches Bundesamt (2006). Gesundheitsausgaben 2004 (URL http://www.destatis.de/basis/d/gesu/gesutab5.php, 7.9.2006)

Volkswagen iTV – interaktives Schulungsfernsehen als Sonderform der Unternehmenskommunikation

Lars Harden & Wiebke Möhring

1. Einleitung und Hintergrund: Business-TV als Instrument der internen Kommunikation und sein Einsatz als Schulungsinstrument des Beitrags

Der vorliegende Beitrag beschäftigt sich mit interaktivem Schulungsfernsehen als Sonderform der Organisationskommunikation. Anhand einer Fallstudie wird diskutiert, welches Potenzial diesem Medium eingeräumt werden kann und was der Einsatz für den stattfindenden Kommunikationsprozess bedeutet.

Unternehmen stehen häufig vor großen kommunikativen Herausforderungen. Aus kommunikativer Sicht gilt es, mit Stakeholdern nach innen und außen zu kommunizieren und relevante Botschaften an entsprechende Zielgruppen zu übermitteln. Mit den vielfältigen Kommunikationsmöglichkeiten und -kanälen entstehen nicht nur immer neue Chancen, sondern auch immer neue Herausforderungen. Dadurch, dass prinzipiell jeder zu jeder Zeit über unterschiedlichste Kanäle mit jedem kommunizieren kann, werden die Selektion relevanter Informationen (für den Rezipienten) und das Durchdringen bis zur Zielgruppe (für den Vermittler von Informationen) immer herausfordernder. Es erfordert mehr Planung, mehr professionelle Strukturen und z. T. immer spezialisierteren Medieneinsatz.

Abteilungen für Unternehmenskommunikation stehen mittlerweile ein großes Spektrum an Instrumenten zur Verfügung, um ihre verschiedenen Bezugsgruppen mit verschiedenen kommunikativen Botschaften und Anliegen zu erreichen. Sowohl in der externen als auch internen Unternehmenskommunikation spielen neben den traditionellen Medien mittlerweile neuere technische Möglichkeiten eine wichtige Rolle. Dem Business-TV als damals neuem audiovisuellen Medium wird seit den frühen 1990er Jahren dabei eine zentrale Bedeutung zugeschrieben (Jäger, 1999; Mast, 2006; Will, 1998).

Die Größe und organisatorische Struktur eines Unternehmens bestimmt zentral seine kommunikativen Bedürfnisse und Besonderheiten. Für Großunternehmen stellen die strukturellen Gegebenheiten oftmals besondere Herausforderungen dar: anonyme Managementebenen, fehlende Unternehmerpersönlichkeiten, erschwerte Identifikation zwischen Mitarbeiter und Unternehmen, dezentrale Unternehmensstruktur und dezentral organisierte Außendienstmitarbeiter und Handelsvertretungen (vgl. Witzer, 1992). Große Unternehmen und Konzerne stehen somit insbesondere vor der Aufgabe, Anonymität zu überwinden und ihre Mitarbeiter besser einzubinden. Gleichzeitig sind die hier vorliegenden Kommunikationswege zwischen den einzelnen Prozessbeteiligten im Ergebnis kaum planbar, die Diffusion erfolgt kaskadenartig und ist wenig steuerbar; auch Prozesse der „ungelenkten Information" (Gerüchte, Halbwahrheiten) stellen zentrale Probleme dar. Um diesen Problemen entgegenzutreten, wird interne Kommunikation nicht mehr als einseitiger Verteilprozess betrachtet, vielmehr soll sie als Austauschprozess angelegt sein. Dies bedeutet die systematische und regelhafte Verankerung von Feedbackmöglichkeiten und Möglichkeiten der Steuerung der Kommunikationsinhalte (Mast, 2006).

Prinzipiell kann in der internen Kommunikation zwischen Abwärts-, Aufwärts- und dialogorientierter Kommunikation unterschieden werden. Mit Abwärtskommunikation werden vertikale Kommunikationsabläufe bezeichnet, die es sich zum Ziel setzen, den Mitarbeiter zu instruieren, zu informieren und zu schulen. Diese Kommunikationsform dominiert in den meisten Unternehmen, eingesetzt wird eine Vielzahl von Medien, neben klassischen Mitarbeiterzeitschriften auch das Business-TV. Aufwärtskommunikation meint die Prozesse, in denen Mitarbeiter an ihre Vorgesetzten Informationen weiterreichen. Mit dem neueren Begriff der horizontalen bzw. dialogorientierten Kommunikation werden die Formen der internen Kommunikation bezeichnet, die in erster Linie einen Austausch innerhalb verschiedener und zwischen verschiedenen Unternehmensbereichen zum Ziel haben. Sowohl für Aufwärts- als auch für horizontale Kommunikation stehen den Unternehmen in der Regel deutlich weniger Kanäle zur Verfügung. Neue technische Entwicklungen aber können hier effektiv und sinnvoll in den Prozess eingebaut werden. Insbesondere interaktive Technologien können die herkömmlichen Kommunikationswege ergänzen. In der Regel werden unter diesem Begriff interaktive mediale Gebrauchsweisen verstanden. Eingesetzte Computertechnologien sollen die Gruppen- und Teamkommunikation erleichtern oder sogar erst ermöglichen (Höflich, 1998).

Business-TV wurde zunächst als Medium der Informationskaskade eingesetzt: Die Informationsrichtung beim Verteilmedium Fernsehen ist in der Organisationskommunikation die von oben nach unten. Beispielsweise wird es eingesetzt, um Informationen der Unternehmensführung zu Vorhaben oder Mitarbeiterangeboten zu transportieren, oder um einer Belegschaft Arbeitsinstruktionen zu erteilen. In dieser Form stellt Business-TV ein ideales Medium zur Mitarbeiterschulung dar.

Nach wie vor wird dem Medium Fernsehen Faszination und Glaubwürdigkeit zugeschrieben. Die „soziale Präsenz" des Mediums durch die Anwesenheit und Kommunikation eines Moderators ist insbesondere in der Schulungssituation wichtig (Höflich, 1998).

Der Einsatz erfolgt synchron an vielen verschiedenen Einsatzorten, die Aufbereitung ist authentisch, ereignisnah und multimedial. Als Vorteile gegenüber einer persönlichen Schulung werden neben inhaltlichen Aspekten insbesondere die finanziellen Vorteile herausgestellt. Es entstehen keine Reisekosten, und die Produktivitätsausfälle werden zeitlich auf ein Minimum beschränkt. Gleichzeitig kann eine Sendung an eine Vielzahl von Nutzern übermittelt und der Informationsprozess zeitlich verkürzt und inhaltlich vereinheitlicht werden (Amberger, Geiger & Jancker, 1999, S. 30; Binder & Borsetzky, 1997; Elis, 1998). Gleichzeitig jedoch fallen zunächst Investitions-, Produktions- und Betriebskosten in höherem Umfang an.

Technische Weiterentwicklungen haben es in den vergangenen Jahren ermöglicht, den zugrunde liegenden Kommunikationsprozess von Business-TV zu verändern. Digitalisierte Technik bzw. die Kombination mit zusätzlichen neuen Medien ermöglichen nun Interaktivität. Und durch das Einbeziehen interaktiver Elemente kann nun auch im Business-TV eine Rückkopplung im Sinne einer Aufwärts- oder horizontalen Kommunikation stattfinden, etwa durch E-Mails oder durch spezielle Dialogoptionen innerhalb einer Sendung.

Interaktives Business-TV kann für ein Unternehmen einen sinnvollen Beitrag in der Organisationskommunikation leisten. Voraussetzung dabei ist, dass es eingebettet ist in einen insgesamt sinnvollen Kommunikationsmix, dass das Programm sowohl inhaltlich als auch optisch professionell gestaltet ist und dass die Nutzungsbedingungen für die Mitarbeiter möglichst optimal sind (Hoffmann, 2002; Jäger, 1999). Die Vorteile seines Einsatzes liegen in erster Linie in der schnellen Informationsverbreitung relevanter Informationen ohne Verzugszeiten an ein disperses Publikum und in den eingebauten Feedbackschleifen. Durch diese technische Weiterentwicklung profiliert sich Business-TV innerhalb des Kanons der zur Verfügung stehenden Instrumente als effektives Schulungsmedium: Das Lernen wird durch Bilder erleichtert, Informationen und Schulungseinheiten können einheitlich dezentral eingesetzt werden, und gleichzeitig können individuell auftretende Fragen durch die Möglichkeit zum Austausch beantwortet werden. Eingebaute Archivfunktionen schaffen darüber hinaus die Gelegenheit, jederzeit das gewünschte Wissen abzurufen (Amberger, Geiger & Jancker, 1999).

2. Das Angebot von Volkswagen iTV

Die Unternehmensstruktur der Volkswagen AG stellt eine effektive und effiziente Unternehmenskommunikation vor besondere Aufgaben. Denn es gilt die rund 2.500 rechtlich selbstständigen und dezentral organisierten Händler- und Servicebetriebe (im Prinzip handelt es sich hier vereinfacht gesagt um ein Filialnetzwerk von häufig selbstständigen Unternehmern) mit relevanten Informationen zu versorgen, die relativ wenig tagesaktuellen kommunikativen Kontakt mit der Unternehmenszentrale in Wolfsburg haben.

Als Volkswagen 1996 sein Business-TV-Programm neben dem Partner- und Servicenet zum Austausch zwischen dem Konzern in Wolfsburg und seinen Handelspartnern in den Autohäusern startete, waren daher die Ziele und Erwartungen an das Medium gleichermaßen hoch gesteckt: Servicerelevante Schulungsinhalte sollten ohne große Zeitverzögerung an den Handel kommuniziert werden, um so die enormen Schulungskosten zu minieren. Die bisher üblichen persönlichen Schulungen galten durch die Reise- und Schulungskosten für die Vielzahl an technischen Mitarbeitern als zu teuer, hinzu kamen die hohen Arbeitsausfälle in den jeweiligen Autohäusern. Gleichzeitig jedoch machten die technischen Entwicklungen, kürzere Produktzyklen und Fortschritte der Automobilherstellung qualifizierte Schulungen immer notwendiger. Dieses Dilemma sollte durch den Einsatz von interaktivem Business-TV aufgelöst werden.

Das Corporate TV musste sich seinen Platz in der Kommunikationsstrategie zwischen Volkswagen und seinen Autohäusern hart erkämpfen und sich ständig verändern. Diese Veränderungen wurden zum einen durch äußere Rahmenbedingungen und zum anderen durch die Bedürfnisse der Rezipienten bestimmt. Mit der Einführung neuer Automodelle und ihrer stetig komplexer werdenden Technik hat sich der Schulungsbedarf für die technischen Berufe in den Volkswagen Autohäusern fortwährend erhöht. Um diesem Bedarf gerecht zu werden, hat Volkswagen sein Business-TV-Angebot ausgeweitet. Neben live produzierten magazinartigen Informationssendungen sind im Volkswagen iTV interaktive Medieninhalte getreten. Aus einem rein satellitengebundenen Programm hat sich so ein multimediales, interaktives Informations- und Schulungsmedium entwickelt. Ziel ist es, Mitarbeiter praxisnah und umfassend auf den neuesten Wissensstand zu bringen. Letztlich geht es um die Servicequalität, die über die Volkswagen-Partnerbetriebe den Endkunden angeboten wird. Unabhängig vom Standort des jeweiligen Betriebes soll jede Werkstatt optimalerweise auf gleichem technischen Niveau Reparatur- und Servicedienstleistungen anbieten können.

Das Programm richtet sich daher ganz überwiegend an produktive Mitarbeiter in den Autohäusern, d. h. überwiegend an in der Werkstatt und im Service tätige Personen. Einzelne Sendungen wenden sich dabei an verschiedene Zielgruppen, es werden unterschiedliche Interessensgruppen innerhalb der Autohäuser mit speziellen Inhalten angesprochen. So werden parallel zu den Angeboten für Werkstattmitarbeiter Inhalte für weitere Zielgruppen (z. B. im Verkauf oder in der Geschäftsleitung) entwickelt. Die Einladung zu den Sendungen erfolgt über E-Mail-Verteiler von der Zentrale aus.

Die Übertragung der jährlich über 300 live produzierten Sendungen erfolgt zu festgelegten Sendezeiten über Satellit. Sie werden in der Regel von Zweierteams (und Gästen) gestaltet. Durch die Sendung führt ein professioneller Moderator, der von einem Trainer oder Experten (also einem Autofachmann) inhaltlich unterstützt wird. In den jeweiligen Autohäusern werden sie an einem PC dekodiert und dort auch rezipiert. Die zur Dekodierung notwendige Software muss in den Autohäusern an den entsprechenden Rechnern installiert werden. In den Sendungen werden relevante, zumeist aktuelle, technische Inhalte von den Experten des Mutterkonzerns präsentiert, und durch eine interaktive Feedbackschleife besteht die Möglichkeit, unmittelbar während der laufenden Sendungen spezielle Fragen zu stellen, die live während und „on demand" nach der Sendung über eine Online-Plattform (iTV.net) beantwortet werden. Als interaktive Elemente sind Telegramme, also reine Mitteilungen via Tastatur, möglich; durch Fragen kann ein direkter Austausch entstehen. Während der Sendung werden Telegramme an die Experten weitergegeben und live beantwortet. Fragen, die in der Sendung nicht besprochen werden können, werden anschließend auf der Online-Plattform geklärt.

Überdies gibt es eine weitere Möglichkeit zur Interaktion zwischen dem Veranstalter des Fernsehprogramms und seinen Zuschauern: Durch eingebaute Multiple-Choice-Fragen kann auf zweierlei Arten in Kontakt mit den Rezipienten getreten werden. Einerseits lassen diese eine Lernkontrolle zu, indem Inhalte aus der Sendung auf ihr Verständnis und den Lernerfolg hin abgefragt werden. Andererseits besteht so die Möglichkeit, bei der Zielgruppe Umfragen zu starten, die der Programmevaluation dienen können.

Interaktivität ist hier also umgesetzt als technisch vermittelter Dialog. Durch die technischen Kapazitäten des Mediums steht ein Rückkanal zur Verfügung, der einen interaktiven medialen Gebrauch erlaubt. Im Bereich des Business-TV ist die Interaktivität von Volkswagen iTV als innovativ zu bezeichnen, da ein institutionalisierter Rückkanal zum Rezipienten die Ausnahme sein dürfte.

3. Evaluation von Volkswagen iTV durch eine Zuschauerbefragung

Evaluation findet zumeist statt, um die untersuchte Praxis zu verbessern bzw. zu verändern (Flick, 2006). Der Hintergrund ist in der Regel eine praktische Handlungsanleitung und weniger ein wissenschaftliches Erkenntnisinteresse. Gleichwohl gilt ein wissenschaftlicher Anspruch an Methode, Durchführung und Auswertung der Evaluationsstudie, so dass die Verknüpfung von wissenschaftlichem Vorgehen und praktischer Verwertbarkeit gegeben ist. Letztlich geht es um das „Funktionieren" des Programms und der Identifikation möglicher Ansatzpunkte zu dessen Optimierung.

Das Programm von Volkswagen iTV wurde Ende 2004 mit Hilfe einer standardisierten Online-Befragung evaluiert, um für die Programmverantwortlichen einen tiefer gehenden Einblick in das Nutzungsverhalten und die Bewertung des Programms zu erlangen. Im Folgenden werden in einer Auswahl die Befunde herausgestellt und diskutiert, die die Chancen, Begrenzungen und Optionen des interaktiven Schulungskanals aufzeigen und damit für eine übergeordnete Diskussion, losgelöst vom Einzelfall, herangezogen werden können.

Die vorgestellten Daten entstammen einer systematischen und standardisierten Online-Befragung von Nutzern von Volkswagen iTV. Diese wurden per Mail und durch Ankündigungen in mehreren ausgestrahlten Sendungen zur Teilnahme an der Befragung aufgefordert. In der fünfwöchigen Feldzeit wurden rund 2.700 gültige Fälle erzeugt, die verlässliche Aussagen über die Zuschauerschaft des Programms ermöglichen.

Im Folgenden wird zunächst auf die technische Infrastruktur und den Zugang zum Programm als notwendige Bedingung für den Erfolg eingegangen. Anschließend wird kurz die Nutzungsintensität sowie die Bewertung des Angebots betrachtet. Eine positive Einschätzung des Programms ist neben den technischen Voraussetzungen und der Nutzung eine weitere Variable, die den Lernerfolg positiv beeinflusst. Der Lernerfolg selbst konnte im Rahmen der vorgestellten Studie nicht evaluiert werden. Dazu bedarf es umfangreicher und methodisch differenzierter Evaluationsforschung, die derzeit entwickelt wird.

Um den Erfolg des Mediums einschätzen zu können, müssen bestimmte Mindestvoraussetzungen geklärt sein. So muss es für den Rezipienten die Möglichkeit geben, sich über einen PC im System anzumelden, um anschließend die Sendung verfolgen zu können.

Abbildung 1 zeigt, dass über 90 Prozent der Befragten problemlos einen Rechnerplatz aufsuchen können. In den Strukturen eines Autohauses (vor allem in kleineren Betrieben und für Werkstattmitarbeiter) ist dies nicht unbedingt selbstverständlich. Eine weitere „Zugangsbarriere" scheint es nicht zu geben, denn nur sieben Prozent der Befragten nehmen regelmäßig für den Anmeldevorgang die Hilfe eines Administrators in Anspruch.

Abbildung 1 zeigt zudem, dass über ein Drittel der Zuschauer in ihrem Betrieb es befürworten würde, wenn es mindestens einen weiteren iTV-fähigen Computer gäbe. Demnach ist die notwendige Ausstattung durchaus gegeben, aber ausbaufähig. Darauf hat der Veranstalter des Programms nur begrenzt Einfluss, da in den Partnerbetrieben für weitere iTV-fähige Rechner entsprechende Kosten entstehen würden.

Abbildung 1: Zugangsmöglichkeit und Unterstützung

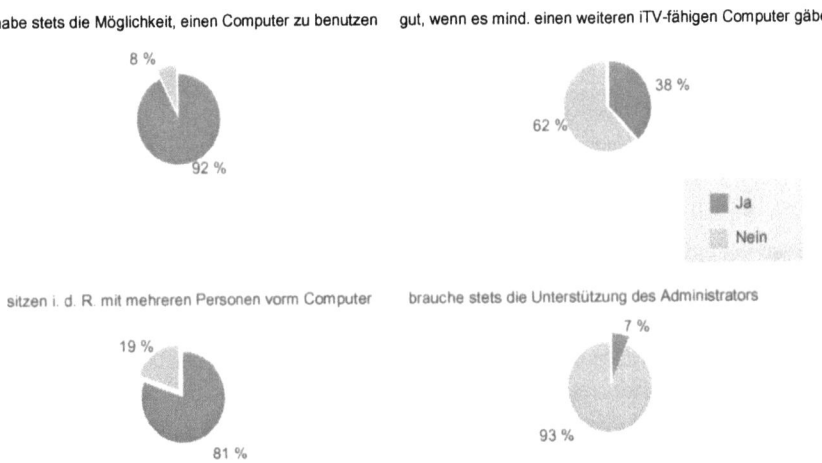

Wenn man betrachtet, dass in der Regel mehrere Personen eine Sendung gemeinsam vor einem PC-Bildschirm verfolgen (zumeist mit insgesamt vier Kollegen), zeigt dies zum einen die Akzeptanz der Sendung innerhalb der Autohäuser, andererseits aber liefert dieser Befund auch Hinweise zum Lernprozess und einen möglichen Lernerfolg. Da vier von fünf Zuschauern die Sendungen nicht alleine ansehen, ist wissenschaftlich nachzufragen, inwiefern der Lernerfolg durch die gruppendynamische Rezeptionssituation positiv oder auch negativ beeinflusst wird.

Abbildung 2 zeigt, dass die technische Infrastruktur ein entscheidender Faktor für den Erfolg des Mediums ist. Zwar haben große Teile nie Probleme beim Verbin-dungsaufbau, aber fast ein Drittel der Befragten haben in mindestens zwei von zehn Versuchen Probleme. Über den Weg der Befragung ist nicht zu klären, ob Verbindungsprobleme vom Sender oder Empfänger verschuldet sind. Doch liefert dieser Befund den dringenden Hinweis, dass an den technischen Problemen auf beiden Seiten zu arbeiten ist.

Abbildung 2: Technische Probleme

Frage: Wenn Sie an die letzten 10 Sendungen denken: Wie häufig hat es bei Ihnen technische Probleme beim Herstellen der Verbindung gegeben?

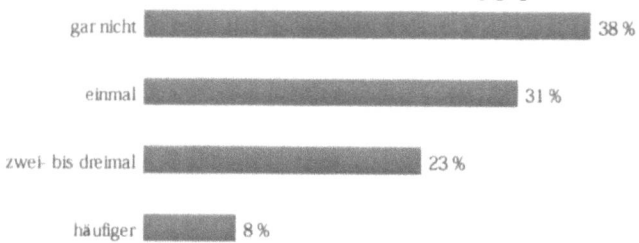

Auf die Frage nach dem weiteren Vorgehen nach einem missglückten Zugriff auf das Programm geben vier von fünf Zuschauern an, dass sie sich unmittelbar im Anschluss noch einmal eingewählt haben – dann ohne weitere technische Probleme. Die Zuschauer haben demnach einen souveränen Umgang mit der Technik und sind praktisch immer in der Lage, das Programm auch zu nutzen bzw. sind in der Lage, technische Unzulänglichkeiten spätestens im Wiederholungsfall auszugleichen.

Neben der funktionierenden technischen Infrastruktur und der zumindest theoretischen Möglichkeit, das Programm zu verfolgen, interessiert natürlich, wie häufig das Programm verfolgt wird.

Abbildung 3 zeigt, dass die Rezeption von Sendungen des Schulungsprogramms fester Bestandteil des Informationsverhaltens der Zuschauer ist. Mehr als die Hälfte der Befragten nutzen es mindestens wöchentlich. Über 90 Prozent zumindest einmal pro Monat. Da inhaltlich nicht jede Sendung für jeden Zuschauer relevant ist, sondern die einzelnen Sendungen mit ihren spezifischen Inhalten jeweils für Teilzielgruppen in den Autohäusern gemacht werden, wäre eine intensivere Nutzung als hier gezeigt kontraproduktiv. Das Programm hat es also geschafft, sich bei den Zuschauern (auch im Vergleich zu anderen

Informationskanälen wie Handbüchern, Kollegen oder Hotlines) zu etablieren. Interessanterweise gibt es kaum Alterseffekte, so dass etwa das „neue Medium" verstärkt von jüngeren Mitarbeitern rezipiert würde. Die Nutzungsintensität ist über alle Altersgruppen in etwa gleich. Die über 60-Jährigen schauen sogar noch etwas häufiger als der Rest.

Abbildung 3: Nutzungsintensität

Frage: Wie häufig sehen Sie sich Sendungen von Volkswagen iTV an?

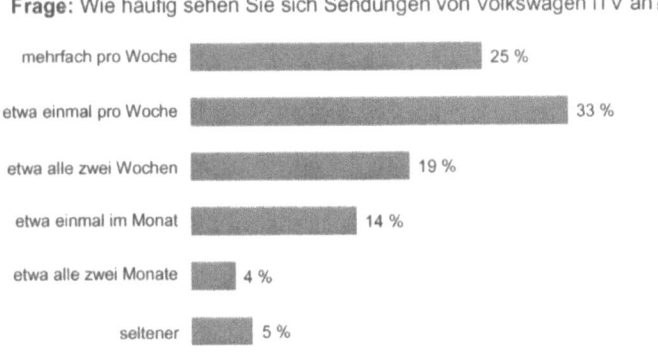

Wenn das Programm nicht genutzt wird, hat das Gründe. Zumeist lässt sich die Nutzung im Arbeitsalltag einer Autowerkstatt zeitlich nicht einrichten (Abbildung 4), was vor allem dann problematisch wäre, wenn das Programm nur live und nicht „on demand" bereitgestellt würde. Gerade im Hinblick auf die Interaktivität des Programms ist die „Konserve" aber nicht so attraktiv wie die Live-Sendung, da sich der Rezipient beim Nicht-Live-Konsum auch nicht mehr unmittelbar in das Sendegeschehen einbringen kann. Außerdem lässt sich sein Lernerfolg nicht interaktiv überprüfen.

Abbildung 4: Nutzungsbarrieren

Frage: Wenn Sie sich eine Sendung nicht ansehen, zu der Sie per E-Mail eingeladen wurden, wie häufig treffen die folgenden Gründe normalerweise zu? (Angaben in Prozent)

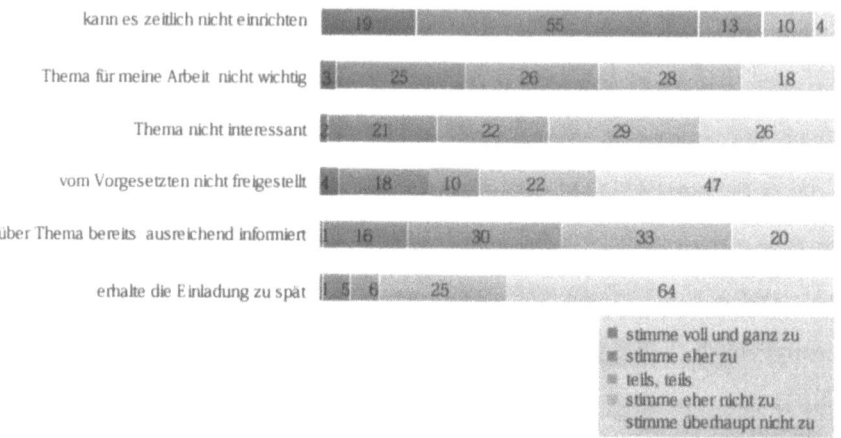

Eine weitere zentrale Nutzungsbarriere ist die Einladung zu Themen, die für die Zielgruppe irrelevant sind. Das ist im derzeitigen Stadium der Entwicklung des Mediums nicht verwunderlich, da im Zweifel mehr Zielgruppen zu Sendungen eingeladen werden als zwingend notwendig, um möglichst viel Werbung für das Programm zu machen. Etwa jeder fünfte Befragte wird gelegentlich vom Vorgesetzten nicht freigestellt, weil das Arbeitsaufkommen in der Werkstatt zum Sendungstermin zu hoch ist. Hin und wieder sind aus Sicht der Befragten die Kenntnisse zum in der Sendung behandelten Thema bereits ausreichend hoch, so dass auf die Rezeption verzichtet wird. In aller Regel erfahren die Zuschauer rechtzeitig, wann welche Inhalte gesendet werden.

Betrachtet man die Zufriedenheit der Nutzer mit dem Programm, zeigen sich für die Verantwortlichen sehr erfreuliche Werte: Fast 80 Prozent der Zuschauer sind sehr zufrieden oder zufrieden mit Volkswagen iTV. Unzufrieden sind lediglich fünf Prozent. Differenziert man die Zufriedenheit nach einzelnen Bereichen, zeigen sich die Potenziale am deutlichsten (Abbildung 5).

Abbildung 5: Zufriedenheit Einzelaspekte

Frage: Wie zufrieden sind Sie bei Volkswagen iTV mit den folgenden Aspekten?

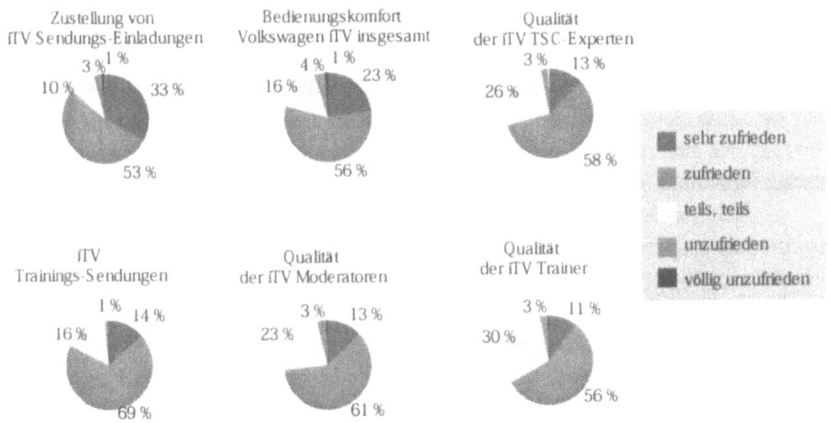

Denn die Zufriedenheit mit der Zustellung von E-Mails als Einladung zur Sendung sowie der Bedienungskomfort werden vergleichsweise am besten bewertet. Das größte Verbesserungspotenzial zeigt sich offensichtlich bei den Experten und Trainern aus dem Haus und zum Teil auch bei den Moderatoren. Das bedeutet, die „Ressource Mensch" kann zukünftig am ehesten zu noch größerer Zufriedenheit mit dem Programm beitragen.

Die hier vorgestellten Daten zu den Zugangsmöglichkeiten, der Stabilität der technischen Datenverbindung und der Bewertung des Programms von Volkswagen iTV sind ein erster Schritt, den Erfolg des Programms zu evaluieren. Die Fallstudie hat gezeigt, dass interaktives Fernsehen als Schulungsmedium schnell die Akzeptanz seiner Nutzer findet. Die nächste Herausforderung wird es sein, den Schulungs- und Lernerfolg zu messen und qualitativ und ökonomisch anderen Schulungsmaßnahmen gegenüberzustellen.

4. Implikationen für den Einsatz von interaktivem Business-TV

Die Erwartungen an die Effektivität und Effizienz von interaktivem Busines-TV als Informations- und Schulungsmedium sind groß. Unternehmen sehen sich vergleichsweise großen Investitionskosten gegenüber, die sich nur rechtfertigen lassen, wenn das Medium dann auch die Leistungen erbringen kann, die ihm zugeschrieben werden. Letztlich zählt der effektive Schulungserfolg, messbar anhand der Nutzungssituation, des Lernerfolgs und schließlich der tatsächlichen Qualität der Autoreparatur. Nicht außer Acht zu lassen ist in solchen Zusammenhängen allerdings auch der monetäre Vorteil (also die Einsparungspotenziale), den ein solches Medium bringen kann. Denn schließlich sind auf lange Sicht medienbasierte Schulungen deutlich günstiger als persönliche Trainings, die bei technisch anspruchsvollen Themen auch in kleinen Gruppen mit intensiver Betreuung stattzufinden haben.

Aufgrund der bisherigen Erfahrungen und gestützt auf die Ergebnisse der hier vorgestellten empirischen Daten gilt es, vor einem Einsatz verschiedene Dimensionen zu berücksichtigen:

1. *Technische Voraussetzungen*
   Die Anforderungen an die technischen Voraussetzungen sind relativ hoch. Die Investitionskosten sowie die Betriebskosten werden in Zukunft aber deutlich sinken. Insbesondere wenn Intranet-Dienste um Schulungsfernsehen erweitert werden, wird der Grenznutzen von interaktivem Schulungsfernsehen schnell steigen.
   Gerade bei satelliten-gestützten Systemen ist die Verbindungsstabilität noch nicht zu hundert Prozent gegeben. Auch deswegen wäre eine breitbandige webbasierte Übertragung vermutlich sinnvoller und auch kostengünstiger.

2. *Bedeutung der Sendezeiten*
   Die gewählte Form der Liveübertragung ist in ihrer Präsentations- und Kommunikationsform der klassischen persönlichen Schulung am nächsten. Allerdings bringt diese Übertragungsform auch alle damit verbundenen Schwierigkeiten in der zeitlichen Disposition mit sich. Im Falle einer Konzernstruktur mit eigenständigen Partnern kann zudem die Freistellung von Mitarbeitern nicht garantiert und auch nicht immer erwartet werden.
   Das Anbieten einer Archivfunktion und damit das Nutzen „on demand" erschwert zwar den direkten und unmittelbaren kommunikativen Rückfluss, erleichtert aber dafür erstens die Nutzung und zweitens die Wiederholung und damit die gezielte Wissensaneignung.

3. *Veränderte Kommunikationssituation*
Interaktives Business-TV bedeutet für den Rezipienten mehr kognitiven Aufwand und eine höhere mentale Zuwendung als ein nicht-interaktives Angebot – vorausgesetzt, dass die interaktiven Elemente von ihm angenommen werden. Vom Zuschauer wird so einerseits mehr Aktivität verlangt, andererseits hat er aber auch die Möglichkeit, sich verstärkt einzubringen und eigene Wissenslücken aktiv zu schließen. Dies verändert die Kommunikationssituation und damit den zugrunde liegenden Kommunikationsprozess erheblich. Für die interne Unternehmenskomm unikation kann so über das Ziel der Schulung hinaus ein Kanal geschaffen werden, der andere Formen als die klassische Abwärtskommunikation zulässt und ermöglicht. Interaktives Business-TV kann sich möglicherweise auf diese Art zu einem wichtigen Medium innerhalb des Unternehmensdialogs entwickeln.

4. *Große Potenziale als Schulungsmedium*
In der vorliegenden Betrachtung lag der besondere Fokus auf dem Einsatz von interaktivem Business-TV als Schulungsmedium. Durch die kostengünstige Verbreitung relevanter Inhalte an ein disperses und dennoch gezielt ansprechbares Publikum auf der einen Seite und die inhaltlich möglichen medialen Aufbereitungsformen auf der anderen Seite, liegt hier ein zentrales Einsatzpotenzial. Die eingesetzten und noch weiter ausbaufähigen interaktiven Elemente können den Lernerfolg zusätzlich zu Bildern und Animationen unterstützen und erhöhen.

5. *Eingeschränkt motivationale Aspekte*
Eignet sich Volkswagen iTV auch gut als Schulungsmedium, so sind seine Möglichkeiten zur affektiven Bindung an das Unternehmen und hinsichtlich eines Motivierungseffektes eher begrenzt. Dies ist auch dem Aufbau der Sendungen geschuldet, die in erster Linie konkrete Probleme und deren Lösung vermitteln. Der sich aufbauende Dialog findet daher auch in erster Linie problemzentriert und nicht unternehmenszentriert statt.

6. *Bedeutung Gruppe in der Rezeptionssituation*
Aus kommunikationswissenschaftlicher Perspektive ist die Einbeziehung der Rezeptionssituation herausfordernd, die in der Regel in kleineren Gruppen stattfindet. Einerseits ist das Lernen in einer Gruppe der klassi-

schen Schulungssituation sehr nahe. Durch das Fehlen eines anwesenden Trainers sind auf der anderen Seite aber die auftretenden gruppendynamischen Prozesse und Kommunikationsabläufe während der Schulung nicht zu kontrollieren. Ob die stattfindenden zusätzlichen Kommentierungen und Hinweise einen Lernerfolg fördern oder eher hindern, ist lerntheoretisch nicht eindeutig zu beantworten. Sicher ist aber, dass für die Messung des Lernerfolgs die Berücksichtigung gruppendynamischer Prozesse notwendig ist.

Anhand des vorliegenden Fallbeispiels konnte das Erfolgspotenzial in der Vermittlung von Schulungsinhalten gezeigt werden. In Zukunft wird interaktives Unternehmensfernsehen zeigen müssen, ob es über den Anwendungsbereich Schulung Einzug in eine dialogorientierte Unternehmenskommunikation nehmen wird.

Literatur

Amberger, Sabine, Geiger, Thomas & Jancker, Bernd. (1999). *Business-TV. Strategie und Umsetzung im Medien-Mix. Ein Handbuch für Entscheider, Planer und Umsetzer.* Frankfurt am Main: F.A.Z.-Institut.

Binder, Dieter & Borsetzky, Frank (1997). Der eigene Kanal fürs Unternehmen. In: Bullinger, Hans-Jörg & Broßmann, Michael (Hrsg.), *Business Television: Beginn einer neuen Informationskultur in den Unternehmen.* Stuttgart: Schäffer-Poeschel, 191-200.

Elis, Angela. (1998). Business TV in Deutschland. In: *Media Perspektiven, o. Jg.* (3), 124-131.

Flick, Uwe. (2006). Qualitative Evaluationsforschung zwischen Methodik und Pragmatik – Einleitung und Überblick. In: Flick, Uwe (Hrsg.), *Qualitative Evaluationsforschung. Konzepte – Methoden – Umsetzungen.* Reinbek: Rowohlt, 9-29.

Höflich, Joachim R. (1998). Interaktive Medien und organisationsinterne Kommunikation – Erkenntnisse und Perspektiven. In: Krzeminski, Michael & Zerfaß, Ansgar (Hrsg.), *Interaktive Unternehmenskommunikation: Internet, Intranet, Datenbanken, Online-Dienste und Business-TV als Bausteine erfolgreicher Unternehmenskommunikation.* Frankfurt am Main: IMK, 72-93.

Hoffmann, Frank. (2002). *Business Television als Instrument der Außendienstkommunikation.* Frankfurt am Main: Peter Lang.

Jäger, Wolfgang. (1999). Business TV als kritischer Erfolgsfaktor. In: Jäger, Wolfgang (Hrsg.), *Unter nehmenskommunikation durch Business TV. Strategien – Technikkonzepte – Praxisbeispiele.* Wiesbaden: Gabler, 11-20.

Mast, Claudia. (2006). *Unternehmenskommunikation: Ein Leitfaden* (2., neu bearb. und erw. Aufl.). Stuttgart: Lucius und Lucius.

Will, Marcus. (1998). Business TV: Die digitale Zukunft der Unternehmenskommunikation. In: Krzeminski, Michael & Zerfaß, Ansgar (Hrsg.), *Interaktive Unternehmenskommunikation. Internet, Intranet, Datenbanken, Online-Dienste und Business-TV als Bausteine erfolgreicher Unternehmenskommunikation*. Frankfurt am Main: IMK, 273-285.

Witzer, Brigitte. (1992). *Kommunikation in Konzernen: konstruktives Menschenbild als Basis neuer Kommunikationsstrukturen*. Opladen: Westdeutscher Verlag.

Das Intranet als Medium der Organisationskommunikation – Ergebnisse einer Untersuchung beim Zweiten Deutschen Fernsehen

Anika Struppert

Einleitung

In den vergangenen Jahren haben nicht nur Millionen Menschen das Internet für sich entdeckt, auch in anderen Bereichen hat die Vernetzung Einzug gehalten. Der Begriff Intranet wurde in vielen Unternehmen zu einem wichtigen Schlagwort. Intranets, also firmeninterne Netzwerke zur Kommunikation und zum Informations- und Wissensaustausch, findet man mittlerweile in kleinen wie in großen Firmen, in Schulen und Universitäten genauso wie in Banken oder Krankenhäusern. Nach Angaben des statistischen Bundesamtes nutzten bereits zum Jahresende 2002 in Deutschland rund 84 Prozent aller Unternehmen mit mehr als 250 Beschäftigten ein Intranet.[1] In vielen Unternehmen ist das elektronische Firmennetzwerk mittlerweile auf dem besten Weg, sich als festes Medium zu etablieren. Für einige Forscher befindet sich das Intranet sogar bereits in der Entwicklung zum „*Leitmedium der internen Kommunikation.*" (Hoffmann 2006, 9) Richtig eingesetzt, kann ein Intranet den Mitarbeitern Informationen und Wissen zur Verfügung stellen, Kommunikation und Teamarbeit erleichtern und Projekt- und Dokumentenmanagement unterstützen. Dadurch lässt sich nicht nur Zeit und Geld sparen, sondern es können auch Mitarbeiter besser integriert, das Betriebsklima verbessert und Motivation und Zufriedenheit aller Beschäftigten erhöht werden. (vgl. Hoffmann 2006, 19f. u. 75f.) Durch den Einsatz eines firmeninternen Netzwerkes und die damit verbundene Steigerung von Information und Transparenz können Vertrauen gestärkt, Gerüchte vermieden und somit die Beziehungen im Unternehmen optimiert werden. (vgl. Macharzina 1990, 60ff.) Intranets haben heutzutage das Potential, Produktivität und Qualität im Unternehmen zu steigern. (vgl. Hoffmann 2006, Vorwort) Vor allem die Zugriffsmöglichkeiten von verschiedenen Orten und zu beliebigen Zeitpunkten bieten erhebliche Vorteile. „Das [...] Intranet bricht radikal mit der Einheit von Zeit und Raum [...]. Es ist völlig egal, ob die Menschen Seite an Seite in

---

[1] Zu den Angaben des Statistischen Bundesamtes siehe http://www.golem.de/0211/22832.html.

einem Büroraum arbeiten, oder ob sie durch 20, 2000 oder gar 20 000 km von einander getrennt sind." (Mocker 1997, 123) Wie andere neue Medien besitzt auch das Intranet die Fähigkeit, einige Medien zu ersetzen, andere zu ergänzen und bestehende Kommunikationsnetzwerke neu zu konfigurieren. (vgl. Monge & Contractor 2003, 231)

Auch das Zweite Deutsche Fernsehen (ZDF) entschloss sich im Jahr 2000, ein Intranet einzuführen, welches in der Zukunft einen festen Platz in der Unternehmenskommunikation einnehmen sollte. Wie die Mitarbeiter das neue Medium aufnahmen, welche Vorteile es brachte, aber auch, welche Schwierigkeiten und Probleme das Intranet dem ZDF bereitete, wurde in einer Untersuchung der internen Kommunikation des Senders in den Jahren 2002 und 2003 erforscht.[2] Bei dieser Studie wurde mit Hilfe von 32 qualitativen Leitfadeninterviews mit Kommunikationsexperten und Mitarbeitern aus verschiedenen Bereichen sowie einer schriftlichen Befragung von 1.500 ZDF-Mitarbeitern weltweit die interne Unternehmenskommunikation ausführlich analysiert. Im nachfolgenden Artikel werden mit Blick auf das Thema Intranet ausgewählte Ergebnisse dieser Studie dargestellt.

1. Das Intranet des Zweiten Deutschen Fernsehens

Da die Kommunikation in einem Unternehmen nicht losgelöst von der Organisation selbst betrachtet werden kann, zunächst einige kurze Vorbemerkungen zum Zweiten Deutschen Fernsehen: Das ZDF beschäftigt als eine von zwei öffentlich-rechtlichen Fernsehanstalten Deutschlands insgesamt ca. 3.600 fest angestellte Mitarbeiter. Hinzu kommt noch einmal die gleiche Anzahl an freien Mitarbeitern. Ein Teil der Beschäftigten arbeitet in der Zentrale des Senders auf dem Mainzer Lerchenberg, ein anderer Teil in den Landesstudios in Deutschland und den 20 Außenstudios weltweit. Das ZDF zeichnet sich durch einen konservativ-hierarchischen Aufbau und einen umfangreichen Verwaltungsapparat aus, der vor allem in der Zentrale in Mainz erkennbar ist. In den Außenstudios hingegen sind eigene, lokale Ausprägungen der Organisationskultur zu finden. Die Größe des Unternehmens und die Aufteilung auf zahlreiche Standorte in der ganzen Welt stellen eine besondere Herausforderung für die interne Kommunikation dar.

---

2 Die Untersuchung wurde im Rahmen der einjährigen Projektstudienphase des B.A.-Studienganges Kommunikationswissenschaft der Universität Erfurt von einer sechsköpfigen Forschergruppe durchgeführt. Siehe dazu Bähr et al. (2003).

Den Mitarbeitern stehen für die interne Unternehmenskommunikation an allen Standorten diverse traditionelle und neue Medien zur Verfügung. Dazu zählen Telefon, Fax, hausinterne Post, E-Mail, die Mitarbeiterzeitschrift *Kontakt*, das Internet und das ZDF-Intranet.

Das ZDF-Intranet, das im Jahr 2000 eingeführt wurde, ist ein firmeninternes Netz, welches für ZDF-Mitarbeiter und einige wenige externe Nutzer zugänglich ist. Inhaltlich bot das ZDF-Intranet zum Zeitpunkt der Untersuchung im Jahr 2003 den Nutzern hauptsächlich Homepages verschiedener ZDF-Abteilungen, ein Telefonbuch mit 3-D-Plan, Online-Publikationen (wie zum Beispiel eine Online-Ausgabe der Mitarbeiterzeitschrift), einen Online-Shop (B2C), ein schwarzes Brett für private Käufe und Verkäufe (C2C) sowie eine einfache Suchmaschine. Zusätzlich zum Angebot an Informationen und Dienstleistungen war das ZDF-Intranet zum Untersuchungszeitpunkt außerdem eine Plattform, von der aus die Nutzer zu verschiedenen Anwendungen und Programmen gelangen konnten, die sie für ihre tägliche Arbeit benötigten. Dazu gehören etwa Nachrichten-Ticker, Buchungssysteme oder Ähnliches. Viele dieser Angebote waren jedoch gleichzeitig auch noch über andere Wege, die bereits vor Einführung des Intranet zur Verfügung gestanden hatten, erreichbar. So war beispielsweise der Zugriff auf das elektronische Telefonbuch oder auf die Rubrik *An- und Verkauf* sowohl über die Intranet-Seite als auch über ein traditionelles Großrechnersystem, welches über die Funktionstasten der Computertastatur bedient wird, möglich. Diese Doppelstrukturen führten bei einigen Mitarbeitern zu Verwirrung, da sie nicht wussten, welcher Weg der beste ist, und wann sie eigentlich mit dem Intranet arbeiteten und wann nicht. Insgesamt stellte das ZDF-Intranet zum Zeitpunkt der Studie in erster Linie eine Plattform für Informationen dar. Andere gängige Intranet-Funktionen wie Kommunikationsmöglichkeiten per Messenger, in Foren oder Chats oder aber Dokumenten- und Terminmanagement waren zum damaligen Zeitpunkt nicht im ZDF-Intranet realisiert.

2. Ergebnisse der Untersuchung

In der Hauptstudie der Untersuchung wurden 1.500 ZDF-Mitarbeiter weltweit zur internen Kommunikation des Senders befragt. Die hohe Rücklaufquote von 1.034 Fragebögen zeigte, dass das Thema von den Mitarbeitern als wichtig erachtet wurde, und dass sie den Wunsch hatten, die Kommunikation im Unternehmen aktiv mitzugestalten und zu optimieren. Ein Großteil der Befragungsteilnehmer (81,9%) war in der Zentrale in Mainz beschäftigt. Aus den Außenstudios kamen 18,1% der Antworten. Während Frauen und Männer je ungefähr zur Hälfte vertreten waren, dominierte bei den Altersgruppen mit 69,8% die Gruppe der 30- bis 49jährigen. Mehr als zwei Drittel der Antworten stammten von Mitarbeitern der niedrigsten Hierarchieebene ohne leitende Funktion. Die meisten Befragten besaßen einen Universitäts- oder vergleichbaren Abschluss, dennoch hatten immerhin 26,7% kein Abitur. Einen Überblick über die Teilnehmer der Studie bietet Tabelle 1.

Teilnehmer der Befragung		Häufigkeit	%
Arbeitsort	Mainz (Zentrale)	847	81,9
	Außenstudio	187	18,1
Geschlecht	Weiblich	526	50,9
	Männlich	498	48,2
Alter	unter 20	1	0,1
	20-29	80	7,7
	30-39	391	37,9
	40-49	330	31,9
	50-59	201	19,4
	60 und älter	24	2,3
Hierarchieebene	1 (Top-Position)	17	1,7
	2 (leitende Position)	202	19,5
	3 (keine leitende Position)	796	77
Höchster Bildungsabschluss	Hauptschulabschluss	76	7,4
	Mittlere Reife	200	19,3
	Abitur	150	14,5
	Fachschulabschluss	96	9,3
	Fachhochschulabschluss	173	16,7
	Universitätsabschluss	300	29,0
	Sonstiger Abschluss	30	2,9

Tab. 1: Überblick über die Teilnehmer der Studie zur internen Unternehmenskommunikation des ZDF (N=1.034, Rest fehlende Werte)

2.1 Zufriedenheit der User

Obwohl sich die Mehrheit der Mitarbeiter (86,5%) gut bis sehr gut in das Unternehmen integriert sah und sich mit dem ZDF identifizieren konnte, waren nur zwei Drittel der Befragten mit den Informationen, die sie bekamen, zufrieden. Immer wieder wurden fehlende Informationen beklagt, vor allem über interne Veränderungen, Umstrukturierungen und Personalwechsel. Die hierarchischen Strukturen im ZDF erzeugten offenbar Barrieren zwischen den verschiedenen Hierarchieebenen, was unter anderem dazu führte, dass auf der unteren Ebene eine größere Wissenskluft empfunden wurde. Schwächen in der internen Unternehmenskommunikation zeigten sich nicht nur in der Kommunikation zwischen den Hierarchieebenen, sondern auch in der Kommunikation der Mainzer Zentrale mit den Außenstudios. Auch hier wurden fehlende oder zu spät eintreffende Informationen bemängelt. Als weiteres Problem kristallisierte sich die Passivität vieler ZDF-Mitarbeiter heraus, die sich beispielsweise in der geringen Nutzung von Pull-Medien, Feedbackmöglichkeiten und ähnlichen Angeboten, die eine aktive Beteiligung erfordern, zeigte. Als Kommunikationskanäle (Tab. 2) bevorzugten fast alle Befragten das persönliche Gespräch, gefolgt von Telefon und E-Mail. Dem Intranet wurde in dieser Hinsicht von den Mitarbeitern so gut wie keine Bedeutung zugemessen. Es ist lediglich in der Rubrik Sonstige vertreten.

2.2 Bevorzugter Kommunikationskanal

Bevorzugter Kommunikationskanal	Häufigkeit	%
Persönliches Gespräch	800	93,6
Telefon	683	79,9
E-Mail	506	59,2
Meetings	91	10,6
Hausinterne Post	26	3
Fax	16	1,9
Sonstige	12	1,4

Tab. 2: Bevorzugte Kommunikationskanäle der ZDF-Mitarbeiter (n=855; Mehrfachantworten möglich)

Wie Tabelle 2 zu entnehmen ist, kommunizieren die ZDF-Mitarbeiter am liebsten persönlich mit ihren Kollegen. Ist dies nicht möglich, ziehen sie Medien vor, die sich durch eine hohe soziale Präsenz auszeichnen, wie beispielsweise das Telefon. Die soziale Präsenz eines Mediums ist umso höher, je umfangreicher die Kapazität des Mediums ist, nonverbale Signale zu übermitteln. (vgl. Wiest 1994, 61ff.) Entsprechend der Theorie des Mediengehalts (Daft & Lengel, 1984 u. 1986) werden Medien bevorzugt, die einen hohen Informationsgehalt besitzen, Kommunikation über mehrere Kanäle gleichzeitig sowie Feedback und eine möglichst persönliche und natürliche Gestaltung der Botschaft ermöglichen. (vgl. Weber 2003, 19) Auch hier stellt Face-to-face-Kommunikation die optimale Kommunikationsform dar. Sie wird von Mitarbeitern in Organisationen vor allem dann bevorzugt, wenn Widersprüchlichkeiten oder Unsicherheiten vorherrschen, die in Unternehmen mit Blick auf einen reibungslosen Arbeitsablauf reduziert bzw. vermieden werden müssen. Zusätzlich dient die persönliche Face-to-face-Kommunikation auch einem anderen Zweck, nämlich dem Austausch von Klatschgeschichten. Dieser Flurfunk stellte für viele ZDF-Mitarbeiter eine wichtige Informationsquelle dar, da sie durch ihn auch Informationen erhielten, die ihnen auf offiziellem Wege (noch) nicht mitgeteilt wurden. Außerdem dient diese informelle Kommunikation auch der Stärkung des Gruppengefühls. Wie Goll feststellt, haben „[...] Klatschgeschichten und Frotzeleien auch im Rahmen der Face-to-face-Kommunikation zwischen den MitarbeiterInnen [...] eine gruppenstärkende Wirkung." (Goll 2002, 228) Zusätzlich können die Mitarbeiter vor allem in der direkten persönlichen Kommunikation soziale Unterstützung bekommen, die ihnen hilft, mit Ängsten, Stress und Problemen umzugehen und ihnen somit die Arbeit erleichtert. Diese Unterstützung durch physische Nähe kann auch durch andere Medien, zum Beispiel durch ein Intranet mit Chaträumen, Foren etc. bezogen werden. (vgl. Monge & Contractor 2003, 302ff.) Da diese Funktionen beim ZDF-Intranet zum Untersuchungszeitpunkt noch nicht vorhanden waren, konnten die Mitarbeiter diese Möglichkeiten jedoch nicht nutzen. Was das Telefon betrifft, so wird dieses laut Goll auch heute noch in vielen vernetzten Unternehmen häufig genutzt, da Telefonate relativ ungestört geführt werden können und gleichzeitig Zugriff auf den PC oder andere Arbeitsgeräte erlauben. Dadurch werden eine synchrone Aushandlung von Problemen oder Abweichungen vom Arbeitsablauf und eine direkte Absprache möglich. (vgl. Goll 2002, 192ff.)

2.3 Nutzung des Intranets

Während das Intranet zum Zeitpunkt der Untersuchung mittlerweile an fast allen Arbeitsplätzen (90,1%) verfügbar war, war die Nutzung des neuen Mediums (Tab. 3) alles andere als ausgeprägt. Bereits in den qualitativen Interviews, die vor der schriftlichen Befragung durchgeführt worden waren, hatte sich auf Seiten der Mitarbeiter ein eindeutiges Akzeptanz- und Nutzungsdefizit des Intranets abgezeichnet. Dies bestätigte sich in der anschließenden Fragebogenbefragung. Obwohl sich zeigte, dass sich Intranetnutzer generell besser informiert fühlten als Nicht-Nutzer, nutzten nur 27,5% der Befragten das Intranet mindestens ein Mal täglich. 28,6% hingegen nutzten das Intranet nur ein Mal im Monat oder sogar noch seltener.

Intranetnutzung	Häufigkeit	%
Mehrmals täglich	100	10,6
Täglich	159	16,9
Mehrmals wöchentlich	215	22,9
Wöchentlich	197	21
Monatlich	87	9,3
Seltener	181	19,3

Tab.3: Intranetnutzung im ZDF (n=939; Rest fehlende Werte)

Das Intranet ist ein so genanntes Pull-Medium, bei dem sich der Nutzer seine Informationen selbst holen muss. Wie Hoffmann richtig bemerkt, wandelt das Intranet die „*Informationsbringschuld der Unternehmensspitze*" in eine „*Informationsholschuld der Mitarbeiter*" (Hoffmann 2006, 13) um. Doch die Mitarbeiter müssen bereit sein, sich die Informationen zu beschaffen. Voraussetzung dafür ist, dass sie das Intranet als Medium akzeptieren, mit seiner Benutzung vertraut sind und die benötigten Informationen darin auch finden können. Als Hauptgründe für die Nutzung des ZDF-Intranet gaben die Mitarbeiter dementsprechend auch an, darin schnell und gezielt aktuelle Informationen finden zu können.

Ich nutze das ZDF-Intranet, weil...	Häufigkeit	%
es aktuelle Informationen enthält	500	59,8
ich dort gezielt nach Informatiofnen suchen kann	491	58,7
ich dadurch schnell an Informationen gelange	485	58,0
es leicht zu bedienen ist	150	17,9
ich die darin enthaltenen Informationen an andere Mitarbeiter weitergeben will	34	4,1
das im ZDF so üblich ist	33	3,9
ich dort Meinungen anderer Mitarbeiter finde	33	3,9
Sonstige Gründe	29	2,5

Tab. 4: Gründe für die Nutzung des ZDF-Intranets (n= 836; Mehrfachantworten möglich)

Die Angebote, die am häufigsten genutzt wurden, waren in erster Linie das Telefonbuch, das schwarze Brett sowie der Speiseplan der Kantine. Auch Formulare, aktuelle Informationen und Neuerungen auf der Startseite sowie hausinterne Informationen (zum Beispiel Versammlungen, Veranstaltungen, Börse, Sport, Berichte) wurden vergleichsweise häufig aus dem Intranet abgerufen. Für die eigentliche Arbeit wurde das Intranet nur teilweise genutzt, so zum Beispiel, um Dokumentationen für andere Kollegen zu hinterlegen oder um an Informationen über bestimmte Bereiche des ZDF und Abläufe zu gelangen.

Die Nicht-Nutzer wurden gefragt, warum sie das ZDF-Intranet bislang nicht nutzten. Der am häufigsten angegebene Grund war der, dass die Mitarbeiter das Intranet nicht kannten. 56 Personen (28,3%) gaben an, das Intranet aus diesem Grund nicht zu nutzen. Fast ebenso viele Mitarbeiter (55 Personen) nutzten das Intranet nicht, weil ihre Arbeit ihnen keine Zeit dazu ließ. 52 Befragte gaben an, dass sie andere Medien als für ihre Zwecke besser geeignet empfanden. Dies zeigt, dass diese ZDF-Mitarbeiter im Sinne der rationalen Medienwahl das Medium auswählen, das ihren Bedürfnissen in der jeweiligen Situation am besten entspricht. (vgl. Weber 2003, 19ff.) Entsprechend der Theorien des Eigeninteresses treffen Menschen rationale Entscheidungen, um daraus persönlich Nutzen zu ziehen, das heißt, ihre Gewinne zu maximieren bzw. Verluste zu minimieren. (vgl. Monge & Contractor 2003, 142) Natürlich können sie diese Entscheidungen nur treffen, wenn sie auch tatsächlich die Wahl haben. Dies war bei unserer Untersuchung jedoch nicht für alle Befragten der Fall. Immerhin 35 Mitarbeiter gaben an, das Intranet nicht zu nutzen, da sie keinen Zugang hätten. Auf die Bedeutung der Einstellungen und Entscheidungen anderer Mitarbeiter für die Medienwahl wird zu einem späteren Zeitpunkt noch eingegangen.

Ich nutze das ZDF-Intranet nicht, weil...	Häufigkeit	%
ich das Intranet nicht kenne	56	28,3%
meine Arbeit mir dazu keine Zeit lässt	55	27,8%
andere Medien für meine Zwecke eher geeignet sind	52	26,3%
ich keinen Zugang habe	35	17,7%
ich die Informationen aus dem Intranet über andere Mitarbeiter bekomme	23	11,6%
die Bedienung zu kompliziert ist	22	11,1%
es in meinem Arbeitsumfeld niemand nutzt	20	10,1%
andere Gründe	15	7,6%
es die von mir gesuchten Informationen dort nicht gibt	8	4%

Tab. 5: Gründe für die Nicht-Nutzung des ZDF-Intranets (n = 198, Mehrfachantworten möglich)

Viele der Antworten der Nicht-Nutzer deuten auf Fehler bei der Einführung des Mediums im Unternehmen hin. Eines der Hauptanliegen bei der Einführung eines firmeninternen Netzwerkes sollte es sein, alle Mitarbeiter darüber zu informieren, dass es ein Intranet gibt, und wie sie das Medium nutzen können. Im ZDF sind vor allem dadurch Probleme entstanden, dass das Intranet ursprünglich als *Kontakt-Online*, das heißt als Online-Version der Mitarbeiterzeitschrift *Kontakt*, eingeführt wurde. Nach kurzer Zeit wurde es in ZDF-Intranet umbenannt und der Link für den Zugriff geändert, wobei der alte Link abgeschaltet wurde. Dies führte dazu, dass einige Mitarbeiter gar nicht wussten, dass *Kontakt-Online* eigentlich das ZDF-Intranet war, und andere lediglich einem toten Link folgten, als sie zu einem späteren Zeitpunkt auf das Intranet zugreifen wollten.

2.4 Qualität und Angebot

Für die Gesamtqualität des ZDF-Intranet wurde von den Befragten die Schulnote 2,62, also eine Note zwischen gut und befriedigend, vergeben. In den Interviews wurde das Intranet als wenig aufregend, statisch, schlecht strukturiert und durch das Design mit großem Logo und kleinen Frames gehemmt beschrieben. Das ZDF-Intranet befand sich zum Zeitpunkt der Untersuchung eindeutig noch in der Phase des Aufbaus und war inhaltlich noch nicht ausgereift. Auf die Frage, welche Informationen sich die Mitarbeiter im ZDF-Intranet wünschen (Tab. 6), antworteten mehr als zwei Drittel der Befragten, dass sie darin Informationen über Weiterbildungsangebote und Suchfunktionen finden möchten. Auch Adressverzeichnisse, Links zu anderen Angeboten und Diskussionsforen wurden von einigen Befragten als wichtig erachtet.

Welche Angebote sollte das ZDF-Intranet enthalten?	Häufigkeit	%
Weiterbildungsangebote	722	69,8
Suchfunktionen	715	69,1
Adressen / Telefonnummern von ZDF-Mitarbeitern	516	49,9
Verweise auf andere Angebote	350	33,8
Diskussionsforen	303	29,3
Unterhaltung	47	4,5

Tab. 6: Angebote, die das ZDF-Intranet enthalten sollte (N=1.034, Mehrfachantworten möglich)

Einige der gewünschten Funktionen, z.b. Suchfunktion oder Adressbuch, waren zum Zeitpunkt der Untersuchung bereits – zumindest in Ansätzen – vorhanden. Weiterbildungsangebote oder Diskussionsforen hingegen waren noch gar nicht Bestandteil des ZDF-Intranets. Ein weiterer Ausbau wurde zwar von sehr vielen Mitarbeitern gewünscht; er wurde jedoch durch unklare Zuständigkeiten und unklare Finanzierung gebremst.

3. Dateninterpretation und Zukunftsausblick

Ein Intranet kann erst dann sinnvoll und für das Unternehmen gewinnbringend eingesetzt werden, wenn die Mitarbeiter die benötigten Informationen darin finden, verstehen und verarbeiten können. Dann erst ist es möglich, durch bessere Information und Kommunikation Zeit und Kosten zu sparen, Mitarbeiter zu motivieren und das Unternehmensklima zu verbessern. Um dies im ZDF erreichen und dadurch die interne Unternehmenskommunikation optimieren zu können, müssen zuerst einmal *alle* Mitarbeiter Zugang zum Intranet bekommen. Außerdem müssen alle Mitarbeiter darüber informiert werden, dass es ein firmeninternes Netzwerk gibt, wie sie es finden und gewinnbringend nutzen können. Dafür könnten beispielsweise Links in E-Mails genutzt werden, die die Mitarbeiter direkt zum Intranet führen. Dies könnte auch dazu beitragen, die Passivität der Mitarbeiter zu überwinden und sie dazu animieren, das Intranet aktiv zu nutzen. Es konnte bereits bei früheren E-Mail-Rundschreiben festgestellt werden, dass die Zahl der Zugriffe nach dem Versand solcher Informationsmitteilungen stark anstieg.

Fulk et al. (1996) und Monge et al. (1998) betrachten in Anlehnung an Samuelson (1954) das Intranet und die damit verbundene Konnektivität und Kommunalität im Sinne der Theorie der kollektiven Handlungen als Gemeingut, welches von allen Mitarbeitern genutzt werden kann, ohne dass es dadurch für die nachfolgenden Nutzer an Wert verliert. So können alle Mitarbeiter die anderen, mit denen sie vernetzt sind, kontaktieren und gemeinsam Informationen und Wissen speichern, verbreiten und teilen und somit eine gemeinsame Daten- und Wissensquelle schaffen, die allen dient. Es wird allerdings darauf hingewiesen, dass es bei der Realisierung solcher „*public goods*" (Monge & Contractor 2003, 166) des Öfteren zu Interessenkonflikten zwischen den Interessen der Individuen und denen der Gemeinschaft kommt, die dazu führen, dass sich nicht alle beteiligen. (vgl. Monge & Contractor 2003, 166) Im ZDF gab es einige Mitarbeiter, die ihr Wissen nicht teilen wollten, um ihren Einfluss und ihre Machtstellung im

Unternehmen nicht zu gefährden. Andere sahen keinen Vorteil oder sogar einen Mehraufwand in der Arbeit mit dem Intranet und nutzten es deshalb nicht. Solche von Bonacich und Schneider (1992) als Kommunikationsdilemmata bezeichneten Probleme lassen sich auf zwei Arten lösen: Entweder gibt das Management die Richtung und Aufgaben für alle vor, lobt diejenigen, die sich beteiligen, und bestraft die, die sich nicht daran halten. Oder aber die Interessen von Individuen und Gemeinschaft werden in Einklang gebracht, indem die Mitarbeiter mobilisiert werden, sich mehr für das Unternehmen zu engagieren, sich stärker mit ihm zu identifizieren und den gemeinsamen Interessen vor den privaten den Vorzug zu geben. (vgl. Monge & Contractor 2003, 166f.) Beim ZDF wurde die erste Variante – Vorgaben von Seiten des Managements – gewählt, allerdings ohne dass die Nutzer einen spürbaren Vorteil hatten. Außerdem boten die Doppelstrukturen auch Nicht-Nutzern die Möglichkeit, weiterhin „ungestraft" ihre alten Systeme zu nutzen. Vielleicht könnte die zweite Lösungsvariante, getragen von einigen besonders interessierten Mitarbeitern mit vielen Kontakten, mehr Erfolg bringen?

Wie Rice et al. (1990) feststellten, hängt die Annahme neuer Medien in Unternehmen oft von den Einstellungen der Kollegen, mit denen die betreffenden Mitarbeiter häufig kommunizieren, zu diesem Medium ab. Häufig miteinander kommunizierende Mitarbeiter entwickeln oft auch gemeinsame Ansichten und Einstellungen. So fanden Fulk et al. (1991 u. 1995) in ihrer Studie beispielsweise heraus, dass Mitarbeiter bei der Nutzung eines elektronischen Mailsystems signifikant von den Einstellungen ihrer engsten Mitarbeiter und Vorgesetzten zu diesem Medium beeinflusst wurden. (vgl. Monge & Contractor 2003, 179) Auch wenn die Ergebnisse der ZDF-Untersuchung nicht so eindeutig ausfielen, gab es doch einige Mitarbeiter, die angaben, das Intranet zu nutzen, weil es im ZDF generell so üblich ist (33 Personen) bzw. es nicht zu nutzen, weil ihre Kollegen es auch nicht tun (20 Personen). Neben den Einstellungen der Kollegen spielt auch eine Rolle, welche Mitarbeiter durch die Nutzung des Mediums kontaktiert werden können und welche Vorteile daraus resultieren. Es wird eine kritische Masse an Nutzern benötigt, damit sich das Medium durchsetzen kann. (vgl. Monge & Contractor 2003, 169)

Eine verstärkte Intranetnutzung kann dazu beitragen, Schwächen in der internen Unternehmenskommunikation des ZDF zu reduzieren. Das Intranet kann die Verbreitung von Wissen und Informationen erleichtern und dadurch die gefühlte Wissenskluft vor allem in der niedrigsten Hierarchieebene verringern. Durch das zeitgleiche Angebot von Informationen für alle Mitarbeiter können Hierarchien abgebaut werden. Alle Mitarbeiter können – egal zu welcher Zeit und an welchem Ort – auf die Informationen im Intranet zugreifen. Dadurch könnten im Falle des ZDF die räumlichen und zeitlichen Distanzen zwischen der Zentrale und den Außenstudios überbrückt werden. Wie eine Untersuchung von 100 DAX-Unternehmen zeigte, fühlen sich jedoch viele Führungskräfte vom Intranet bedroht. „Die Chefs, die das Medium einst zu Hilfe holten, um nicht von der Informationsflut erdrückt zu werden, kommen in Bedrängnis. Sie sehen ihr Herrschaftswissen bedroht." (Mast 2001, 30) Das Intranet stellt die alten Hierarchien in Frage, da es den Managern ihre Funktion als Vermittler von Informationen streitig macht. In den Interviews zeigten sich einige ZDF-Führungspersonen besorgt, dass Führungskräfte ihr Gesicht verlieren könnten, wenn durch das Intranet bekannt würde, dass andere Mitarbeiter ein Problem besser und kompetenter lösen oder eine Frage besser beantworten könnten. Auch die erweiterten Feedbackmöglichkeiten oder die Veröffentlichung von Meinungen in Foren oder Chats, die zu größerer Gleichberechtigung führen, könnten für Führungskräfte unangenehme Nebenwirkungen haben. Dennoch haben Untersuchungen in anderen Unternehmen gezeigt, dass Mitarbeiter mit vielen Vernetzungen über Hierarchiestufen und Abteilungsgrenzen hinweg signifikant die Produktivität steigern können. (vgl. Monge & Contractor 2003, 146) Da die Verwaltung von Hierarchien außerdem häufig recht kostspielig ist, können Unternehmen, die stattdessen die Alternative der Netzwerkorganisation wählen, kosten für Information, Kommunikation und Koordination sparen. (vgl. Monge & Contractor 2003, 159)

Ein weiteres großes Problem im Zusammenhang mit der Intranetnutzung bestand beim ZDF darin, dass das Netzwerk, gemäß den Aussagen des Datenschutzbeauftragten, nicht ausreichend abgesichert war. Zum Zeitpunkt der Untersuchung gab es beim ZDF keine Intranetnutzerverwaltung, und es wurde nicht ausreichend kontrolliert, wer Zugang zum Intranet besaß. Zusätzlich zu den ZDF-Mitarbeitern gab es auch Mitarbeiter von Fremdfirmen, die Zugriff auf das Intranet hatten, wodurch die ZDF-Mitarbeiter die Vertraulichkeit der Informationen im Intranet gefährdet sahen. Datenschutz und Zugriffsrechte müssen auf jeden Fall geklärt sein, damit die Nutzer dem Intranet vertrauen können. Laut Burghardt & Klein stellt die noch mangelnde Sicherheit einen der Hauptkritikpunkte firmeninterner Netzwerke dar. (vgl. Burghardt & Klein 1997, 7ff.) Dieses Problem muss im ZDF dringend behoben werden.

Doch nicht nur die Nutzerzahlen und die Einstellung zum Medium sollten verbessert werden. Was die Qualität betrifft, sollten in Zukunft Benutzerfreundlichkeit und Design des ZDF-Intranets optimiert werden, damit die Nutzer die vorhandenen Informationen auch tatsächlich leicht finden können. Laut Hoffmann sind „Gestaltung und Grafik [...] für den Erfolg und die Akzeptanz des Intranets genauso wichtig wie die eigentlichen Inhalte." (Hoffmann 2006, 33) Der Mitarbeiter sollte als „Kunde des Intranets" (Hoffmann 2006, 156) betrachtet und die Inhalte an seine Bedürfnisse angepasst werden. „Häufig liegt der Fokus einseitig auf der Technik, vernachlässigt werden die frühzeitige Einbeziehung der Mitarbeiter und das Bereitstellen attraktiver Inhalte." (Hoffmann 2006, Vorwort) Demzufolge sollte das ZDF-Intranet mehr Informationen über firmeninterne Vorgänge und Veränderungen und über Weiterbildungsangebote enthalten. Auch mehr Service-Angebote und Kommunikationsmöglichkeiten wie Diskussionsforen können Anreiz für eine verstärkte Nutzung bieten. In den qualitativen Interviews wurden als Verbesserungsvorschläge außerdem eine bessere Aufmachung mit mehr Bildern, frecheren Texten und aktuelleren Inhalten, spezielle Seiten für Arbeitsgruppen, Feedbackmöglichkeiten, Newsgroups und Chaträume, eine Sitemap für bessere Übersicht sowie die Einführung eines Content Management Systems genannt. Es sollte darauf geachtet werden, dass komplementäre und einzigartige Informationen und Services im Intranet angeboten werden, die die Mitarbeiter in dieser Form nicht über andere Medien beziehen können. Beispiele könnten Formulare zum Herunterladen, Archive und Datenbanken oder eine verbesserte und erweiterte Suchfunktion sein. Bessere Qualität und umfangreichere Inhalte sind, so Hoffmann, „[...] auch im Intranet [...] für die Akzeptanz und Nutzung von entscheidender Bedeutung." (Hoffmann 2006, 24) Eine einheitliche Gestaltung des Intranets, die sich an den Richtlinien und Layoutvorgaben der Geschäftsleitung orientiert, kann außerdem dazu beitragen, dass die Mitarbeiter die Corporate Identity des Unternehmens besser verinnerlichen und sich noch stärker mit ihrem Arbeitgeber identifizieren. (vgl. Goll 2002, 181f.)

Wenn die Zahl der Nutzer und die Nutzungsintensität steigen, kann sich das ZDF-Intranet weiterentwickeln – von einer reinen Plattform für Informationen hin zu einem tatsächlichen Wissensnetzwerk. Wie Hollingshead (2000) in seiner *theory of transactive memory* beschreibt, kann das Intranet zu einem System werden, in dem die Nutzer einfacher herausfinden können, wer im Netzwerk welche Fähigkeiten und Expertise besitzt. Jeder Nutzer besitzt eine eigene Kombination aus Fähigkeiten und Fertigkeiten und kann über das Netzwerk herausfinden, welche dieser Qualitäten die anderen Nutzer besitzen. Dadurch wird die Verbreitung von Wissen im Unternehmen erleichtert, und es reduziert sich gleichzeitig für alle Beteiligten die Notwendigkeit, bestimmte Fertigkeiten zu erlernen, wenn diese bei anderen bereits vorhanden sind. Intranets können in solchen Systemen viele

Funktionen erfüllen: Sie stellen nicht nur den Wissensspeicher dar, sondern gleichzeitig ein Medium, über das die Nutzer auf das Wissen zugreifen können, durch das sie herausfinden können, wer welche Qualifikationen besitzt und wie diese Person erreicht werden kann, oder sie können die Person direkt kontaktieren. Zusätzlich kann das Intranet den Nutzern ermöglichen, die Informationen anderer zu ergänzen und so das Wissen zu erweitern. (vgl. Monge & Contractor 2003, 203)

Dies ist nur ein Ansatz, wie sich ein Intranet von einer reinen Informationsplattform weiterentwickeln kann. In einer Nachfolgestudie sollte ermittelt werden, welche der hier aufgeführten Möglichkeiten und Vorschläge für das ZDF-Intranet in der Zwischenzeit realisiert wurden, und wie die Entwicklung des Mediums beim Zweiten Deutschen Fernsehen insgesamt fortschreitet.

Literatur

Bähr, Christiane; Keding, Karin; Oppel, Kai; Spiegler, Friederike; Struppert, Anika; Widder, Michaela (2003): *Projekt zur Optimierung der internen Unternehmenskommunikation des Zweiten Deutschen Fernsehens*, unveröffentlichte Bachelor-Abschlussarbeit am Seminar für Medien- und Kommunikationswissenschaft, Universität Erfurt.

Burghardt, Peter & Klein, Andreas W. (1997): *CW-Studie: Intranet: Lösungen,Produkte, Firewall-Security, Seminare*. München: Computerwoche-Verlag.

Frischherz, Bruno (2005): *Mitarbeiterkommunikation online*. Vortrag im Fach Wirtschaftskommunikation, HSW Luzern, [Online-Dokument] URL http://hswbscw1.hsw.fhz.ch/pub/bscw.cgi/d1500978/online_03_mitarbeiterkommunikation.pdf

Golem.de (2002): *71% der Unternehmen nutzen Computer.* [Online-Dokument] URL http://www.golem.de/0211/22832.html

Goll, Michaela (2002): *Arbeiten im Netz. Kommunikationsstrukturen, Arbeitsabläufe, Wissensmanagement*. Wiesbaden: Westdeutscher Verlag.

Gonzales, Jennifer Stone (1997): *The 21st Century Intranet*. NJ: Prentice Hall, Inc.

Hoffman, Claus & Lang, Beatrix (2006): *Das Intranet. Erfolgreiche Mitarbeiterkommunikation*. Konstanz: UVK.

Macharzina, Klaus (1990): *Informationspolitik: Unternehmenskommunikation als Instrument erfolgreicher Führung*. Wiesbaden: Gabler.

Mast, Claudia (2001): *Die Geister, die sie riefen...* In: PR-Magazin 11/2001, Verlag Rommerskirchen, 28-31

Mocker, Helmut & Ute (1997): *Intranet-Internet im betrieblichen Einsatz.*. Frechen: Datakontext-Fachverlag.

Monge, Peter & Contractor, Noshir S. (2003): *Theories of Communication Networks.* Oxford: Oxford University Press, Inc.

Rommert, Frank Michael (2002): *Hoffnungsträger Intranet.* München: Verlag Reinhard Fischer.

Weber, Andreas (2003): *Medienwahl. Eine Auswertung von Ergebnissen der empirischen Forschung.* Diplomarbeit im Fach Informatik an der Universität Zürich, [Online-Dokument] URL http://www.ifi.unizh.ch/archive/mastertheses/DA_Arbeiten_2003/Weber_Andreas.pdf

Wiest, Georg (1994): *Computergestützte Kommunikation am Arbeitsplatz: die Aneignung neuer Kommunikationstechniken in Organisationen am Beispiel von Electronic Mail.* Wieden: Schuch.

Das Intranet als Medium des internen Kommunikationsmanagements im Krankenhaus – eine nutzerorientierte Analyse

Sarah Zielmann

> „Mitarbeiten kann nur, wer mitdenken kann,
> mitdenken kann nur, wer informiert ist."
> (Michael Kalmus 1998: 127)

1. Problemaufriss

Die interne Kommunikation spielt für Organisationen eine wichtige Rolle. Funktionen sind zum einen, Mitarbeiter zu informieren, zu motivieren und zu binden. Davon verspricht man sich u.a. eine beschleunigte Umsetzung von Plänen und Projekten und eine Kostensenkung durch Arbeitseffektivität. Zum anderen dient die interne Kommunikation als Voraussetzung einer erfolgreichen externen Kommunikation, indem über die Information der Mitarbeiter und den Dialog untereinander ein einheitliches Image nach außen getragen wird (vgl. Mast 2002, 42; Deekeling 1999, 17; Armbrecht 1992, 303).

Zu den Instrumenten der internen Kommunikation gehört auch der Einsatz eines Intranets. Wenngleich dieses Kommunikationsinstrument in der Praxis relevant ist, so liegen diesbezüglich nicht für alle Organisationstypen wissenschaftlich-systematische Darstellungen und Erklärungen vor, so dass im Folgenden zunächst auf den Intraneteinsatz in Unternehmen allgemein eingegangen wird.

Generell wird konstatiert, dass das Intranet viele Vorteile bietet: es ist aktuell, interaktiv, vernetzend, multifunktional und zeitunabhängig nutzbar (vgl. Löffelholz/Altmeppen 2001, 59; 61) und es ermöglicht eine unkomplizierte Speicherung von Informationen, so dass Daten jederzeit abgerufen werden können. Dem stehen vor allem folgende Nachteile gegenüber: Meistens kann das Intranet nicht von allen Organisationsmitgliedern genutzt werden, da nicht jeder über einen PC-Arbeitsplatz verfügt. Das häufig unattraktive Erscheinungsbild wirkt sich demotivierend auf die Nutzung aus. Besonders problematisch ist zudem, dass die Datenflut die Aktualisierung seitens der Verantwortlichen und die Selektion seitens der Rezipienten erschweren. Wildwuchs und Unübersichtlichkeit sind die Folgen.

Fakt ist auch, dass in der Praxis „in bürokratischem Stil verfasste Rundschreiben, unattraktive Mitarbeiterzeitschriften und unzeitgemäße Informationstafeln noch immer das Bild der internen Kommunikation" prägen (Meier 2002: 46). Das heißt, dass das Intranet gar nicht überall eingesetzt wird, wo dies möglich wäre und dass der Einsatz dieses internen Kommunikationsinstrumentes oftmals nicht den in der Literatur geforderten qualitativen Maßstäben genügt.

Die Bedeutung interner Kommunikation und des Intranets in Krankenhäusern
Gerade in Krankenhäusern tragen die Entwicklungen der jüngsten Zeit erheblich dazu bei, dass einerseits der internen Kommunikation und andererseits dem Einsatz digitaler Medien eine höhere Bedeutung zukommt. Die Gesamtzahl der Krankenhäuser ist in den letzten zehn Jahren gesunken, es stehen weniger Betten zur Verfügung und gleichzeitig müssen mehr Fälle behandelt werden. Hinzu kommt, dass nach einer früheren Ärzteschwemme heute Mitarbeiterengpässe zu verzeichnen sind, da der Arztberuf weniger attraktiv geworden ist. Darüber hinaus wurde Krankenhäusern lange Zeit einzig eine soziale Aufgabe innerhalb der Gesellschaft zugeschrieben. Unter dem jetzigen Modernisierungsdruck wandeln sie sich zu einem ‚Gesundheitszentrum' mit ungewohnten Aufgaben. Sichtbares Anzeichen von Veränderungen ist nicht mehr allein der medizinische Fortschritt. Krankenhäuser sind mit den Folgen der Gesundheitsreform konfrontiert und müssen etwa neuen Qualitätsmaßstäben gerecht werden. Aus dem daraus resultierenden Kostendruck entsteht zusätzlich ein Konkurrenzkampf, der seit einigen Jahren eine Privatisierungswelle zur Folge hat (vgl. u.a. Lütteke 2003). Ohnehin war die finanzielle Situation vieler Häuser in den vergangenen Jahren schlecht; 2003 und 2004 schrieb fast die Hälfte rote Zahlen (Buscher 2005, 182), aktuell sind es in Nordrhein-Westfalen – dem Bundesland, in dem exemplarisch der Intraneteinsatz in einem Krankenhaus[1] analysiert wurde – rund 40 Prozent der Häuser öffentlicher Hand (vgl. Berling 2006[2]). Es wurde prognostiziert, dass dort jedes zehnte der über 450 Krankenhäuser in den nächsten vier Jahren schließen müssen wird (vgl. Wiedemann 2005). Insgesamt ist abzusehen, dass sich nicht alle Krankenhäuser unter den neuen Herausforderungen werden behaupten können.

Diese Entwicklung verdeutlicht auch, dass Organisationszweck und Organisationsziel keine feststehenden Größen sind, sondern den veränderten Umweltanforderungen angepasst werden (müssen), wobei die unterschiedlichen

---
1 Dem Krankenhaus ist Anonymität zugesichert worden, so dass jegliche Namen hier ungenannt bleiben.
2 Äußerung von Richard Zimmer, Geschäftsführer der Krankenhausgesellschaft NRW im Interview mit Stephanie Berling von wdr.de.

Organisationsmitglieder durchaus heterogene Ziele haben. Im Falle eines Krankenhauses möchten sich beispielsweise die Ärzte intensiv um die Patienten kümmern und dabei möglichst keine Verwaltungstätigkeiten ausüben müssen. Genau Letzteres wird ihnen allerdings im Rahmen neuer Vorschriften zunehmend abverlangt. Die Geschäftsführung und Verwaltung können nur dann auf die Kooperation der Ärzte hoffen, wenn diese verstehen, inwiefern sie darüber einen wichtigen Beitrag zur Aufrechterhaltung des Krankenhauses und damit ihres eigenen Arbeitsplatzes leisten. Es gilt also, die heterogenen Ziele der Krankenhausmitglieder möglichst in das übergeordnete Organisationsziel zu integrieren (vgl. Crozier/Friedberg 1979). Eine Voraussetzung dafür ist es, dass alle Organisationsmitglieder in geeigneter Art und Weise über die wirtschaftliche Lage und Entwicklungen ihrer Organisation informiert sind.

Der Informationsaustausch der unterschiedlichen, stark hierarchisch gegliederten Krankenhausmitglieder – nach der klassischen Aufteilung unterscheidbar in ärztlichen Dienst, Pflege und Verwaltung – ist häufig inselförmig angelegt: es wird immer nur ein Teil der Bedürfnisse abgedeckt. So ist ein Gesamtkonzept häufig nicht erkennbar (vgl. Köhler-Frost 1995, 53) All diese Entwicklungen tragen dazu bei, dass die interne Krankenhauskommunikation zunehmend Bedeutung erlangt (vgl. Sisignano 2001, 11; Hannich 1996, 247). Dabei stellt sich die Frage, ob das Intranet ein geeignetes Medium ist, um zu einer internen Vernetzung im Krankenhaus sowie zur Erreichung der Organisationsziele beizutragen.

Das Intranet ist natürlich nur eines unter vielen Instrumenten zur internen Kommunikation und wird wohl in kaum einer Organisation als einziges Medium eingesetzt. Unter interner Kommunikation werden hier explizit alle *medialen*, bewusst geplanten und gesteuerten Kommunikationsaktivitäten zwischen der Krankenhausführung und den Mitarbeitern sowie unter den Mitarbeitern verstanden. Da es sich diesem Verständnis nach um ein strategisch eingesetztes Kommunikationsinstrument handelt, wird unterstellt, dass die primäre Verantwortung bei dem PR[3]-Verantwortlichen angesiedelt ist. Dabei ist es wichtig, seine genaue Rolle zu klären und zu ermitteln, welche organisationalen Bedingungen und welche konkreten Vorgehensweisen seinerseits ihm einen optimalen Einsatz dieses Mediums erlauben.

---

3 Public Relations (PR) und Öffentlichkeitsarbeit werden im Folgenden synonym verwendet.

2. Fragestellungen, Thesen und Methodik

Die vorliegende Analyse soll dazu dienen, unter Berücksichtigung der Ziele der Krankenhausleitung zu evaluieren, wie das Intranet in dem Krankenhaus konkret ausgestaltet und genutzt wird. Ausgehend von dem skizzierten Verständnis interner Kommunikation werden vorab folgende Thesen aufgestellt:
1. Es müssen auf der Leitungsebene messbare Ziele für den Einsatz des Intranets schriftlich formuliert, deren Erreichung evaluiert sowie eventuelle Verbesserungsmaßnahmen erarbeitet werden.
2. Führungskräfte prägen die interne Kommunikation maßgeblich. Für die inhaltliche Ausrichtung des Intranets müssen seitens der Geschäftsführung klare und transparente Vorgaben gemacht werden.
3. Die Informations- und Kommunikationsangebote müssen von einer Stelle aus koordiniert, moderiert und aktualisiert werden. Gleichzeitig ist eine Einbindung der unterschiedlichen Nutzergruppen wichtig. Der PR-Verantwortliche sorgt idealer Weise für Schnittstellen zwischen den unterschiedlichen Gruppen. Er ist zuständig für eine zielgruppengerechte Darstellung der Inhalte, indem er eine entsprechende Plattform entwickelt und permanent anpasst.

Die Vorgehensweise der Studie umfasste drei Schritte: Als *Erstes* erfolgte im Rahmen einer Literaturbestandsaufnahme die Zusammenfassung der bisherigen wissenschaftlichen Erkenntnisse zu dem organisationalen Intraneteinsatz. Theoretische und empirische Forschungsbefunde wurden resümiert und durch Internetrecherchen ergänzt. Auf Basis dieser Bestandsaufnahme wurden als *Zweites* in einer ersten Erhebungsphase Leitfadeninterviews mit der Geschäftsführung sowie den Hauptverantwortlichen für die Bereitstellung der Intranet-Inhalte und ihrer Pflege geführt.[4] In der Praxis war eben nicht allein der Öffentlichkeitsarbeiter für den Intraneteinsatz verantwortlich, sondern darüber hinaus der leitende Mitarbeiter aus der EDV-Abteilung sowie jeweils ein Mitglied zweier unterschiedlicher Berufsgruppen des Hauses. Folgende Fragestellungen sollten im Rahmen dieses zweiten Schrittes beantwortet werden:
- Welches Verständnis von (interner) Öffentlichkeitsarbeit haben die Befragten? Welchen Stellenwert hat die interne Kommunikation in dem Krankenhaus?

---
4 Die Gespräche wurden im August/September 2005 auf Tonband aufgenommen und vollständig transkribiert. Die Auswertung erfolgte anonymisiert.

- Wie werden die kommunikativen Ziele mittels des Intranet-Einsatzes intern festgelegt? Sind diese Ziele an der Organisationsstrategie ausgerichtet? Wer ist daran beteiligt? Wie werden diese Ziele evaluiert?
- Welche Erwartungen hat die Geschäftsführung von der internen Kommunikation; welche Erwartungen wollen die Intranet-Verantwortlichen umsetzen?
- Wie beurteilen die Befragten den bisherigen Einsatz des Intranets?

Als *Drittes* bildeten die Ergebnisse aus den ersten beiden Schritten zusammengenommen eine solide Ausgangsposition für die zweite Erhebungsphase, eine standardisierte Mitarbeiterbefragung. In diesem Untersuchungsschritt wurde an alle Mitarbeiter ein vierseitiger Fragebogen „zur Mitarbeiterkommunikation über das Intranet" verteilt.[5] Die Befragung geschah mit dem Ziel, die Mitarbeiter-Zufriedenheit mit dem Intranet unterteilt in die drei Gruppen Ärzte, Pflegepersonal und Verwaltung zu ermitteln und in Erfahrung zu bringen, was aus ihrer Sicht verbessert werden sollte. Es wurde eine Rücklaufquote von mindestens einem Drittel angestrebt. Der tatsächliche Rücklauf blieb jedoch weit hinter den Erwartungen zurück. Es konnten nur 119 ausgefüllte Fragebögen in die Auswertung aufgenommen werden, was einem Rücklauf von 19,4 Prozent entspricht. Auf dieser Grundlage sind eigentlich keine repräsentativen Aussagen möglich, doch lassen sich immerhin Tendenzen aufzeigen.

Mögliche Ursache für die geringe Beteiligung sind die allgemeinen Befragungsermüdungen der Mitarbeiter in dem Krankenhaus sowie die Tatsache, dass wenige Monate zuvor eine umfangreiche Befragung im Rahmen des Qualitätsmanagements durchgeführt wurde.[6] Darüber hinaus ist anhand der Auswertung der Ergebnisse ebenfalls abzulesen, dass die Mitarbeiter überwiegend der Meinung sind, seit der letzten Mitarbeiterbefragung habe sich die Kommunikation im Haus nicht verbessert und dass allgemein bemängelt wurde, dass die Ergebnisse dieser Befragungen den Mitarbeitern nicht zugänglich gemacht werden. Dies trägt natürlich nicht zur Teilnahmebereitschaft bei weiteren Befragungen bei.

---

5 Der Fragebogen wurde Anfang 2006 der Gehaltsabrechnung angeheftet mit der Bitte, ihn drei Wochen später ausgefüllt in einen bereit stehenden Karton in der Cafeteria oder in das Postfach Öffentlichkeitsarbeit zu werfen. Es wurde deutlich kenntlich gemacht, dass die Auswertung durch eine wissenschaftliche Einrichtung erfolgt sowie die Kontaktdaten der Autorin für Nachfragen angegeben.
6 Diese Befragung war ein Grund dafür, warum die vorliegende Untersuchung zeitlich nach hinten verlegt werden musste, was auch den Abstand von der Durchführung der Leitfadengespräche bis zur Abgabe des Ergebnisberichts erklärt.

Trotz des geringen Rücklaufs wurde nicht versucht, diesen durch eine Nachfassaktion zu erhöhen, da die Chancen aufgrund der genannten Umstände gering erschienen. Denkbar und auch wünschenswert wäre es gewesen, das Forschungsdesign von Beginn an zu erweitern, so etwa um die Durchführung von Fokus-Gruppen-Gesprächen oder um Einzelinterviews mit Abteilungsleitern, also Ärzten in leitender Position und leitenden Mitarbeitern der anderen Berufsgruppen. Hierzu wurde jedoch der Zugang seitens der Klinik nicht ermöglicht.

Im Folgenden werden die wichtigsten Ergebnisse dargestellt und abschließend Ratschläge für eine zukünftige strategische Planungshilfe hinsichtlich der Intranetgestaltung in dem Krankenhaus gegeben.

3. Ergebnisse

3.1 Ergebnisse der Leitfadengespräche

3.1.1 Verständnis von (interner) Öffentlichkeitsarbeit

In den Leitfadengesprächen ist deutlich geworden, dass von Seiten der Geschäftsführung kein eindeutiges Verständnis der internen Kommunikation vorliegt. Das "Projekt Intranet" wurde beispielsweise aufgrund der Eigeninitiative der EDV-Verantwortlichen im Jahre 2000 gestartet und erfolgte zunächst ohne Einbindung der Geschäftsleitung. Dass ein Jahr später Seiten für die Pflege produziert wurden, ist wiederum einem Pfleger zu verdanken, der sich darum bemühte, dass für die Pflege relevante Seiten ebenfalls eingestellt werden.

3.1.2 Ausrichtung kommunikativer Ziele an der Organisationsstrategie

Welchen Aufgabenbereich die Presse-/Öffentlichkeitsarbeit bezüglich der internen Kommunikation genau verantwortet, ist ausgesprochen, aber nicht schriftlich festgelegt. Grundsätzlich ist der Öffentlichkeitsarbeiter bei wichtigen Organisationsentscheidungen nicht an den Sitzungen beteiligt, nur dann, wenn sie konkret seinen Bereich betreffen.

Bezüglich des Intraneteinsatzes gibt es keine Zielvorgaben von oben. Wenngleich das Intranet in dem Krankenhaus seit sechs Jahren existiert, wird gesagt, dass das alles noch im Werden begriffen sei und man sich über Ziele erst verständigen müsse. Das habe noch nicht stattgefunden. Daher überrascht es kaum, dass – als ein erstes zentrales Ergebnis – vielen Mitarbeitern gar nicht bekannt ist, wer für das Intranet zuständig ist. Erstaunlicherweise wissen das im Detail aber auch weder die Intranetverantwortlichen selbst noch die Geschäftsführung. Es wurde mehrfach geäußert, dass der Kreis der Verantwortlichen präzise ausgewiesen werden müsste, da hier Unklarheiten bestehen und die Pflege des Intranets momentan überwiegend „zwischen Tür und Angel" geleistet werde. Dass das Interesse der Mitarbeiter an dem Intranet größer geworden sei, wird vermutet. Die Vermutung wurde zum Teil durch spontane und sporadische Gespräche bestätigt oder aber anhand der allgemeinen Zugriffszahlen gedeutet, es hat allerdings keine richtige Messung stattgefunden. Es finden für die einzelnen Arbeitsbereiche keine Treffen statt, bei denen Verbesserungsvorschläge hinsichtlich der Inhalte und ihrer Aufbereitung gemacht werden.

3.1.3 Bewertung des Intraneteinsatzes und zukünftige Erwartungen

Das Intranet ist im Moment eher ein Zusatzmedium mit relativ wenig exklusiven Leistungen. So gibt es etwa für bestimmte tägliche Arbeiten Informationen im Intranet und in Ordnern auf den Stationen. Nur in den Ordnerdokumenten kann (und muss) gegengezeichnet werden, wenn man sie gelesen hat. Im Intranet sind in der Regel nicht alle Dokumente für die tägliche Arbeit, sondern nur eine Auswahl davon, so fehlen beispielsweise Checklisten und Formblätter aus dem Bereich Qualitätsmanagement. Im Intranet finden sich nur die Verfahrens- und Arbeitshinweise. Es findet keine bereichsübergreifende Koordination der Einstellung der Inhalte statt. Absprachen werden zum Teil als unnötig empfunden – Grund ist wohl, dass eben niemand offiziell für deren Koordinierung und Moderation zuständig ist. Auch fehlt bislang ein Corporate Design für die Intranetseiten.

Grundsätzlich sollen die Informationen helfen, Zeit zu sparen und Arbeiten effizienter zu gestalten. So müssen bestimmte Arbeitsabläufe nicht jedem neu erklärt, sondern können im Intranet nachgelesen werden. Das heißt, die Informationen im Intranet ermöglichen eine gegenseitige Arbeitserleichterung und einen gemeinsamen Kenntnisstand. Allerdings finden sich im Intranet immer wieder seit Jahren veraltete Informationen, die nicht aktualisiert wurden, wenngleich es auf den Stationen Ordner mit den aktuellen Dokumenten gibt. Dies wiederum sorgt eher für Irritationen, Verwirrung und Frustration und führt letztlich nicht dazu, dass die Arbeitsabläufe effizienter und effektiver erledigt werden können. Vielmehr wird dadurch ein Mehraufwand für die Informationsbeschaffung verursacht.

Es scheint schwierig vorstellbar, dass das Intranet das einzige Medium wird, wohl aber, dass es zum Hauptmedium werden könnte. Dabei soll auf ein mehrfach geäußertes Problem gesondert hingewiesen werden: es scheint zurzeit vielen Mitarbeitern an Vertrauen zu fehlen, um das Intranet von sich aus als Kommunikationstool und nicht allein zwecks Informationssuche zu nutzen. So wird das Vorschlagswesen auch deshalb nicht genutzt, da man Sorge hat, man könnte alles irgendwie negativ auslegen und dann möglicherweise Ärger kriegen. Ohne dass diese Aussage auf quantitativen Messungen beruht, hat sie Gewicht. Da mangelndes Vertrauen mehrfach geäußert wurde, sollte dies als Alarmsignal gewertet werden. Es gilt, zukünftig vertrauensfördernde Maßnahmen einzusetzen.

3.2 Ergebnisse der standardisierten Mitarbeiterbefragung

Insgesamt wurden 119 Fragebögen in die Auswertung einbezogen. Diese verteilen sich wie folgt auf die Mitarbeiter- und Altersgruppen in dem Krankenhaus:

Beantwortete Fragebögen von ...	N
... Pflegedienst	58
...Verwaltung, Wirtschaftsbereich	24
... Sozialdienst, Funktionsdienst	14
... Ärztlicher Dienst	9
... Med.-technischer oder physikalisch-therapeutischer Bereich	8
Keine Angabe	6
Summe	119

Tab. 1: Beantwortete Fragebögen nach Mitarbeitergruppen

Alter in Jahren	Anzahl
> 20	2
20-40	71
41-50	34
51-60	4
< 60	2
Keine Angabe	6
Summe	113

Tab. 2: Verteilung der Befragten nach Altersgruppen

Es haben 109 der 119 Befragten Angaben zu ihrem Geschlecht gemacht: 65 sind Frauen, 44 Männer. Es lassen sich demnach am ehesten Aussagen über die beiden Mitarbeitergruppen Pflegedienst und Verwaltung/Wirtschaftsbereich treffen. Dass mehr Frauen geantwortet haben liegt vermutlich daran, dass in der Mitarbeitergruppe Pflege mehr Frauen als Männer tätig sind. Zwischen den Antworten der Frauen und denen der Männer sind keine nennenswerten Unterschiede festzustellen, so dass hier auf eine Darstellung der Geschlechterunterschiede verzichtet wird.

3.2.1 Informationswege

Als Informationsquelle dient den Mitarbeitern im Mittel folgende Reihenfolge:
1. Kollegen
2. Intranet
3. Vorgesetzte
4. Mitarbeiterzeitung
5. hausinternes Informationsblatt
6. Massenmedien (Zeitung, Radio, TV)
7. Informationsveranstaltungen und
8. Internet.

Mehr als die Hälfte aller Befragten (67 Befragte oder 56,3%) nutzt das Intranet sehr häufig oder häufig, immerhin neun Befragte (7,6%) nutzen das Intranet nach eigenen Angaben nie, sieben Befragte (5,9%) so gut wie nie.

Das Intranet ist demnach das am häufigsten genutzte Medium der internen Kommunikation dieses Hauses – wenn man nach der oben gebrauchten Definition interpersonale Kommunikation zwischen Kollegen und Vorgesetzten und Mitarbeitern außer Acht lässt. Das heißt, dass hier ein erhebliches Potential besteht, interne Kommunikation zu gestalten und zu steuern.

3.2.2 Zufriedenheit mit der Information und Kommunikation in der Klinik

Auf einer Schulnotenskala (1 = sehr zufrieden, 6 = gar nicht zufrieden) beurteilen die Mitarbeiter ihre Zufriedenheit mit der Information und Kommunikation über ihren eigenen Arbeitsbereich mit dem Wert 2,58 deutlich besser als ihre Zufriedenheit mit der Information und Kommunikation über die Klinikziele und die wirtschaftliche Lage (3,92), die Geschehnisse innerhalb der Klinik (3,67) sowie andere Arbeitsbereiche (3,23). Auffällig ist, dass die Pflege insgesamt – und zum Teil deutlich – zufriedener ist als die Angehörigen der Verwaltung bzw.

des Wirtschaftsbereichs. Insgesamt sind die Bewertungen allerdings allesamt nicht gut, obschon berücksichtigt werden muss, dass geeignete Vergleichszahlen fehlen. So ist nicht zu erkennen, wie das Krankenhaus im Vergleich zu anderen Krankenhäusern (derselben Größenordnung) dasteht. Auch ist nicht bekannt, wie die Werte vor einem oder vor fünf Jahren waren, ob hier also eine Verbesserung oder eine Verschlechterung zu verzeichnen ist.

Anders ausgedrückt: 57 Befragte sind mit der Information und Kommunikation über ihren eigenen Arbeitsbereich sehr zufrieden (16%) oder zufrieden (31,9%), 19 Befragte sind hiermit kaum zufrieden (7,6%) bzw. gar nicht zufrieden (8,4%). Hingegen sind nur 13 Befragte mit der Information und Kommunikation über die Klinikziele und wirtschaftliche Lage sehr zufrieden (1,7%) bzw. zufrieden (9,2%), aber 53 Befragte kaum zufrieden (25,2%) bzw. gar nicht zufrieden (19,3%).

Danach gefragt, ob Information und Kommunikation in der Klinik seit den letzten Mitarbeiterbefragungen besser funktionieren, weiß fast die Hälfte (54 Befragte) keine Antwort. 55 Befragte verneinen eine Verbesserung, nur zehn bejahen sie. Angesichts der geringen subjektiven Empfindung einer Verbesserung sowie der insgesamt nicht guten Bewertung sind die Antworten eher bedenklich. Offen gefragt danach, worüber die Mitarbeiter gerne besser Bescheid wüssten wird deutlich, dass besonders dringende Anliegen umfassendere Informationen a) zu der wirtschaftlichen Lage des Krankenhauses, b) der Organisationspolitik und den Zielen der Geschäftsleitung, c) der Personalpolitik und -entwicklung sowie d) aktueller und geplanter Baumaßnahmen und ihren Auswirkungen auf den Arbeitsalltag sind (vgl. Tab. 3).

Bei den Einzelantworten ist hervorzuheben, dass diese in der schriftlichen, anonymen Befragung geäußert wurden, jedoch offenbar nicht in das Vorschlagswesen im Intranet eingebracht worden sind. Wiederholt stellt sich bezüglich dieses Tools also die Frage nach der Geeignetheit bzw. wird das Problem des mangelnden Vertrauens aufgeworfen.

Informationsbedarf	N
Wirtschaftliche Lage	28
Firmenpolitik, Klinikziele, Entscheidungen der Geschäftsführung	20
Personalpolitik, Personalentwicklung	15
Interne Ereignisse, Bereichsänderungen (z.B. Belegabteilungen)	14
Baumaßnahmen (Zeitplan, betroffene Abteilungen)	11
Klinikauslastung, OP-Zahlen	3
Arbeitsregelungen, Mitarbeiterrechte	3
Fortbildungen	1
Weiterer Verlauf Qualitätsmanagement	1
Warum erscheint Mitarbeiterzeitung nicht häufiger?	1
Warum stellt die Klinik keine Arbeitskleidung?	1

Tab. 3: Ungestützte Abfrage, worüber die Befragten gerne besser Bescheid wüssten

3.2.3 Häufigkeit der Intranetnutzung

Die Antworten hinsichtlich der Nutzungshäufigkeit des Intranets bestätigen nochmals die weiter oben aufgezeigte hohe Bedeutung: 84 Befragte nutzen das Intranet mindestens mehrmals wöchentlich, davon 34 (28,6%) mehrmals täglich, 22 (18,5%) täglich und 28 (23,5%) mehrmals wöchentlich. Demgegenüber stehen 18 Befragte (15,1%), die das Intranet selten (10,9%) oder nie (4,2%) nutzen. Zwar ist nicht für *alle* Mitarbeiter das Intranet das wichtigste interne Kommunikationsmedium, doch insgesamt können rund 85 Prozent der Mitarbeiter über das Intranet erreicht werden. Es kann davon ausgegangen werden, dass die übrigen Mitarbeiter zumindest überwiegend über Mundpropaganda Kenntnis von den bereit gestellten Inhalten erhalten, schließlich wurden Kollegen als Informationsquelle Nummer Eins genannt.

3.2.4 Bewertung von ausgewählten Eigenschaften des Intranets in der Klinik

Die Breite der Antworten lässt darauf schließen, dass die Eigenschaften jeweils nach Bereichen bzw. nach Nutzergruppen stärker variieren. Positiv ist anzumerken, dass die meisten Befragten jederzeit Zugang zum Intranet haben. Die Inhalte werden überwiegend als informativ eingeschätzt und die Nutzer fühlen sich Dank des Lesens besser informiert. Allerdings ist so gut wie keine Bereitschaft vorhanden, auch für andere interessante Inhalte einstellen zu lassen. Zudem fördert das Intranet nach Ansicht der Befragten nicht den Austausch mit der Klinikleitung oder mit Vorgesetzten.

Informationsgehalt der Intranetinhalte
Weniger als fünf Prozent der Befragten halten das Intranet der Klinik für nicht informativ. Mehr als zwei Drittel sind der Meinung, es treffe zu bzw. es treffe etwas zu, dass die Inhalte im Intranet informativ sind. Und sogar sehr zutreffend bewerten diese Eigenschaft neun Befragte (7,6%). Insgesamt ist die Bewertung in dieser Kategorie von den Angehörigen der Mitarbeitergruppe Pflege etwas besser als von der Gruppe der Angehörigen Verwaltung/Wirtschaftsbereich. Diese Angabe erstaunt vor dem Hintergrund der gegenteiligen Informationen aus den Leitfadengesprächen.

Aktualität und Übersichtlichkeit
Fast ein Drittel der Befragten sagt, es treffe sehr zu bzw. zu, dass die Inhalte des Intranets aktuell sind. Etwas mehr als die Hälfte urteilt, es treffe etwas zu bzw. es treffe zu. Für die Übersichtlichkeit sind die Werte ähnlich mit einer insgesamt etwas schlechteren Tendenz. Die Gruppe Pflege hält die Inhalte für deutlich weniger aktuell als die Gruppe Verwaltung/Wirtschaftsbereich: Mehr als ein Drittel der Befragten aus dieser Gruppe ist der Meinung, dass die Inhalte aktuell sind, hingegen sind es bei der Pflege nur 8,6 Prozent. Dass dies kaum zutrifft, meinen 27,6 Prozent der Angehörigen der Pflege, aber nur 4,2 Prozent der Angehörigen der Gruppe Verwaltung/Wirtschaftsbereich. Hinsichtlich der Übersichtlichkeit schneidet die Frage insgesamt bei der Mitarbeitergruppe Pflege etwas besser ab. Da verschiedene Menschen für die Bereitstellung und Pflege der Inhalte verantwortlich sind, ist davon auszugehen, dass hier unterschiedlich gute Arbeit geleistet wird. Es ist jedoch unbedingt zu betonen, dass seitens der Geschäftsführung diese „Verantwortlichkeiten" nicht festgelegt wurden und niemand gruppenübergreifend diese Aufgabe kontrolliert. Letztlich ist die Existenz an sich schon dem freiwilligen Engagement einzelner Mitarbeiter zu verdanken.

Dialogförderung durch das Intranet?
In Bezug auf den kommunikativen Austausch mit anderen Bereichen ist knapp die Hälfte der Befragten der Meinung, dass das Intranet den Dialog nicht fördere. Fast zwei Drittel der Befragten gibt an, dass das Intranet nicht den Austausch im eigenen Arbeitsbereich fördere, sehr gute und gute Bewertungen werden bei beiden Fragen kaum vergeben. Die Werte verschlechtern sich insgesamt nochmals

hinsichtlich der Förderung des Austauschs mit Vorgesetzten um ihrem Tiefpunkt zu erreichen, wo nach dem Austausch mit der Klinikleitung gefragt wird.

	N	Prozent
Weiß nicht	20	16,8
Trifft sehr zu	2	1,7
Trifft zu	3	2,5
Trifft etwas zu	10	8,4
Trifft weniger zu	12	10,1
Trifft kaum zu	27	22,7
Trifft gar nicht zu	45	37,8
Summe	119	100%

Tab. 4: Fördert das Intranet den Austausch mit der Krankenhausleitung?

Nutzung wichtig für eigene Arbeit?
Während 48 Befragte (40,3%) die Nutzung der Intranets sehr wichtig oder wichtig für die eigene Arbeit finden, trifft dies für 37 Befragte nur etwas bzw. weniger zu (18,5% bzw. 12,6%) und etwas mehr als ein Fünftel ist der Meinung, dies treffe kaum zu (13,4%) bzw. gar nicht zu (9,2%). Diese Frage schneidet bei den Mitarbeitern aus der Gruppe Pflege deutlich besser ab als bei den Mitarbeitern der Gruppe Verwaltung/Wirtschaftsbereich.

Rund ein Fünftel würde sehr gerne an einer Schulung über das Intranet der Klinik teilnehmen. Ein weiteres knappes Drittel würde dies gerne bis weniger gerne tun und etwas mehr als ein Drittel kaum oder gar nicht. Von der Gruppe Pflege hat mehr als die Hälfte geantwortet, die Teilnahmebereitschaft an einer Schulung treffe sehr zu, zu oder etwas zu. Bei den Angehörigen aus der Verwaltung sind es hingegen weniger als ein Drittel. An dieser Stelle muss betont werden, dass eine essentielle Voraussetzung der effizienten Nutzung nicht gegeben ist: zu viele Mitarbeiter sind ungeübt mit dem Intranet und daher wahrscheinlich nicht ausreichend in der Lage, alle relevanten Informationen für sich abzurufen.

3.2.5 Nutzung einzelner Intranetangebote

Auf dem ersten Platz steht die Nutzung einer alltäglichen Arbeitserleichterung, und zwar die des Reparaturauftrags. Mehr als zwei Drittel der Befragten nutzen diesen Bereich besonders häufig. An zweiter Stelle steht bei knapp 40 Prozent der Befragten das Anschauen des OP-Plans, gefolgt von der Nutzung des Bereichs

Qualitätsmanagement (37,8%). Dies dürfte eigentlich erfreulich sein, kann hierüber Arbeitszeit eingespart werden, die OP-Nutzung in der Auslastung optimiert werden sowie wichtige Informationen zum Qualitätsmanagement distribuiert werden.

Immer noch weit vorn liegen bei den Befragten die Ansicht des Speiseplans (35,3%), die Nutzung von E-Mails (32,8%) und das Telefonverzeichnis (27,7%). Während die Speiseplanübersicht auf den ersten Blick als einfacher Service verstanden werden könnte, wäre diese Annahme verkürzt: Früher hat ein Mitarbeiter die Speisepläne in ausreichender Anzahl für alle Abteilungen kopiert und ausgelegt, jetzt ist er per Mausklick schnell abrufbar.

Überraschend ist – und das wird wohl eher passiv gemeint sein – dass fast ein Drittel (31,1%) der Befragten angeben, die Rubrik Vorschläge/Kritik zu nutzen. Zehn Prozent der Befragten haben angegeben, dass sie das Vorschlagswesen nicht kennen würden, knapp zwei Drittel haben bislang keinen Vorschlag dort platziert, mehr als ein Viertel hat dies nach eigenen Angaben jedoch bereits ein Mal (15 Befragte oder 12,6%) bzw. mehrmals (14 Befragte bzw. 11,8%) getan. Gefragt nach dem Grund, warum sie keinen Vorschlag einbringen, wenn sie es bislang noch nicht getan haben, erhält man einen relativ breiten Fächer an Antworten: begonnen bei der eigentlich erfreulichen Antwort, dass es dazu bislang keinen Anlass gegeben habe oder man darüber nicht nachgedacht habe über die Antwort des Zeitmangels bis zum Hinweis darauf, dass das nicht das richtige Instrument sei oder aber dass das Vertrauen fehle, sind alle Optionen vorhanden.

Gar nicht genutzt wird der Bereich Erste Hilfe. Mehrere Bereiche werden nur bis zu fünf Prozent häufig genutzt, dazu gehören u.a. Arbeitssicherheit, Betriebsärztlicher Dienst und EDV-Info. Bei der Auswertung wurden manche Titel nicht weiter berücksichtigt, so etwa Medizin-Controlling. Dieser ist gedacht für die Angehörigen des ärztlichen Dienstes. Da jedoch nur neun Personen aus dieser Gruppe den Fragebogen beantwortet haben, ist eine Aussage zur tatsächlichen Nutzung unmöglich.

Etwas mehr als ein Fünftel nutzen die Apotheken-Nachbestellung sowie die Möglichkeit der Schadensmeldung (beide 21,8%). Die Rubriken Betten-Belegungsstatistik und Hygiene werden noch etwas häufiger genutzt (beide 18,5%) als die Öffentlichkeitsarbeit (16,8%). Während von der Gruppe Pflege nur 10,3% der Befragten den Bereich Öffentlichkeitsarbeit nutzen, sind es von der Gruppe Verwaltung/Wirtschaft 33,3%. Dass im besten Fall ein Drittel überhaupt nach der Öffentlichkeitsarbeit schauen zeigt deutlich, dass hier nicht mit relevanten Informationen gerechnet wird. Dass ausgerechnet die Mitglieder der Gruppe Verwaltung/Wirtschaft diesen Bereich häufiger betrachtet, liegt vermutlich an der räumlichen Nähe: beide sind nicht nur in einem Gebäude, sondern auch in einer Etage untergebracht, während die Gruppe der Ärzte und Pflege am ehesten keinen persönlichen Kontakt zur Öffentlichkeitsarbeit hat. Auf diese Art scheint es erschwert zu sein, dass der Öffentlichkeitsarbeiter eine stärkere Rolle im Rahmen der Moderation und Koordination der Intranetinhalte übernimmt.

3.2.6 Verbesserungsvorschläge von den Befragten

Hinsichtlich der ungestützten Abfrage nach Verbesserungsvorschlägen seitens der Befragten ist zunächst hervorzuheben, dass sich fast zwei Drittel der Befragten bei Fragen, Ideen und Kritik in Bezug auf das Intranet an einen festen Ansprechpartner wenden würden bzw. wenden – ein Drittel hingegen nicht, überwiegend aus dem Grund, weil sie gar nicht wissen, wer zuständig ist. Das heißt, es ist zukünftig erforderlich, Zuständigkeiten klar festzulegen und transparent auszuweisen, etwa durch Auflistung im Impressum des Intranets sowie zusätzlich durch eine (Neu)-Vorstellung der verantwortlichen Personen in der Mitarbeiterzeitung und im Informationsblatt.

Wenngleich bei der Frage, „Fällt Ihnen ein Thema oder eine Funktion ein, das/die Sie zukünftig gerne im Intranet aufgenommen sehen würden?" viele Vorschläge nur einmalig genannt wurden, sollen Sie wiedergegeben werden. Die Übersicht kann dazu anregen, über Verbesserungsmaßnahmen nachzudenken und diese in Abstimmung mit den übergeordneten Klinikzielen festzulegen sowie in geeigneter Art und Weise in den Intranetauftritt zu integrieren:

Struktur überarbeiten, Übersichtlichkeit verbessern = einheitliches Layout
Inhalte häufiger aktualisieren
Signaleinstellung für wichtige, aktuelle Nachrichten einrichten
Zuständigkeiten festlegen und Ansprechpartner nennen
Neuigkeiten aus dem Gesundheitswesen einstellen, Zugang zu medizinischen/pflegerischen Datenbanken schaffen
Ergebnisse der Patientenbefragung darstellen, Informationen über die Erkenntnisse der Intranet-Analyse und Umsetzungsmaßnahmen
Urlaubsanträge über das Intranet abwickeln
Rechtzeitige Anmeldemöglichkeiten für Fortbildungen schaffen
Apothekenbestellungen komplett ermöglichen
Magazinbestellungen komplett ermöglichen
Krankheitsbilder darstellen
Protokolle von Besprechungen einstellen
Arbeitsschutzinformationen umfassender einstellen
Tarif- und Vertragsbestimmungen aufzeigen
Informationen der Betriebsleitung einstellen
Ein Diskussionsforum einrichten
Offene Stellen einstellen
Ein Schwarzes Brett einrichten (auch für Kleinanzeigen)
Fotos aller Mitarbeiter ins Intranet stellen, insbesondere Ansprechpartner einzelner Bereiche, z.B. der Chefärzte, neue Mitarbeiter im Intranet vorstellen
Unabhängig vom Intranet: die Mitarbeiterzeitung und das Informationsblatt sollten häufiger herausgeben und mehr Informationsveranstaltungen angeboten werden

Tab. 5: Themen- oder Funktionsideen für die Zukunft

Zusätzlich angemerkt wurde, dass das Intranet zwar sehr häufig genutzt werde, dass dies aber wenig effektiv sei. Mehrfach geäußert wurde auch, dass Vorgesetzte und Kollegen zu wenig Zeit für Fragen und Antworten hätten – eine Feststellung, die auch in den Leitfadengesprächen zum Ausdruck gebracht wurde. Gerade hier könnte das Intranet die Mitarbeiter mit ihren Fragen auffangen. Doch haben die Befragten ebenfalls angegeben, in ihrer Arbeitszeit nicht ausreichend Zeit zu haben, mit dem Intranet zu arbeiten. Es ist darüber hinaus sehr deutlich geworden, dass eine ansprechende Oberfläche die Nutzung erhöhen würde (vgl. hierzu auch Hoffmann/Lang 2006, 24; 33ff.). Der Einfluss des Erscheinungsbildes auf die Nutzung war in den Leitfadengesprächen zum Teil als dringend notwendig, zum Teil als „Sahnehäubchen" bezeichnet worden. Es hat sich bei der Befragung gezeigt, dass dies von den Mitarbeitenden deutlich gewünscht wird.

4. Fazit und Handlungsempfehlungen

Es ist zu konstatieren, dass das Intranet in dem Krankenhaus eine „Initiative von unten" ist. Es ist zwar erfreulich, dass sich einzelne Mitarbeiter stark engagieren, doch braucht es für ein wirklich funktionsfähiges Intranet eine strategische Positionierung und einen Projektplan. Derzeit ist das Intranet als Wildwuchs zu bezeichnen. Der konkrete Nutzen für die Klinik ist nicht deutlich zu erkennen. Verantwortlichkeiten sind nicht für alle Bereiche explizit festgelegt worden; dies betrifft insbesondere die Zuständigkeit für die fortlaufende Aktualisierung. Es müsste einen Relaunch basierend auf den vorliegenden Erkenntnissen, bereichert durch weitere Erhebungen und Abstimmungen (hier ist insbesondere zu nennen, dass die Bedürfnisse der Ärzte einbezogen werden sollten) geben. Für den Relaunch sollte ein Konzept entwickelt werden, in dem die genauen Ziele und Zielgruppen des Intranets von der Geschäftsleitung klar ausgewiesen werden. In dem Konzept muss vor allem die Projektorganisation (Personen, Zuständigkeiten, Berichtswesen, Evaluation) kenntlich gemacht werden.

Die Intranetakzeptanz seitens der Mitarbeiter ist insgesamt als hoch zu bezeichnen. Trotz mangelnder Aktualität wird das Intranet rege genutzt. Äußerst negativ ist, dass der Intraneteinsatz von der Geschäftsführung nicht aktiver erfolgt. Dies würde jedoch voraussetzen, dass man sich dort überhaupt mit der internen Kommunikation intensiver auseinander setzen würde. Es zeigt sich, dass die Führungskräfte – hier die Geschäftsführung – tatsächlich einen maßgeblichen Einfluss auf die Kommunikation haben (vgl. These 2). Bislang hat sich der Einfluss jedoch derart gestaltet, dass er am ehesten als Nicht-Wahrnehmung und Nicht-Bearbeitung bezeichnet werden muss. Die Verbesserung dieses Zustandes wäre wünschenswert, damit das Intranet einen höheren Beitrag zu arbeitsrelevanten Abläufen leistete. Hierzu müsste im Sinne eines Kommunikationsmanagements eine Formulierung von Kommunikationszielen orientiert an den Organisationszielen des Krankenhauses erfolgen. Bislang kann kein zufrieden stellender Nachweis hinsichtlich der Nützlichkeit des Intranets erbracht werden. Das Intranet scheint für die Mitarbeiter informativ, aber nicht unbedingt relevant für ihre Arbeit zu sein.

Die aktuelle Nutzung der einzelnen Bereiche deutet einerseits darauf hin, dass das Intranet durchaus bereits einen Beitrag zur Zeitersparnis leistet, indem etwa Reparaturaufträge hierüber abgewickelt oder OP-Pläne schnell abgerufen werden können. Andererseits gibt es Bereiche, die gar nicht oder nur äußerst gering genutzt werden. Hier sollte entschieden werden, ob auf diese Inhalte verzichtet werden kann oder ob ihre Nutzung stärker beworben werden muss.

Gerade hinsichtlich der Nutzung des Bereichs Öffentlichkeitsarbeit stellt sich die Frage, wie vielen Mitarbeitern überhaupt bekannt ist, dass die Position des Öffentlichkeitsarbeiters in der Klinik existiert und wofür der Öffentlichkeitsarbeiter insbesondere hinsichtlich der internen Kommunikation sowie des Intranets verantwortlich ist. Hierüber müsste mindestens einmalig gesondert informiert werden, am besten einmal quer durch alle internen Kommunikationsmedien.

Derzeit kann fast keiner der eingangs aufgeführten Vorteile des Intranets (aktuell, interaktiv, vernetzend, multifunktional, zeitunabhängig nutzbar, Daten jederzeit abrufbar) verzeichnet werden: die Inhalte sind nicht ausreichend aktuell. Dies ist wiederholt geäußert worden, wenngleich hier offensichtlich Unterschiede je nach Inhalt für die einzelnen Mitarbeitergruppen (Pflege – Verwaltung/Wirtschaftsbereich) bestehen. Interaktiv ist die Nutzung ebenfalls nicht, dafür stehen keine entsprechenden Tools bereit: Es besteht auch außer dem Vorschlagswesen keine Möglichkeit, mit Kollegen oder Vorgesetzten in Kontakt zu kommen, so dass das Intranet nicht vernetzend wirkt. Multifunktional ist das Intranet schon, nur ist unklar, ob hierbei eine Übereinstimmung zwischen den Klinikzielen, Zielen der Mitarbeiter und gebotenen Eigenschaften bestehen, da diesbezüglich bislang keine Abstimmung erfolgt ist. Zeitunabhängig nutzbar ist das Intranet, wenngleich an einzelnen Stellen kein PC-Zugang möglich ist und die Arbeitszeit auch nicht jederzeit die Intranetnutzung erlaubt. Gravierend ist, dass Daten eben nicht jederzeit abrufbar sind, da viele relevante Daten nicht im Intranet zu finden sind und darüber hinaus nicht transparent ist, welche Informationen als zusätzliche Hilfe im Intranet stehen, aber vollständig nach wie vor in Ordnern auf den Stationen gesichtet werden müssen und welche Informationen exklusiv im Intranet stehen und zu welchem Zeitpunkt sie hier jeweils von wem eingespeist werden.

Die oben aufgeführten Nachteile – eingeschränkte Nutzbarkeit, unattraktives Erscheinungsbild und Datenflut – treffen hingegen alle zu und sollten behoben werden.

Zur Optimierung des Intraneteinsatzes ist es erforderlich, dass ein Projektmanagement eingesetzt wird. Der PR-Verantwortliche muss deutlich sichtbarer die Koordination, Moderation und Kontrolle übernehmen, wobei dies von der Geschäftsführung ausdrücklich erwünscht sein sollte. Es ist ersichtlich, dass die Inhalte von unterschiedlichen Mitarbeitergruppen bereitgestellt werden müssen, die die Themen besonders gut beherrschen. Jedoch müssen die Inhalte besser aufbereitet und aktualisiert werden. Damit das Intranet tatsächlich einen Beitrag zum Erreichen der Organisationsziele leistet, muss das Projektmanagement sich regelmäßig (etwa viertel- bis halbjährlich) treffen und absprechen sowie an die Geschäftsführung berichten, um von hier eventuell neue Vorgaben zu erhalten oder Vorschläge mit den Organisationszielen abgestimmt umzusetzen.

Bislang ist keine regelmäßige und systematische Evaluation der Kommunikation erfolgt. Dies sollte zukünftiger integraler Bestandteil der Öffentlichkeitsarbeit werden. Insgesamt ist zu überprüfen, was intern geleistet werden kann und welche Aufgaben von externen Dienstleistern übernommen werden müssen. Dies ist schriftlich mit entsprechendem Budget festzulegen.

Schließlich sollte den Mitarbeitern nach dem Relaunch eine Schulung zur Nutzung des Intranets angeboten werden. Es ist zu überlegen, ob nicht auch die Pressemitteilungen im Intranet eingestellt werden können. Zudem sollte ein Konzept und eine Struktur zur Dokumentenverwaltung erstellt werden. Besonders bedeutend ist es jedoch, die Interessen der internen Kommunikation und der Klinikleitung transparent zu machen. Zudem sollte klar geworden sein, dass Informationen und Wissen in der Klinik benötigt werden und sich über das Intranet bereitstellen lassen. Der erfolgreiche Einsatz hilft, Arbeitszeit zu sparen und die Arbeitsqualität zu verbessern. Es war indes nicht möglich dezidiert auszuweisen, welche Defizite bezüglich der Intranetnutzung und Zufriedenheit mit ihren Inhalten bei allen unterschiedlichen Mitarbeitergruppen bestehen. Hier ist also weitere Arbeit notwendig.

Insgesamt dürfte das Ergebnis typisch sowohl für den Intraneteinsatz vieler Organisationstypen als auch gesondert in Krankenhäusern sein. Dies liegt zum einen daran, dass die interne Kommunikation zugunsten der externen Organisationsrepräsentation über lange Zeit stark vernachlässigt wurde. In Krankenhäusern ist bis heute die Position eines Öffentlichkeitsarbeiters keine Selbstverständlichkeit, so dass es häufig überhaupt an einer für externe und interne Kommunikation zuständigen Person fehlt. Nicht zuletzt die derzeitige wirtschaftliche Lage und Gesamtveränderungsprozesse im Gesundheitswesen deuten allerdings darauf hin, dass das Kommunikationsmanagement von Krankenhäusern zukünftig mindestens in der Praxis von hoher Bedeutung sein wird. An der Schnittstelle zwischen Betriebswirtschaftslehre und Kommunikationswissenschaft ist davon auszugehen, dass ebenso Forschungsaktivitäten betrieben werden. Hier wäre es wünschenswert, in den kommenden Jahren vor allem an dem Thema Wertschöpfung durch interne Kommunikation unter besonderer Berücksichtigung des inselförmigen Informationsaustausches im Krankenhaus sowie an dem Thema Vertrauen als festigender Faktor der internen Kommunikation zu arbeiten.

Literatur

Armbecht, Wolfgang (1992). *Innerbetriebliche Public Relations. Grundlagen eines situativen Gestaltungskonzeptes.* Opladen: Westdeutscher Verlag.

Berling, Stephanie (2006). *Kliniken in NRW am meisten unter Druck.* [Online-Dokument:] URL http://www.wdr.de/themen/wirtschaft/arbeit_und_tarifwesen/komm_kliniken/interview.html

Bruckschen, Andreas (2005). *Organisationskommunikation mit dem Intranet.* Rostock, Univ., Diss.

Buscher, Frederik (2005). *Bericht zur Lage der Krankenhäuser in Deutschland bei der Einführung der Fallpauschalen. Ergebnis einer Länderumfrage bei den Trägern der Krankenhäuser im Juli/August 2004.* In: *Das Krankenhaus,* 3/2005, 181-185.

Crozier, Michel & Erhard Friedberg (1979). *Macht und Organisation. Die Zwänge kollektiven Handelns.* Königstein/Ts: Athenäum Verlag.

Deekeling, Egbert (1999). Das Zusammenspiel der Kommunikationsträger in Change-Prozessen. In: Deekeling, Egbert & Norbert Fiebig (Hrsg.), *Interne Kommunikation: Erfolgsfaktor im corporate change.* Frankfurt am Main; Wiesbaden: Gabler, 17-44.

Hannich, Hans-Joachim (1996). Kommunikation im Krankenhaus. In: Raem, Arnold M. & Peter Schlieper (Hrsg.), *Der Arzt als Manager.* München; Wien; Baltimore: Urban und Schwarzenberg, 223-248.

Hoffmann, Claus & Beatrix Lang (2000). *Das Intranet. Erfolgreiche Mitarbeiterkommunikation.* Konstanz: UVK.

Hoffmann, Claus (2001). *Das Intranet. Ein Medium der Mitarbeiterkommunikation.* Konstanz: UVK.

Jahn, Christian (2006). Mehr Mut zum Messen. In: *prmagazin,* Nr. 4, 34-37.

Kalmus, Michael (1998). *Praxis der internen Kommunikation. Vom Schwarzen Brett zum Intranet.* Essen: Stamm Verlag.

Klöfer, Franz (2003). Mitarbeiterführung durch Kommunikation. In: Klöfer, Franz & Ulrich Nies (Hrsg.), *Erfolgreich durch interne Kommunikation. Mitarbeiter besser informieren, motivieren, aktivieren.* 3. vollständig überarb. Aufl., Neuwied: Luchterhand Verlag, 21-107.

Köhler-Frost, Wilfried (1995). Informationsverarbeitung als strategischer Erfolgsfaktor in der Krankenhauswirtschaft. In: Ders. (Hrsg.), *Unternehmen Krankenhaus. Organisation und Informationsverarbeitung als strategische Erfolgsfaktoren eines marktorientierten Krankenhausmanagements,* Berlin: Erich Schmidt Verlag, 53-60.

Löffelholz, Martin & Klaus-Dieter Altmeppen (2001). *Was kosten Internal Relations? Ein Modell zur Analyse der Wirtschaftlichkeit interner Unternehmenskommunikation.* In: *prmagazin,* Nr. 10, 55-62.

Lütteke, Henner (2003). Krankenhäuser unter Druck – Krisenkommunikation für Krankenhäuser. In: Bentele, Günter & Manfred Piwinger & Gregor Schönborn (Hrsg.), *Kommunikationsmanagement. Strategien, Wissen, Lösungen*. (Loseblattwerk), Neuwied; Kriftel, November 2001ff., (8.03).

Mast, Claudia (2002). *Interne Unternehmenskommunikation als Wettbewerbsfaktor. Ergebnisse aus Umfragen unter DAX-100-Unternehmen und Schlussfolgerungen*. In: prmagazin, Nr. 6, 41-48.

Meier, Philip (2002). *Interne Kommunikation im Unternehmen. Von der Hauszeitung zum Intranet*. Zürich: Orell Füssli.

Sisignano, Annamaria (2001). Kommunikationsmanagement im Krankenhaus: Die Zielgruppen. In: Bentele, Günter & Manfred Piwinger & Gregor Schönborn (Hrsg.), *Kommunikationsmanagement. Strategien, Wissen, Lösungen*. (Loseblattwerk), Neuwied; Kriftel, November 2001ff., (7.03).

Wiedemann, Günther M. (2005). *Viele Kliniken sind bedroht*. In: Kölner Stadt Anzeiger. Abgerufen unter www.ksta.de/html/artikel/1109243503420.shtml
www.kliniknews.de/ausgaben/2006/0055/kliniknews_0055.htm
(Ausgabe Nummer 55 vom 9.1.2006)

Autorinnen und Autoren

Stefan Balázs, M. A., 1968, studierte Publizistik, Politik und Soziologie an der FU Berlin, volontierte im Bereich Medienentwicklung der Medien- und Filmgesellschaft Baden-Württemberg und arbeitet seit 1999 als Referent Interne und Online Kommunikation in der RWE AG, Essen. Zu seinem Arbeitsschwerpunkt Online Kommunikation hat Stefan Balázs auch Lehraufträge der WWU Münster wahrgenommen.

Dietrich Boelter ist geschäftsführender Gesellschafter der Agentur A&B FACE-2NET GmbH. Studium der Kommunikationswissenschaften, Geschichte und Politik an der Freien Universität Berlin. Anschließend Kommunikationsberater in unterschiedlichen PR-, Werbe- und Multimediaagenturen, in 2000 Gründung von A&B FACE2NET. Dietrich Boelter nahm in den letzten Jahren Lehraufträge der FU Berlin an und veröffentlichte verschiedene Fachbeiträge. Im September 2005 publizierte Dietrich Boelter gemeinsam mit Dr. Ansgar Zerfaß das Buch „Die neuen Meinungsmacher. Weblogs als Herausforderung für Kampagnen, Marketing, PR und Medien".

Isabella Buchegger, Dr., zuvor rd. 5 Jahre PR-Beraterin bei Menedetter PR in Wien. Parallel dazu Doktoratsstudium der Kommunikationswissenschaft an der Universität Salzburg. Magisterstudium der Kommunikationswissenschaft an der Universität Salzburg; Schwerpunkt Public Relations. Auslandssemester an der Leeds Metropolitan University. Sie ist Einzelunternehmerin und leitet die Agentur „Dr. Isabella Buchegger public relations & kommunikationsberatung" in Oberösterreich.

Jasmin-Dominique David, geb. 1978, Studentin der Medienwissenschaft, Germanistik und Psychologie der Universität Bonn. Werbekauffrau (IHK), berufsbegleitendes Studium zur Fachwirtin für Public Relations in Köln. Zur Zeit freie PR-Beraterin. Forschungsschwerpunkt: Unternehmenskommunikation (intern/extern).

Hajo Diekmannshenke, Dr. PD, Wiss. Mitarbeiter am Institut für Germanistik der Universität Koblenz-Landau, Campus Koblenz. Forschungsschwerpunkte: Politische Kommunikation, Sprache und Kommunikation in Neuen Medien, Bild-Text-Linguistik.

Mark Eisenegger, Dr., ist Co-Leiter des ‚fög – Forschungsbereichs Öffentlichkeit und Gesellschaft' der Universität Zürich; seit 1995 Lehrbeauftragter für Publizistikwissenschaft und Soziologie (Schwerpunkt: Organisationskommunikation) an den Universitäten Zürich, Fribourg, St. Gallen und Lugano; Vorstand des ‚European Center for Reputation Studies (ECRS)' mit Sitz in München und Zürich; 2006 Lehrstuhlvertretung an der Universität Fribourg; Promotion 2003 mit der Dissertation ‚Reputationskonstitution in der Mediengesellschaft' (erschienen im VS Verlag).

Christiane Funken, Dr., Professorin an der TU Berlin für das Fachgebiet Kommunikations- und Medienforschung sowie Geschlechterforschung. Sie studierte Soziologie, Psychologie, Politische Wissenschaften und Pädagogik in Aachen und Köln. Promotion und Habilitation erfolgten an der RWTH Aachen. Empirische Forschungsprojekte zur Wissenschafts- und Technikforschung, Organisationssoziologie, Kommunikations- und Mediensoziologie sowie Geschlechterforschung.

Reinhold Fuhrberg vertritt seit dem Sommersemester 2004 an der Fachhochschule Osnabrück am Institut für Kommunikationsmanagement die Professur für PR und Kommunikationsmanagement. Nach dem Studium der Publizistik, Germanistik und Volkswirtschaftslehre in Salzburg, Mainz und Berlin seit 1987 wechselnde Tätigkeiten als Kommunikationsberater und -wissenschaftler. U. a. wissenschaftlicher Mitarbeiter am Studienschwerpunkt Öffentlichkeitsarbeit der FU Berlin. Von 1998 bis 2004 Standortleitung bei Ahrens & Behrent Agentur für Kommunikation in Potsdam und Berlin.

Lars Harden, Dr., geb. 1973, ist seit 2003 Geschäftsführer der aserto Kommunikationsanalysen und Beratung GmbH & Co. KG. Er befasst sich für die Kunden von aserto vor allem mit der medialen Präsenz und Positionierung von Personen, Unternehmen und Institutionen sowie der nutzerorientierten Medienoptimierung. Von 1998 bis 2002 war er als wissenschaftlicher Mitarbeiter am Institut für Journalistik und Kommunikationsforschung (IJK) tätig und hat 2002 mit einer Arbeit zum Framing-Ansatz promoviert. Harden hat Lehraufträge an der Hamburg Media School und am IJK.

Diana Ingenhoff, Dr., ist seit dem WS 2005 Professorin für Medien- und Kommunikationsmanagement an der Universität Fribourg (Schweiz). Zuvor leitete sie seit Anfang 2002 das Center for Corporate Communication am Institut für Medien- und Kommunikationsmanagement der HSG Universität St. Gallen. In dieser Zeit promovierte sie mit einer Studie zu Issues Management in europäischen Grossunternehmen. Diana Ingenhoff hat Kommunikationswissenschaft, BWL und Psychologie an den Universitäten Essen (D), Granada (E) und St. Gallen (CH) studiert und ist ausgebildete Bankkauffrau. Ihre Lehr- und Forschungsschwerpunkte sind u.a. Organisationskommunikation, Issues & Reputation Management.

Till Malchow, Dipl. Kommunikationswirt, geb. 1975, Studium der Gesellschafts- und Wirtschaftskommunikation an der UdK Berlin, 2001 bis 2003 Geschäftsführer Kreation der Kommunikationsagentur Töchter + Söhne, Berlin 2004 Diplomarbeit mit dem Thema „Früherkennung im Issues Management", 2005 bis 2006 Marktstratege bei \STURM und DRANG, der TBWA\ Agentur für strategische Markeninnovationen. Seit Nov 2006 Consultant bei The Disruption Consultancy, der Brand Management Beratung des internationalen TBWA\ Netzwerks.

Wiebke Möhring, Dr., geb. 1970, ist wissenschaftliche Mitarbeiterin am Institut für Journalistik und Kommunikationsforschung (IJK) in Hannover. 1990-1995 Studium Medienmanagement am IJK, 1996-2000 wissenschaftliche Mitarbeiterin am IJK und Promotion. 2000-2002 Auslandsaufenthalt in den USA.

Jürgen Schulz, Dr., Juniorprofessor für strategische Kommunikationsplanung im Studiengang Gesellschafts- und Wirtschaftskommunikation an der Universität der Künste Berlin. Nach der Ausbildung Tätigkeit im Marketing und Vertrieb bei der BASF AG. Studium an der Universität der Künste Berlin, wissenschaftlicher Mitarbeiter, Promotion an der Humboldt Universität zu Berlin.
Forschungsschwerpunkte: Entscheidungsprozesse der Kommunikationsplanung, Risiko- und Krisenkommunikation sowie Führungskräftekommunikation.

Benno Signitzer, Dr., Ao. Univ. Prof., leitet das Schwerpunktfach Public Relations & Unternehmenskommunikation im Fachbereich Kommunikationswissenschaft, Universität Salzburg. Signitzers Lehr- und Forschungsschwerpunkte umfassen die Bereiche Public Relations, Kommunikationsmanagement, Organisationskommunikation und Gesundheitskommunikation. Er hat Rechtswissenschaft in Salzburg (Dr. jur. 1971) sowie Publizistik- und Kommunikationswissenschaft in Paris und in Ohio (MA, 1973; Ph.D., 1975) studiert. Er habilitierte sich 1983. Signitzer war Gastprofessor an der Universität Eichstätt und an der Illinois State University.

Anika Struppert, M.A., geb. 1979, studierte von 2000 bis 2005 an der Universität Erfurt im B.A./M.A-Studiengang Kommunikationswissenschaft und Linguistik. Von 2005 bis 2006 nahm sie am Postgraduiertenkurs Interkulturelle Japankompetenz der Universitäten Tübingen und Kyoto teil. Ihre Forschungsschwerpunkte sind Unternehmenskommunikation und interkulturelle Kommunikation. Die Studie zur internen Kommunikation des Zweiten Deutschen Fernsehens entstand als einjährige Bachelor-Abschlussarbeit gemeinsam mit Kommilitonen der Universität Erfurt. Anika Struppert war zuvor bereits als Praktikantin in der ZDF-Zentrale sowie als Hospitantin im ZDF-Europastudio in Brüssel tätig.

Caja Thimm, geb. 1958, Dr. phil., Professsorin für Medienwissenschaft, geschäftsführende Direktorin des IfK an der Universität Bonn. Studium in München, Heidelberg und Berkley (USA). Wissenschaftliche Mitarbeiterin im Sonderforschungsbereich „Sprache und Situation" in Heidelberg, Forschungsstipendiantin des Landes Baden-Württemberg. Forschungsschwerpunkte: Sprache und Öffentlichkeit, Kommunikation im Alter, Geschlechterforschung, linguistische Medienforschung. Vielfältige Publikationen zu Unternehmenskommunikation, digitale Medien, E-learning.

Stefan Wehmeier, Dr. phil, geb. 1968, Lehrstuhlvertretung Kommunikationswissenschaft (KW) an der EMAU Greifswald. Zuvor Juniorprofessur für KW mit Schwerpunkt Organisationskommunikation an der EMAU. Davor u.a. wissenschaftlicher Assistent am Lehrstuhl PR in Leipzig, PR-Referent in Eschborn und Redakteur in Heidelberg. Forschungsschwerpunkte: PR- und Kommunikationstheorien, Verbindung von Gesellschafts- und Kommunikationstheorie, Kommunikationssteuerung, Medienwandel, Fernsehforschung.

Sarah Zielmann, M.A., geb. 1976, 1996 bis 2002 Studium (Kommunikationswissenschaft, Soziologie, VWL und Öff. Recht) in Göttingen und Padua, Magisterabschluss in Leipzig. Von Juni 2002 bis Dezember 2003 Assistentin im Bereich PR/ Organisationskommunikation am Institut für Publizistikwissenschaft und Medienforschung der Universität Zürich. Seit Dezember 2003 wissenschaftliche Mitarbeiterin am Institut für Kommunikationswissenschaft der WWU Münster. Forschungsschwerpunkte: Politische PR, Organisationskommunikation, international vergleichende Forschung und Gesundheitskommunikation.

Bonner Beiträge zur Medienwissenschaft

Herausgegeben von Caja Thimm

Band 1 Caja Thimm (Hrsg.): Unternehmenskommunikation offline/online. Wandelprozesse interner und externer Kommunikation durch neue Medien. 2002.

Band 2 Winfried Lenders (Hrsg.): Medienwissenschaft. Eine Herausforderung für die Geisteswissenschaft. 2004.

Band 3 Ulla Kleinberger Günther / Franc Wagner (Hrsg.): Neue Medien - Neue Kompetenzen? Texte produzieren und rezipieren im Zeitalter digitaler Medien. 2004.

Band 4 Claudia Fraas / Michael Klemm (Hrsg.): Mediendiskurse. Bestandsaufnahme und Perspektiven. 2005.

Band 5 Caja Thimm (Hrsg.): Netz-Bildung. Lehren und Lernen mit neuen Medien in Wissenschaft und Wirtschaft. 2005.

Band 6 Michael Klemm / Eva-Maria Jakobs (Hrsg.): Das Vergnügen in und an den Medien. Interdisziplinäre Perspektiven. 2007.

Band 7 Caja Thimm / Stefan Wehmeier (Hrsg.): Organisationskommunikation online. Grundlagen, Praxis, Empirie. 2008.

www.peterlang.de

Kommunikation in Bewegung

Multimedialer und multilingualer Wissenstransfer in der
Experten-Laien-Kommunikation
Festschrift für Annely Rothkegel
Herausgegeben von Claudia Villiger und
Heidrun Gerzymisch-Arbogast

Frankfurt am Main, Berlin, Bern, Bruxelles, New York, Oxford, Wien, 2007.
VI, 260 S., zahlr. Abb. und Graf.
ISBN 978-3-631-56745-6 · br. € 29.80*

Zum 65. Geburtstag von Annely Rothkegel, Professorin für Angewandte Sprachwissenschaft und Technikkommunikation an der Technischen Universität Chemnitz, haben Kolleginnen und Kollegen, Schülerinnen und Freunde diese Festschrift zusammengestellt. Sie haben sich dabei von dem Gedanken leiten lassen, Annely Rothkegels Forschungsinteressen in ihrer ganzen Breite und Vielseitigkeit zu spiegeln. Die Arbeiten von Annely Rothkegel stehen im Zeichen einer Auslotung dessen, was eine Wissenschaft von Sprache und Text leisten kann und gipfeln in der Frage nach den Grenzen und Horizonterweiterungen einer Sprach- und Kommunikationswissenschaft. Die Beiträge der Festschrift präsentieren ausgehend von sprachwissenschaftlichen Fragestellungen den anwendungsorientierten Beitrag von linguistischen Forschungen zum Wissenstransfer in der Experten-Laien-Kommunikation.

Aus dem Inhalt: Mit Beiträgen u. a. zur Wissenskommunikation, Technikkommunikation, Übersetzungswissenschaft und Metaphernforschung von Maria Bonner, Petra Drewer, Heidrun Gerzymisch-Arbogast, Silke Jahr, Peter Kastberg, Luise Liefländer-Leskinen, Barbara Sandig, Klaus Schubert, Harmut Stöckl, Graziella Tonfoni, Leona Van Vaerenbergh, Claudia Villiger und Monika Weissgerber.

Frankfurt am Main · Berlin · Bern · Bruxelles · New York · Oxford · Wien
Auslieferung: Verlag Peter Lang AG
Moosstr. 1, CH-2542 Pieterlen
Telefax 00 41 (0)32 / 376 17 27

*inklusive der in Deutschland gültigen Mehrwertsteuer
Preisänderungen vorbehalten
Homepage http://www.peterlang.de